LES
OPÉRATIONS MARITIMES
COMMERCIALES ET INDUSTRIELLES
A MARSEILLE

COMPARAISONS STATISTIQUES — RÉSULTATS ÉCONOMIQUES

PAR

E. JOUHAM

OUVRAGE AYANT OBTENU UN PRIX EN 1877
Au Concours fondé par M. le baron Félix DE BEAUJOUR

PARIS	MARSEILLE
AMYOT, LIBRAIRE-ÉDITEUR	BÉRARD, LIBRAIRE
RUE DE SEINE-St-GERMAIN, 6	RUE NOAILLES, 22
près l'Institut	

1878

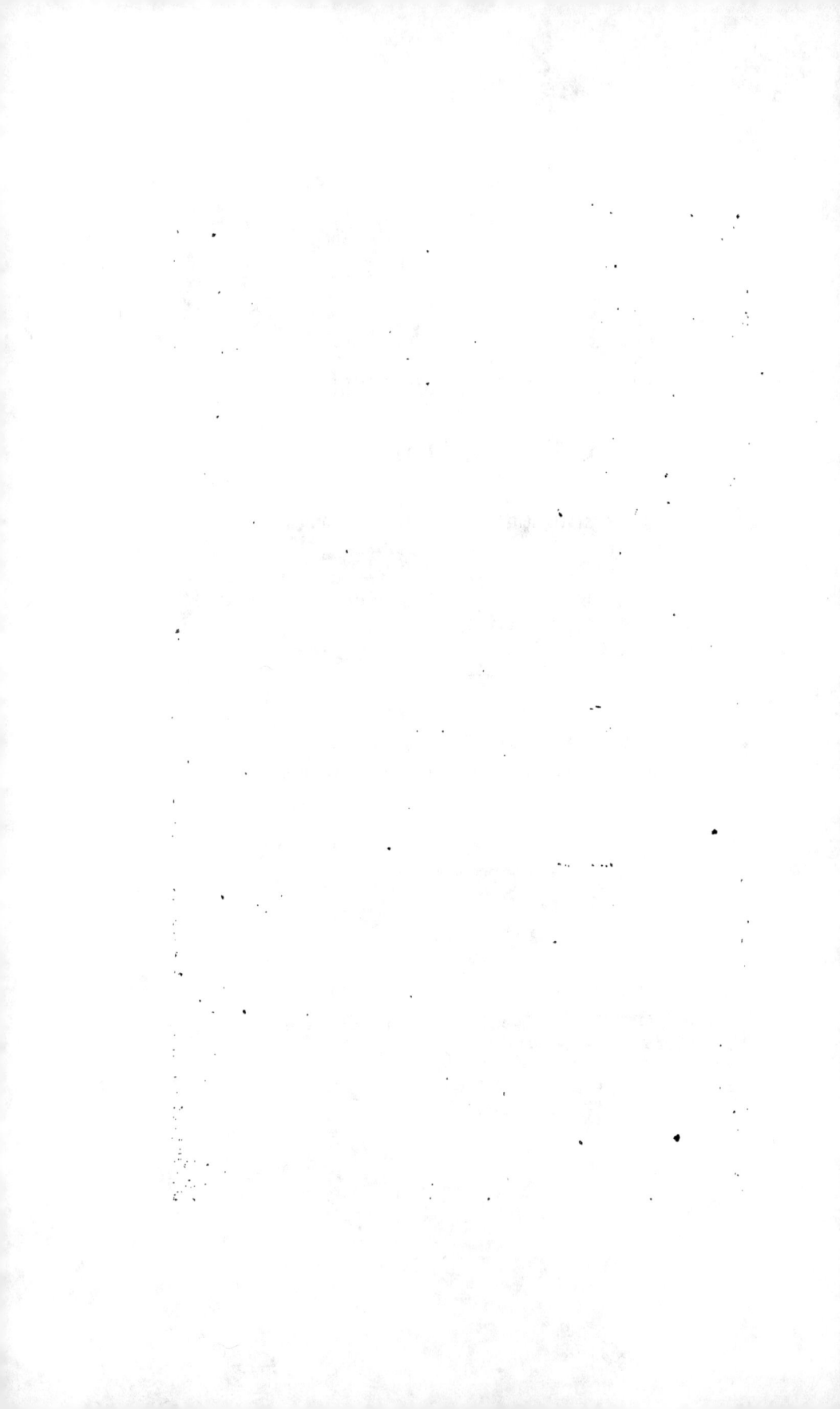

Ces notes ont été réunies en vue du Concours ouvert par M. le Maire de Marseille, à la suite de la délibération du Conseil municipal, en date du 15 juin 1874.

Le manuscrit a été déposé à la Mairie, le 30 juin 1876, avec l'épigraphe : *Felix qui potuit rerum cognoscere causas.* La Commission chargée d'examiner les œuvres présentées par les concurrents, l'a jugé digne d'un prix de 4,000 francs.

La bienveillante appréciation qui a motivé cette décision fait partie du Rapport reproduit *in extenso* à la fin du volume.

Cette étude, dont la publication est obligatoire par suite de la récompense obtenue, est, sauf l'aperçu en forme de résumé qui la termine, telle qu'elle a été soumise au concours en 1876. Quelques-uns des points sur lesquels les faits et les relevés statistiques des deux dernières années ont paru toucher d'une manière sensible aux déductions primitives, ont fait l'objet de notes sommaires en dehors du texte.

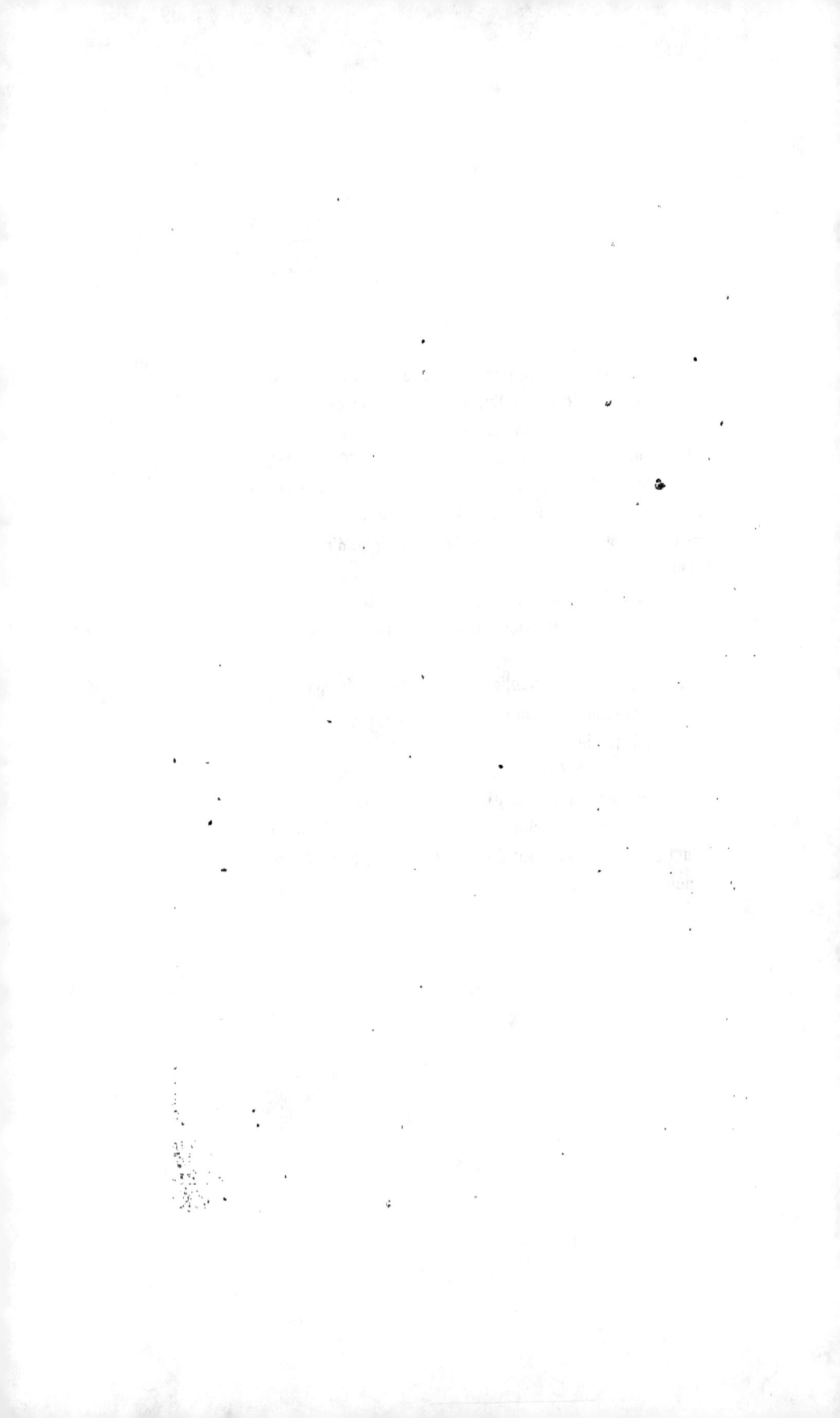

L'acte du 20 janvier 1831, instituant un prix quinquennal en faveur d'un ouvrage sur le commerce de Marseille, trace un programme que l'on pouvait, même à cette époque, regarder comme un minimum des conditions à remplir et des points à étudier. A plus forte raison, le programme est-il aujourd'hui une simple indication du sujet à développer pour se conformer aux vues du fondateur. Aussi, le Conseil Municipal de Marseille, dans sa délibération du 15 juin 1874, a-t-il complété, en l'adaptant aux circonstances actuelles, l'idée du baron Beaujour; il a signalé quelques questions plus particulièrement d'actualité et méritant un examen approfondi.

Depuis lors, par des brochures, par des articles de journaux, par des discussions dans nos assemblées, par des délibérations des Chambres de Commerce, par des vœux exprimés dans des réunions d'armateurs et d'industriels, l'attention publique a été appelée sur la solution de plusieurs difficultés intéressant, au plus haut degré, l'avenir de notre pays, et, plus ou moins directement, Marseille qui est une des portes principales du commerce français et l'un des points centraux les plus importants du trafic international.

Après tant de savants écrits, d'éloquents discours, de remarquables rapports publiés au fur et à mesure que les questions sont soulevées, une étude générale embrassant tous les intérêts d'un port et d'un marché, ne saurait guère promettre des aperçus tout-à-fait nouveaux, ni des idées précisément inexplorées. D'un pareil travail d'ensemble, ce qu'on peut exiger, c'est un résumé, même sommaire.

Ce serait être complet que de présenter, comme dans un tableau synoptique et détaillé, l'état de chacune des questions préoccupant actuellemen le monde des affaires. Si, ensuite de la comparaison plus suivie ou de l'observation plus minutieuse, sur l'un des points de l'horizon où s'agitent nos destinées commerciales, jaillit un rayon de lumière capable de dissiper quelques doutes, de trancher quelque hésitation, l'auteur devrait s'estimer heureux, car il aurait atteint plus qu'il n'a le droit d'espérer de ses efforts.

Cette première observation concernant l'idée et le but de cette étude sur les intérêts de Marseille en appelle une autre, relativement aux vues d'ensemble d'après lesquelles elle a été faite.

Ce qu'on peut appeler le monde international subit actuellement une véritable transformation. La multiplicité des moyens de communication et leur rapidité, ont tellement modifié les conditions des échanges pour les idées comme pour les marchandises, depuis un demi-siècle, ou seulement un quart de siècle, que les projets de la génération qui s'en va ont été bouleversés et ses prévisions, même les plus larges, de beaucoup dépassées. Les villes, surtout les grandes cités, se sont trouvées comme déplacées par un brusque rapprochement.

Il en est résulté tout d'abord que l'on a compris plus vivement la communauté d'intérêts qui lie les divers points d'une même région. Aujourd'hui, la lutte n'est plus entre des marchés, des ports, des centres industriels voisins, elle existe encore de peuple à peuple. La rivalité ne peut pas plus se maintenir entre des villes d'une même nation, se complétant les unes les autres, qu'elle n'a pu naître entre des nations séparées par des océans.

Il s'est établi ensuite des courants commerciaux nouveaux, des lois économiques inconnues naguère, une plus grande activité de consommation et de production, et l'on constate de plus en plus la nécessité d'aider à cet irrésistible mouvement pour quiconque — entreprise privée, association, cité ou peuple — ne veut pas être absorbé par lui.

Le développement de notre industrie et de nos arts s'est étendu aux nations jusqu'à présent les plus immobilisées dans leurs usages traditionnels. Les ports du Japon sont devenus le siége de compagnies de navigation à vapeur réellement japonaises, et dont l'importance est comparable à celle de nos plus grandes compagnies d'Europe (1).

(1) La Compagnie Mitsu Richi, subventionnée par le gouvernement japonais et ayant son siége à Oasaka, fait, concurremment avec des compagnies américaines, un service régulier entre Yokohama et Shanghaï. Elle possède 41 bateaux à vapeur dont 30 de plus de 1000 tonneaux.

Il y a sur les points du globe naguère dédaignés et inconnus, comme une secousse morale, déterminée par l'envahissement des idées européennes, et dont les résultats doivent s'accroître dans une proportion qu'il n'est pas possible de déterminer.

Dans cette action de notre civilisation sur les peuples à régénérer, la France a-t-elle la part d'influence qu'elle pourrait conquérir? Les faits et les chiffres répondent que non. Or, c'est par les ports que s'établissent les relations avec les contrées lointaines, et c'est par Marseille, à peu près exclusivement, que la France est en communication avec l'Afrique, le Levant, l'Asie, l'Océanie. C'est ainsi que les plus hautes questions sociales et humanitaires se rattachent au port et au matériel maritime de la capitale de la Méditerranée.

LES

OPÉRATIONS MARITIMES

COMMERCIALES & INDUSTRIELLES

A MARSEILLE

PREMIÈRE PARTIE

NAVIGATION

Sommaire :

I. — Navires attachés au port de Marseille.

   1. *Navires à vapeur.* — Historique.— Développements.
— Comparaisons : les bateaux à vapeur en France,
en Angleterre, en Italie ; les principaux ports
français ; Gênes. — La marine marchande à vapeur
de toutes les nations.

   2. *Navires à voiles.* — Diminution depuis 1857 : à
Marseille, en France. — Comparaison avec quelques
ports français et étrangers.

II. — Mouvement de la Navigation dans le port de
Marseille.

   Les principaux ports de France. — Gênes et Naples.

III. — Cabotage.

   Grand et petit cabotage : explications. — Relations de
Marseille avec les ports de l'Océan, avec les autres
ports de la Méditerranée ; Cette.

IV. — Relations maritimes avec l'Algérie.

La législation. — Le commerce de l'Algérie, les productions du sol, l'industrie, la colonisation — Navigation entre l'Algérie et l'étranger, l'Angleterre et le nord de l'Europe. — Cette et Port-Vendres. — Les voyages d'exploration vers l'Afrique centrale.

V. — Relations maritimes de Marseille avec les autres nations.

1. *L'Italie.* — Commerce : diminution. — Les chemins de fer italiens. — La douane italienne. — Les traités de commerce.

2. *L'Espagne.* — La douane espagnole. — Commerce. — Les vapeurs espagnols.

3. *Le Levant et l'Égypte.* — Nature des échanges. — L'influence française. — Les ports de la mer Noire.

4. *L'Asie.* — Le canal de Suez. — L'Angleterre. — L'influence française en Asie. — Brindisi.

5. *L'Afrique.* — Les établissements français : concurrence des voiliers étrangers.

6. *L'Amérique.* — Le Brésil et la Plata. — Les États-Unis. — *L'Australie.*

7. *Les Colonies. Autres Pays.*

VI. — Résumé de la grande Navigation.

VII. — Situation de la Marine marchande en France. — à Marseille.

Est-elle en décadence ? — Les moyens proposés pour y rémédier. — Le congrès des armateurs. — La voile et la vapeur. — Les subventions.

VIII. — Les grandes compagnies de bateaux a vapeur.

La Compagnie des Messageries maritimes. — La Compagnie Valéry frères et fils. — La Compagnie Marseillaise de Navigation à vapeur. — La Compagnie de Navigation Mixte. — La Société générale des Transports maritimes à vapeur.

NAVIRES

NAVIGATION A VAPEUR

Des avantages naturels·, des circonstances extérieures peuvent faire naître et maintenir dans un port un mouvement commercial important. Mais ce qui permet d'apprécier plus particulièrement l'esprit d'initiative et le génie maritime d'une ville , c'est le nombre de navires qu'elle a su s'attacher, c'est la puissance de la flotte qu'à la longue, elle est parvenue à faire sienne ; c'est le plus ou moins d'habileté et de succès avec lequel elle a pris part aux progrès de la navigation. Pour une ville comme pour une nation, l'influence qu'elle exerce sur les mers et la prospérité qu'elle en retire , s'évaluent d'abord par des chiffres représentant l'ensemble des navires dont elle dispose et les quantités de tonnes de marchandises qu'elle est capable de transporter.

Parmi ces instruments de transport, qui sont des sources réelles de la richesse publique, le steamer, par l'activité qu'il crée, par l'association de travaux et de capitaux qu'il nécessite, a pris le premier rang.

C'est en 1825 qu'apparut, à Marseille, le premier bateau à vapeur faisant un service régulier. En 1829, il y en eut deux : ils appartenaient à une Compagnie Napolitaine.

Les contrées du Nord de l'Europe avaient devancé celles du Midi sous ce rapport. En 1824, 160 steamers naviguaient sur les côtes et sur les fleuves de la Grande Bretagne. Le port de Liverpool en possédait 17. Des services réguliers existaient entre Stockolm et Saint-Pétersbourg, entre Hambourg et Londres, ainsi qu'en divers autres points de la Baltique. Les lacs de la Suisse et le Rhin étaient aussi parcourus par des paquebots.

En 1830 furent attachés, au port de Marseille, les deux premiers navires à vapeur appartenant à des négocianls marseillais. Six ans plus tard, on en comptait vingt, tant pour le service des Ports que pour ceux du commerce.

La France, à cette époque, en possédait, au total, 71, jaugeant 9,693 tonnes ; l'Angleterre, 810, pouvant porter 87,907 tonnes.

Dix paquebots de l'Etat faisaient, avec une régularité jusqu'alors sans précédent, un service postal entre Marseille, l'Italie, Malte et le Levant. En 1844, deux nouvelles lignes furent créées, l'une sur l'Egypte, l'autre sur la Corse. Le nombre des bateaux à vapeur dont l'Etat était propriétaire, fut porté à 21 ; treize avaient été construits dans nos ports militaires, les huit autres par l'industrie privée. Quatorze des machines sortaient des chantiers de La Ciotat. Un personnel de 1300 à 1400 marins était embarqué sur ces navires.

En 1850, la France avait 126 bateaux à vapeur, dont 30 appartenaient au port de Marseille. L'accroissement, depuis 15 ans, était réel, mais il était bien inférieur à celui qu'on remarquait chez nos voisins. Pendant le même laps de temps, l'effectif de la marine marchande anglaise s'était augmenté de 70 navires en moyenne par année. De 1840 à 1850, la proportion de l'augmentation avait été de 46 0/0 pour la France, de 91 0/0 pour l'Angleterre et de 322 0/0 pour l'Autriche.

Aussi, la Compagnie Anglaise Péninsulaire et Orientale et la Société du Loyd Autrichien avaient des agences dans notre ville, et faisaient une concurrence redoutable à nos steamers. L'avenir de notre commerce maritime était sérieusement menacé par ces deux puissantes associations.

Outre le service postal, on comptait alors, à Marseille , dix entreprises de paquebots desservant, à jours fixes, les divers ports de la Méditerranée. Mais c'était encore l'époque des hésitations et des incertitudes. Les opérations commerciales tentées par l'Etat, n'avaient pas donné un résultat rémunérateur. Les déficits avaient été d'environ cinq millions par année en 1846 et en 1847. Cet insuccès, dont les causes ont été depuis bien appréciées, n'était pas fait pour enhardir l'initiative individuelle.

La construction se trouvait alors , plus encore qu'aujourd'hui , en face de la question du prix de la matière première et de la main-d'œuvre.

L'exploitation exigeait, outre la probabilité d'un bénéfice, des avances de capitaux et surtout une certitude de tranquillité pour le pays, à l'intérieur et à l'extérieur.

Dès cette époque , nos négociateurs se préoccupaient de la création d'un service de paquebots transatlantiques. Le premier port français de la Méditerranée faisait valoir ses droits à la concession de la ligne du Brésil. Toutefois, ce n'est point de ce côté que les entreprises privées devaient diriger leurs vues.

Le prodigieux déploiement d'activité maritime que créa la guerre de Crimée et la multiplicité des communications qui en résulta, contribuèrent, dans une large mesure, à l'accroissement de notre effectif naval. En 1860, on comptait, en France, 314 bâtiments à vapeur, soit 149 pour les ports de l'Océan, et 145 pour ceux de la Méditerranée , Marseille figurait dans ce chiffre pour 116.

L'augmentation, depuis dix ans, était de 286 0/0 ; pour la France entière, elle était de 150 0/0 ; pour l'Angleterre, de 70 0/0 ; pour l'Autriche, de 25 0/0.

La période décennale de 1860 à 1870, a vu se produire un développement moins accentué et qui a été moindre

1.

encore depuis les dernières années. En calculant jusqu'en 1875, l'augmentation a été de 79 0/0 ; pour l'ensemble de la marine marchande à vapeur en France, elle a été, de 1860 à 1873, de 64 0/0. Pour l'Angleterre, pendant la même période, nous trouvons une augmentation de 61 0/0.

Le tableau ci-contre donne l'effectif de la marine à vapeur en France et à Marseille, depuis 1850.

MARINE MARCHANDE
à Vapeur.

ANNÉES	POUR TOUTE LA FRANCE		POUR MARSEILLE	
	NOMBRE de Navires	TONNAGE	NOMBRE de Navires	TONNAGE
1840	89	9.535	13	2.423
1850	126	13.925	30	4.335
1851	139	19.460	39	7.937
1852	151	22.171	48	11.549
1853	174	26.399	56	13.458
1854	197	35.098	73	20.537
1855	225	45.493	84	24.078
1856	275	64.339	91	29.618
1857	330	72.070	110	38.541
1858	324	66.587	115	51.972
1859	·324	65.006	124	42.632
1860	314	68.025	116	45.036
1861	327	73.267	127	50.912
1862	338	78.981	131	52.582
1863	345	84.918	133	56.719
1864	364	97.884	148	64.940
1865	385	108.328	147	66.150
1866	407	129.777	166	73.443
1867	420	133.159	177	82.458
1868	433	135.259	184	83.075
1869	454	142.942	194	90.872
1870	457	151.415	199	94 782
1871	473	160.178	195	95.392
1872	512	177.462	210	105.227
1873	516	185.165	204	107.270
1874	522	194.546	204	116.580
1875	537	205.420	208	120.923

En 1860 , la proportion de l'effectif des vapeurs marseillais sur la totalité des vapeurs français, était de 36 0/0;
en 1865, de 38 0/0 ; en 1870, de 43 0/0. En 1873, elle descend à 39, 5 0/0, soit 204 navires à vapeur sur 516 pour
tous les ports de France. En 1875 , nous en trouvons 208
pour Marseille et 522 pour toute la France. Quant à la capacité de ces navires , Marseille comptait 43,000 tonnes
quand l'ensemble des ports de France en donnait 68,000 ,
soit 66 0/0. En 1865 , la proportion était de 61 0/0 , elle
restait la même en 1870. Elle descend à 57 0/0 en 1873.
En 1875, nous trouvons, pour la France entière , un tonnage de 205,420 , et pour notre ville 120,923 tonnes,
soit 62 0/0.

En comparant le développement de la vapeur dans le
port de Marseille avec ce qui a eu lieu dans d'autres ports,
nous trouvons que l'accroissement de 1865 à 1875 a été,
au Havre, de 65 0/0 ; à Bordeaux, de 110 0/0 ; à Marseille
de 38 0/0 seulement.

Mais la différence, dans cette proportionnalité, vient de
ce que Marseille avait devancé toutes les autres villes
de France dans la construction des steamers. En effet, au
31 décembre 1874, Bordeaux ne comptait que 19 navires
à vapeur attachés à son port mesurant 7,126 tonnes ;
Nantes, 35, portant 3,207 tonnes; le Havre, 75, avec
32,410 tonnes. Marseille tient encore le premier rang en
France.

En 1870, l'Italie comptait 118 vapeurs ; la France, 457 ;
proportion de l'Italie à la France , 25, 8 0/0. En 1873 ,
nous avons 133 pour l'Italie et 516 pour la France. La
proportion reste à peu près la même.

Le rapport de la population de l'Italie à celle de la
France est de 75 0/0, celui de sa superficie de 56 0/0, et
celui de l'étendue des frontières maritimes de 172 0/0.

En 1874, l'Espagne possédait 202 bâtiments à vapeur ;
proportion vis-à-vis de la France, 39 0/0. Le rapport de

la population de l'Espagne à celle de la France est de
45 0/0 ; pour la superficie, le rapport est de 93 0/0 , et
pour l'étendue du littoral de 135 0/0.

Gênes comptait 64 navires à vapeur en 1870. A partir
de cette date, nous trouvons les données suivantes résumant la comparaison avec notre port :

1870	à Gênes	64	à Marseille	199
1871	—	74	—	195
1872	—	69	—	210
1873	—	80	—	204
1874	—	75	—	204

Augmentation à Marseille , 5 navires (2 1/2 0/0) ; à Gênes, 16 (25 0/0).

Quant à la capacité pour la même catégorie de bâtiments, de 17,810 tonnes qu'elle présentait à Gênes en
1870, elle s'élève à 29,776 en 1874 ; augmentation, 67 0/0,
tandis qu'à Marseille , pour le même intervalle, nous n'a-
vons eu que 13 0/0.

Ces chiffres témoignent d'une activité plus grande chez
nos voisins que chez nous. Nous trouverons d'autres indices d'efforts tenaces et énergiques faits par eux en vue
d'arriver en bon rang dans la lutte de prépondérance à
laquelle se livrent les divers ports exploitant le littoral
méditerranéen.

Au point de vue de l'importance de la marine marchande à vapeur, notre port occupe actuellement le qua-
trième rang parmi les ports de l'Europe. Marseille vient
après Londres, Liverpool et Glascow.

Le tableau ci-après présente l'augmentation proportionnelle de la marine marchande à vapeur des divers
Etats, de 1868 à 1874 :

		NOMBRE DE NAVIRES.			TONNAGE.	
Angleterre..	Augmentation	114	0/0	Augmentation	58	0/0
France.....	»	36	»	»	48	»
Allemagne..	»	57	»	»	95	»
Espagne....	»	37	»	»	90	»
Autriche....	»	22	»	»	89	»
Hollande....	»	15	»	»	84	»
Italie	»	19	»	»	133	»
Russie	»	83	»	»	137	»
Suède......	»	72	»	»	186	»
Danemarck..	»	64	»	»	185	»
Belgique ...	»	200	»	»	191	»
Norwège...	»	238	»	»	495	»
Grèce......	»	(Stationnaire)	»	»	3	»
Portugal....	Diminution	5	»	»	10	»
Amérique...	»	32	»	Diminution	5	»
Divers	Augmentation	122	»	Augmentation	197	»
Moyenne ...	»	64	»	»	54	»

Les petits États acquièrent proportionnellement beaucoup plus de navires à vapeur et d'un plus fort tonnage.

TABLEAU extrait des renseignements du bureau Véritas et indiquant l'effectif des batiments à vapeur des divers États, en 1875.

	NAVIRES A VAPEUR	TONNAGE BRUT	TONNAGE NET
Angleterre..	3.002	3.015.773	1.990.955
Amérique...	613	768.724	503.701
France.....	315	318.757	205.491
Allemagne..	220	268.828	187.996
Espagne....	212	155.417	105.044
Autriche....	81	83.039	55.951
Hollande ...	107	93.723	69.749
Italie	110	91.011	60.811
Russie	144	111.072	70.030
Suède......	195	77.440	54.091

	NAVIRES A VAPEUR	TONNAGE BRUT	TONNAGE NET
Portugal...	23	18.452	12.958
Danemarck..	67	38.976	26.425
Belgique ...	39	40.536	28.425
Norwège...	112	51.103	36.705
Grèce......	9	5.329	3.502

NAVIGATION A VOILES

Si la marine à vapeur présente un développement général et non interrompu, le mouvement de la marine à voiles offre, au contraire, une diminution progressive depuis
les dix dernières années.

En 1830, il y avait, au total, 805 navires inscrits au port
de Marseille, d'une portée de 71,410 tonnes.

La France en possédait 15,249, jaugeant, ensemble
685,011 tonnes. Le seul port de Londres en comptait
2,800 pouvant porter environ 700,000 tonnes de marchandises.

On voit que la moyenne du tonnage était , pour notre
port, double de celle de l'ensemble de la France. Mais
elle n'était encore que le tiers de la moyenne du tonnage
des navires du port de Londres.

De 1830 à 1850, il paraît s'être produit comme un moment d'arrêt. Peut-être en présence des premiers succès
de l'emploi de la vapeur sur mer et des conséquences qui
pouvaient en résulter pour leur industrie, les armateurs
hésitèrent à construire des voiliers en aussi grand nombre que précédemment.

Le tableau ci-contre donne l'effectif de la marine à
voiles en France et à Marseille, depuis 1850 :

MARINE MARCHANDE
à Voiles.

ANNÉES	POUR TOUTE LA FRANCE		POUR MARSEILLE	
	NOMBRE de Navires	TONNAGE	NOMBRE de Navires	TONNAGE
1830	14.852	689.588	»	»
1840	15.600	662.500	816	64.733
1850	14.228	667.174	675	60.000
1851	14.557	704.429	697	65.000
1852	14.607	721.427	709	69.669
1853	14.719	762.705	758	78.779
1854	14.396	819.762	778	89.973
1855	14.248	872.156	822	101.242
1856	14.721	998.583	865	122.635
1857	15.175	1.052.535	861	129.224
1858	15.187	1.049.844	830	123.052
1859	15.032	1.025.942	793	118.376
1860	14.922	996.124	738	110.219
1861	15.065	983.998	723	104.713
1862	15.132	982.571	727	105.726
1863	15.092	985.235	722	102.759
1864	15.184	998.519	710	100.964
1865	15.259	1.008.084	651	93.069
1866	15.637	1.042.811	627	88.784
1867	15.602	1.048.679	616	90.521
1868	15.615	1.058.548	591	89.620
1869	15.778	1.074.056	589	89.247
1870	15.386	1.072.241	572	87.201
1871	15.259	1.077.611	572	89.955
1872	15.574	1.089.075	573	89.964
1873	15.559	882.866	565	86.587
1874	15.002	842.726	530	80.041
1875	14.904	822.808	524	77.398

Marseille possédait, en 1850, 675 bâtiments a voiles, mesurant près de 60,000 tonnes de jauge. Les ports de France en comptaient, dans leur ensemble, 14,228, jaugeant 667,174.

L'effectif total de l'Angleterre, à cette époque, était de 25,984 navires et 3,565,133 tonnes ; celui de l'Autriche, de 6,114 navires et 271,638 tonnes.

La moyenne du tonnage de notre port était encore à peu près le double de celle du tonnage des navires de toute la France et de l'Autriche. Elle était environ les deux tiers de celle de l'Angleterre.

La proportion de notre port vis-à-vis du total des voiliers français était alors de 6 0/0, et vis-à-vis du tonnage de ces mêmes bâtiments, de 13 0/0.

En 1870, nous ne trouvons plus à Marseille que 572 navires et 87,201 tonnes ; en 1875, que 524 navires jaugeant 77,398 tonnes.

C'est en 1856, que le nombre des voiliers inscrits dans notre port, a été le plus considérable, il était de 865. C'est en 1857 que le chiffre du tonnage a été le plus élevé : il avait atteint 129,224.

Pour l'ensemble de la France, c'est en 1869 que le nombre des navires a été le plus fort ; il se totalisait par 15,778. Le chiffre du tonnage le plus élevé qui ait été constaté jusqu'à présent, est celui de 1872, arrêté à 1,089,075.

De 1859 à 1873 on constate, pour toute la France, une augmentation de 3 0/0 comme quantité de navires, et de 4 0/0 comme contenance. A Marseille, pendant le même laps de temps, on constate une diminution de 28 0/0 quant aux unités de navires, et de 26 0/0 quant aux unités de tonnes.

En calculant, à un autre point de vue, la part de notre ville qui était de 5, 3 0/0 dans l'ensemble des bâtiments à voiles français et de 11 0/0 dans leur tonnage total, est

descendue, en 1873, à 3, 6 comme nombre de navires, et
à 8, 1 comme portée.

Voici, pour les divers Etats, les résultats que présente
le mouvement de l'effectif de la marine marchande à voiles , pendant les six dernières années : 1869 à 1873 :

	NOMBRE DES NAVIRES.		TONNAGE.	
Norwège.......	Augmentation 7,6 0/0		Augmentation 14	0/0
Italie...........	» 24 »		» 24	»
Grèce.........	» 5 »		» 4	»
Russie.........	» 1 »		» 0,4	»
Autriche.......	» 13 »		» 5,6	»
Portugal	» 11 »		» 7,8	»
Angleterre......	Diminution 10 0/0		Diminution 24	0/0
Amérique.......	» 3,4 »		» 11	»
Allemagne......	» 11 »		» 14	»
France.........	» 20 »		» 13,8	»
Espagne........	» 5,5 »		» 0,98	»
Hollande	» 14 »		» 10,5	»
Suisse.........	» 5 »		» 3,7	»
Danemarck......	» 13 »		» 6,7	»
Belgique	» 36 »		» 43	»
Divers..	» 12 »		» 3	»
Ensemble de l'Europe..	» 5 »		» 11	»
Marseille : de 1869 à 1873	» 4 »		» 3	»
— de 1869 à 1874	» 10 »		» 10	»
Gênes : — —	» 22 »		» 6	»

Il y a lieu de remarquer que la Norwège et l'Italie sont,
avec l'Autriche et le Portugal, les seuls Etats qui ont
réellement augmenté l'effectif de leur marine à voiles.
Mais il ne faut pas oublier que les mêmes Etats, sauf le
Portugal , ont aussi construit ou acheté des vapeurs. La
Norwège , notamment, a fait, pendant les dernières an-

nées, des acquisitions de steamers relativement considérables.

Les renseignements comparatifs qui précèdent, établissent que les préférences de l'opinion publique et des capitaux sont bien décidément pour la navigation à vapeur.

Il n'est pas inutile d'ajouter, dès à présent et indépendamment du développement ultérieur de la même idée que pour comparer, à un point de vue exact, la valeur relative de l'effectif maritime d'un port ou d'une nation, il ne suffit pas de compter les unités de navires et de tonnes du matériel en état de naviguer. Il faut, de plus, avoir égard aux services réels que chacune peut représenter. Or, un vapeur, dans le même laps de temps et dans les circonstances ordinaires, donne une somme de travail bien supérieure à celle qu'on peut attendre d'un voilier.

Nous donnons, ci-après, le tableau indiquant l'effectif de la marine marchande à voiles et à vapeur des principaux ports de France et d'Italie en 1874 :

	Navires à voiles	Tonnage	Navires à vapeur	Tonnage
Marseille	530	80.041	204	116.580
Bordeaux......	356	121.972	21	6.244
Le Hâvre......	299	104.413	76	32.603
Nantes et Saint-Nazaire.....	678	130.873	67	20.572
Dunkerque....	279	32.097	13	2.902
Cette........	31	5.975	»	»
Gênes (arrond. de Gênes....	1.590	532.382	75	30.757
Naples........	505	67.650	9	686

MOUVEMENT DE LA NAVIGATION

DANS LE PORT DE MARSEILLE

Le mouvement du port de Marseille, tant en entrées qu'en sorties, comprenait :

En 1792 — 5.059 navires jaugeant environ 680.000 tonnes.
    1825 — 11.500   »   900.000 »
    1835 — 14.000   »   1.300.000 »
    1845 — 17.000   »   1.900.000 »
    1850 — 14.987   »   1.879.328 »
    1855 — 18.357   »   2.386.630 »

Le tableau que nous donnons ci-contre, montre que ces chiffres s'élevaient, en 1865, à 18,460 navires pouvant porter 3,709,343 tonnes.

TABLEAU

INDIQUANT LES MOUVEMENTS D'ENTRÉES ET DE SORTIES

DES NAVIRES A VOILES & A VAPEUR

dans le Port de Marseille

ANNÉES	NAVIRES A VOILES		NAVIRES A VAPEUR	
	Entrées et Sorties réunies		Entrées et Sorties réunies	
	NOMBRE	TONNAGE	NOMBRE	TONNAGE
1860	11.050	1.441.066	3.580	1.088.988
1861	12.800	1.636.000	4.397	1.362.392
1862	14.176	1.998.584	4.861	1.474.395
1863	15.284	2.193.822	5.373	1.615.783
1864	13.692	1.944.667	5.067	1.662.917
1865	13.468	1.987.350	4.992	1.721.993
1866	12.096	1.749.989	5.095	1.826.481
1867	13.418	2.067.333	5.435	2.015.887
1868	17.121	2.562.733	6.456	2.289.149
1869	13.127	1.938.835	6.522	2.494.694
1870	12.277	2.008.770	6.056	2.417.817
1871	11.662	2.017.000	5.988	2.444.435
1872	10.718	1.676.845	6.494	2.761.854
1873	11.922	1.815.349	6.517	3.104.802
1874	10.564	1.689.820	6.555	3.202.548
1875	10.931	1.770.745	6.502	3.278.229

Les mouvements d'entrée et de sortie les plus considérables ont été constatés, pour le nombre, en 1868, 23,577 navires, et pour la capacité, en 1873, 4,920,241 tonnes.

Dans le cours de 1874, on a compté 17.119 navires et 4,892.368 tonnes métriques. Pendant la même année, le total des entrées et des sorties a été :

Au Hàvre... de	9.380	navires mesurant	2.419.620 tonnes.
à Nantes ..	7.920	»	928.860 »
Bordeaux	5.487	»	1.801.741 »
Gênes...	15.190	»	2.749.577 »
Naples ..	9.434	»	1.974.955 »
Londres.	41.102	»	11.469.536 »
Liverpool	25.958	»	11.272.890 »

Il s'est produit, dans le total des navires entrés et sortis, pour tous les ports de France, de 1847 à 1873, une augmentation qui s'évalue à 122 0/0 quant au nombre de navires, et à 140 0/0 quant à la capacité.

Une proportion de même nature établie sur les bases de l'augmentation des 45 dernières années, donne pour

Marseille.	20 0/0 en nombre de navires,
—	250 0/0 en tonnage.
Havre ...	16 0/0	»
Bordeaux	252 0/0	»
Nantes...	261 0/0	»
Londres..	150 0/0	»
Liverpool	250 0/0	»

En 1830, le tonnage des navires entrés et sortis pour chacun des quatre grands ports, comparé au tonnage général des navires ayant opéré dans tous les ports de France, était de :

30 0/0 à Marseille,
18 0/0 au Havre,

12 0/0 à Bordeaux ,
5 0/0 à Nantes.

En 1864, la proportion, à Marseille, était de 7 0/0 quant au nombre des navires, et de 19 0/0 quant au tonnage.

En 1874, la proportion s'établit comme il suit :

Marseille.......	7 0/0 pour le nombre de navires	20 0/0	pour la capacité.
Havre..........	4 0/0	»	10 0/0	»
Bordeaux	3 0/0	»	7 0/0	»
Nantes et Saint-Nazaire.....	3 0/0	»	4 0/0	»

Pour avoir une idée exacte de la valeur de cette proportionnalité, il faut remarquer que le total des entrées et des sorties de navires, n'est pas en raison directe de l'importance du trafic. Ainsi, Marseille qui est port d'attache d'un grand nombre de bateaux à vapeur faisant des services réguliers, les expédie et les reçoit à jour fixe, quel que soit leur chargement. Ces bateaux qui, pour la plupart, desservent l'Italie, la Corse, l'Algérie, le Levant, arrivent et partent d'autant plus souvent qu'ils font des voyages de moins de durée. C'est ce qui explique que notre port soit, à cet égard , supérieur aux autres ports français pour les mouvements et, par cela même, pour la portée des navires.

III.

LE CABOTAGE

—————

Le grand cabotage, dans les documents statistiques officiels établis par la douane, comprend les voyages faits
par mer d'un port de la Méditerranée à un port de l'Océan
et réciproquement. Le petit cabotage désigne les voyages
entre ports français de la même mer.

Mais d'après les désignations légales, sont réputés
voyages au cabotage, ceux qui se font dans les limites
ci-après désignées. (¹)

Au Sud, le 30° degré de latitude Nord.

Au Nord. le 72° degré de latitude Nord.

A l'Ouest, le 15° degré de longitude du méridien de Paris.

A l'Est, les côtes extrêmes de la méditerranée et de la
mer Noire.

C'est ainsi que l'entend la Chambre de Commerce de
Marseille et les chiffres qu'elle donne dans ses relevés,
sont calculés d'après ces bases. Elle compte comme cabotage les voyages en Italie, en Syrie, en Russie, en
Espagne et sur les côtes occidentales de l'Afrique.

Les données numériques fournies par les ports étrangers sont établies différemment. Les voyages y sont
classés en deux grandes catégories : d'une part, voyages

———

(1) Les chiffres qui forment la base de ce travail, lorsqu'ils
concernent les villes de France, sont généralement extraits
des tableaux publiés par l'administration douanière.

au long cours, dans les colonies et avec l'étranger, ou navigation internationale, et d'autre part, cabotage. Sous cette dernière dénomination se trouve réuni tout ce qui ne rentre pas dans la première catégorie.

Ce n'est pas autrement que l'entendent la plupart des Chambres de Commerce de nos villes maritimes de France dans leurs états de situation ou les comptes-rendus annuels de leurs travaux.

Cette divergence dans la manière d'établir les calculs ne donne pas aux chiffres émanant de ces diverses sources une valeur identique. On ne saurait mettre les quantités fournies par la douane en regard de celles puisées dans les tableaux de la Chambre de Commerce de notre place, ni de celles que publient les comités de statistique de Naples ou de Gênes. Ces différences limitent forcément les rapprochements. Mais les chiffres dressés depuis une succession d'années d'après les mêmes principes pour une même ville, n'en restent pas moins une précieuse ressource comme appréciation intrinsèque et locale.

On admet généralement que le transport par cabotage est en voie de diminution. Il s'agit d'établir sur quels points plus particulièrement cette diminution s'est fait sentir et dans quelle mesure.

En 1847, 79,023 navires chargés, d'une portée de 2,919,000 tonneaux ont voyagé au grand et au petit cabotages tant dans l'Océan que dans la Méditerranée. En 1857, nous trouvons pour la même navigation 80,712 navires chargés jaugeant 3,236,000 T^x. Ces derniers chiffres sont les plus élevés que l'on remarque. Il y a, à partir de 1858, un mouvement de décroissance assez sensible qui s'accentue surtout depuis 1864. Les quantités les plus faibles sont celles de 1869 pour le nombre de navires qui est à 50,607 et de 1867 pour le tonnage qui est à 2,282,000.

Les événements de 1870 et les embarras dans lesquels se sont trouvés les chemins de fer à la suite de la guerre ont ranimé un peu le cabotage. 61,074 navires chargés, jaugeant 2,879,000 tonnes ont fait cette navigation en 1872.

Voici maintenant les quantités de marchandises transportées dans tous les ports de France par voie de cabotage depuis 1859.

années.	quantités		années.	quantités.	
1859 —	2,403,000	tonnes.	1867 —	2,096,000	tonnes.
1860 —	2,297,000	»	1868 —	2,002,000	»
1861 —	2,204,000	»	1869 —	2,044,000	»
1862 —	2,452,000	»	1870 —	1,798,000	»
1863 —	2,273.000	»	1871 —	2,111,000	»
1864 —	2,312,000	»	1872 —	2,073,000	»
1865 —	2,223,000	»	1873 —	2,055,000	»
1866 —	2,140,000	»	1874 —	2,015,000	»

Les indications de ce tableau concordent avec celles qui résultent de la comparaison du nombre des navires telles qu'elles sont résumées plus haut.

Le mouvement du cabotage concernant spécialement notre port est développé dans l'état comparatif ci-après, duquel il ressort que le nombre de voiliers voyageant entre Marseille et les ports de la Méditerranée a diminué de sept à huit cents, tant à l'entrée qu'à la sortie depuis vingt ans. La moyenne des cinq premières années donne 3 311 et la moyenne des cinq dernières 2 584 au départ de Marseille. A l'arrivée, nous trouvons cette moyenne descendue de 3780 à 2624.

Les moyennes du poids des marchandises pendant les mêmes années donne 216,000 pour les premières et 197,000 pour les dernières entrées et sorties réunies.

La diminution est bien plus sensible pour le grand cabotage ; on le remarque au premier coup d'œil tant pour le nombre de voiliers que pour le poids des marchandises qu'ils ont transportées.

CABOTAGE A

ANNÉES	DÉPART DE MARSEILLE							
	PETIT CABOTAGE de Marseille à la Méditerranée				GRAND CABOTAGE de Marseille à l'Océan			
	NOMBRE de Navires		POIDS des Marchandises transportées		NOMBRE de Navires		POIDS des Marchandises transportées	
	Voiliers et Vapeurs	Vapeurs seuls	par Voiliers et Vapeurs	par Vapeurs seuls	Voiliers et Vapeurs	Vapeurs seuls	par Voiliers et Vapeurs	p. Vapeurs seuls
1855	3.728	»	199.805	»	245	»	30.051	»
1856	3.665	»	283.180	»	280	»	26.471	»
1857	3.447	»	243.478	»	274	»	36.890	»
1858	2.906	»	186.241	»	233	»	35.269	»
1859	2.812	»	188.574	»	240	»	34.310	»
1860	2.505	491	157.410	51.869	195	1	37.196	196
1861	3.175	725	182.045	48.236	200	»	38.362	»
1862	2.933	740	203.836	75.771	189	»	28.896	»
1863	3.112	847	216.982	71.006	135	»	25.613	»
1864	2.793	624	206.636	62.618	141	»	27.190	»
1865	2.609	718	179.000	46.000	120	»	17.000	»
1866	2.606	594	162.000	37.818	94	»	22.000	»
1867	2.533	558	205.000	53.933	118	»	19.000	»
1868	2.657	640	232.000	80.000	93	»	17.000	»
1869	2.720	823	237.000	93.000	100	»	24.000	»
1870	2.623	1.095	284.000	175.000	111	3	19.000	902
1871	2.656	862	205.000	85.000	189	38	46.000	14.000
1872	2.499	939	168.000	67.000	137	22	50.000	6.000
1873	2.522	900	229.000	11.400	120	9	33.000	7.900
1874	2.624	996	167.000	82.800	82	5	21.000	2.400
1875	2.973	1.062	158.000	72.805	121	13	36.000	5.673

CABOTAGE A MARSEILLE.

	DÉPART DE MARSEILLE								ARRIVÉES A MARSEILLE							
	PETIT CABOTAGE de Marseille à la Méditerranée				GRAND CABOTAGE de Marseille à l'Océan				PETIT CABOTAGE des ports de la Méditerranée à Marseille				GRAND CABOTAGE des ports de l'Océan à Marseille			
	NOMBRE de Navires		POIDS des Marchandises transportées		NOMBRE de Navires		POIDS des Marchandises transportées		NOMBRE de Navires		POIDS des Marchandises transportées		NOMBRE de Navires		POIDS des Marchandises transportées	
ANNÉES	Voiliers et Vapeurs	Vapeurs seuls	par Voiliers et Vapeurs	par Vapeurs seuls	Voiliers et Vapeurs	Vapeurs seuls	par Voiliers et Vapeurs	p. Vapeurs seuls	Voiliers et Vapeurs	Vapeurs seuls	par Voiliers et Vapeurs	par Vapeurs seuls	Voiliers et Vapeurs	Vapeurs seuls	par Voiliers et Vapeurs	par Vapeurs seuls
1855	3.738	»	190.805	»	245	»	30.051	»	3.920	»	179.684	»	172	»	20.271	»
1856	3.665	»	283.180	»	280	»	26.171	»	3.863	»	188.477	»	158	»	20.681	»
1857	3.447	»	243.478	»	274	»	36.890	»	4.102	»	236.026	»	135	»	19.234	»
1858	2.906	»	186.241	»	233	»	35.369	»	3.710	»	217.642	»	96	»	9.514	»
1859	2.812	»	188.574	»	240	»	34.310	»	3.908	»	243.728	»	130	»	12.499	»
1860	2.505	431	157.410	51.869	195	1	37.196	196	3.664	558	241.099	37.741	48	»	5.787	»
1861	8.175	725	182.045	48.236	200	»	38.362	»	3.940	732	254.309	43.348	54	»	4.848	»
1862	2.933	740	203.836	75.771	189	»	28.896	»	3.792	829	248.811	47.434	73	2	14.651	683
1863	3.112	847	216.982	71.086	135	»	25.613	»	3.908	932	260.650	54.935	70	4	10.081	345
1864	2.793	624	206.636	62.618	141	»	27.190	»	3.204	705	224.653	50.409	49	»	6.563	»
1865	2.600	718	179.000	46.000	120	»	17.000	»	3.419	786	218.000	47.000	33	»	4.700	»
1866	2.606	594	162.000	37.818	94	»	22.000	»	3.001	735	214.000	47.778	22	»	2.200	»
1867	2.533	558	205.000	53.033	118	»	19.000	»	2.704	755	197.000	50.488	21	»	2.900	»
1868	2.657	640	232.000	80.000	93	»	17.000	»	2.890	860	203.000	47.000	25	»	3.500	»
1869	2.720	823	237.000	93.000	100	»	24.000	»	3.088	1.052	202.000	54.000	19	1	3.200	784
1870	2.623	1.095	284.000	175.000	111	3	19.000	909	2.430	686	151.000	29.000	14	1	1.600	416
1871	2.656	862	205.000	85.000	189	38	46.000	44.000	2.456	696	227.000	59.000	34	13	10.700	5.600
1872	2.499	939	168.000	67.000	137	22	50.000	6.000	2.724	907	219.000	60.000	17	14	5.900	5.089
1873	2.592	900	229.000	11.400	120	9	33.000	7.900	2.797	997	216.000	56.000	12	8	7.900	7.300
1874	2.691	996	167.000	82.800	82	5	21.000	2.400	2.716	1.087	211.000	55.000	22	9	6.700	2.000
1875	2.979	1.062	158.000	72.805	121	13	36.000	5.673	3.171	1.170	212.000	53.594	19	9	4.580	2.900

MARSEILLE.

ARRIVÉES A MARSEILLE							
PETIT CABOTAGE des ports de la Méditerranée à Marseille				GRAND CABOTAGE des ports de l'Océan à Marseille			
NOMBRE de Navires		POIDS des Marchandises transportées		NOMBRE de Navires		POIDS des Marchandises transportées	
Voiliers et Vapeurs	Vapeurs seuls	par Voiliers et Vapeurs	par Vapeurs seuls	Voiliers et Vapeurs	Vapeurs seuls	par Voiliers et Vapeurs	par Vapeurs seuls
3.320	»	179.684	»	172	»	20.271	»
3.863	»	188.477	»	158	»	20.684	»
4.102	»	236.026	»	135	»	19.234	»
3.710	»	217.642	»	96	»	9.544	»
3.908	»	243.728	»	130	»	12.499	»
3.664	558	241.099	37.741	48	»	5 787	»
3.940	732	254 309	43.348	54	»	4.848	»
3.792	829	248.811	47.434	73	2	11.651	623
3.968	932	260.650	54.935	70	1	10.084	345
3.204	765	224.653	50.409	49	»	6.563	»
3.119	786	218.000	47.000	33	»	4.700	»
3.001	735	214.000	47.778	22	»	2.200	»
2.701	755	197.000	50.488	21	»	2.900	»
2.890	800	203.000	47.000	25	»	3.500	»
3.088	1.052	202.000	54.000	19	1	3.200	784
2.430	686	151.000	29.000	14	1	1.600	416
2.456	696	227.000	59.000	34	13	10.700	5.600
2.724	907	219.000	60.000	17	11	5.900	5.000
2.797	997	216.000	56.000	12	8	7.900	7.300
2.716	1.087	211.000	55.000	22	9	6.700	2.000
3.171	1.170	212.000	53.524	19	9	4.280	2.900

L'insuffisance des chemins de fer et du Canal du Midi en 1871 est mathématiquement établie par les données statistiques du tableau ci-contre. Les paquebots à vapeur ont dû reprendre en assez grand nombre une route qu'ils n'avaient suivie jusque-là qu'exceptionnellement pour transporter des marchandises entre Marseille et les ports français de l'Atlantique.

Quant aux vapeurs faisant le service entre Marseille et les ports de la Méditerranée, leur nombre a doublé depuis quinze ans ainsi que le poids des marchandises qu'ils ont transportées.

Il est à croire que les chemins de fer du littoral transportent aussi de leur côté des quantités de marchandises qui deviennent chaque année plus considérables entre les villes maritimes. Le développement du commerce permet de le supposer, mais on ne pourrait le prouver d'une manière précise, les renseignements fournis par les gares n'indiquant que le total de leurs expéditions, sans préciser ce qui appartient spécialement à chaque destination. Toutefois ces quantités doivent être relativement peu importantes, les tarifs de paquebots étant calculés de façon à être toujours un peu inférieurs à ceux des chemins de fer. Le bateau à vapeur a d'ailleurs l'avantage sur ces derniers de rendre la marchandise à destination d'un point donné à un autre dans le laps de vingt-quatre heures au maximum.

Il est intéressant de suivre les mouvements de la navigation entre Marseille et le port de Cette, le plus important, après le nôtre, des ports français dans la Méditerranée. La moyenne de 1838 à 1842 était de 17,796 tonnes transportées de Marseille à Cette, et de 11524 tonnes de Cette à Marseille. De 1848 à 1852, la moyenne s'est élevée à 26,778, pour les expéditions de Marseille et à

27,919 pour les expéditions de Cette. Dix ans plus tard, la moyenne s'élevait à 53469 tonnes pour les envois de Marseille et à 40692 pour les envois de Cette. La moyenne des cinq dernières années de Marseille à Cette a été de 44949.

Marseille a toujours expédié à Cette plus de marchandises qu'elle n'en a reçu de cette même ville.

On voit que le trafic par mer entre ces deux places a progressé depuis 1840 ; à partir de 1850, son importance a à peu près doublé ; il atteignait vers 1860 son plus grand développement et il s'est maintenu jusqu'à ce jour avec des fluctuations très-sensibles entre 40 et 50.000 tonnes.

C'est donc à l'époque même de la création des chemins de fer en France que s'est accentué le mouvement progressif des relations maritimes entre les deux grands ports d'expédition de la Méditerranée. Plus il leur est arrivé en masse à chacun, par les voies ferrées, des produits de toute la France, plus aussi leurs échanges réciproques se sont accrus. Les envois de l'un à l'autre ont été d'autant plus actifs que leurs communications respectives avec l'intérieur du pays devenaient plus faciles et plus nombreuses.

C'est là la preuve péremptoire que les intérêts de Cette et de Marseille ne sont nullement en opposition, mais sont au contraire solidaires.

Toutefois l'établissement des chemins de fer entre ces deux villes a diminué les transports de la navigation dans une proportion qui ne dépasse pas un cinquième.

La faveur dont a joui le cabotage à la suite de la dernière guerre, ainsi que nous l'avons déjà constaté, se remarque aussi dans les relations maritimes entre Cette et Marseille. De l'un à l'autre port en 1871 et 1872, il n'y a pas eu de navires voyageant sur lest : le nombre de ces derniers avait été de 119 en 1868, de 69 en 1869 et de 49 en 1870.

Depuis lors, le nombre de bateaux ayant navigué sur
lest entre les deux ports est revenu à son chiffre normal
qui est d'environ 40 par année.

En 1861, 321 navires à voiles français avaient transporté de Marseille à Cette 24,000 tonnes et 330 vapeurs
en avaient transporté 34,000. En 1862, on comptait 402
voyages de vapeurs et 305 de voiliers. En 1873, sur
448 navires partis de notre port pour Cette, 40 seulement
étaient à voiles et sur les 90,000 tonnes que jaugeaient
cet ensemble de navires, les 40 voiliers n'en comprenaient
que 3 685.

La navigation à voiles a trouvé de jour en jour moins
d'aliment entre ces deux places ; sa part dans les transports devient presque nulle. Ce sont les bois communs,
les vins, les graines et farines, les fontes et fer qui forment depuis vingt ans avec la houille, le sel et les matériaux la majeure partie des marchandises du cabotage en
général. Or, les bateaux à vapeur prennent les bois et le
fer à un fret aussi bas que les voiliers ; les vins, les grains
et farines dont le fret est à 7 francs la tonne, donnent la
préférence aux vapeurs à cause de la rapidité et de la régularité du transport. La houille et le sel ne sont pas l'objet d'échanges bien actifs entre ces deux places. Il ne reste
guère que les matériaux dont les voiliers puissent se
charger, et encore serait-ce plutôt parce que les vapeurs
craignant la lenteur des opérations d'embarquement et de
débarquement, évitent de les prendre.

Les services réguliers de steamers suffisent et au-delà,
à absorber l'aliment du trafic entre Marseille et Cette. Les
grandes compagnies de navigation à vapeur de notre ville
ont ensemble pour Cette douze départs fixes par semaine.
Plus de la moitié des marchandises qu'ils transportent
sont transbordées à Marseille ; elles sont en provenance
ou à destination des ports de l'Algérie, de l'Italie, de
Trieste et du Levant. Il faudrait des causes exceptionnel-

les, comme par exemple, une récolte de vins extraordi-
nairement abondante dans le Midi pour amener entre les
deux grands ports français de la Méditerranée un mouvement de navires plus considérable.

Dans son ensemble, le petit cabotage dans la Méditerranée s'est, comme poids des marchandises transportées,
accru de moitié, autrement dit de 50 p. 0/0 depuis 25 ans.
La part que Marseille y a prise n'a pas été en raison de
cette augmentation, elle a au contraire diminué dans une
proportion d'ailleurs peu sensible : environ 8 0/0.
Le cabotage à voiles se maintient entre les petits ports.
Depuis quinze ans, entre Marseille et Cette, il a diminué
comme nombre de navires et comme poids transporté de
90 0/0. Entre Marseille et les ports de la Méditerranée, en
général, il a diminué de 33 0/0 comme nombre de navires
et de 21 0/0 comme poids total des marchandises transportées.
Le petit cabotage à vapeur entre Marseille et les mêmes
ports s'est accru de 26 0/0 comme nombre de vapeurs
depuis 15 ans et de 47 0/0 comme poids.
Le grand cabotage a voiles depuis vingt ans a diminué
de 41 0/0 comme poids transporté et de 68 0/0 comme
nombre de navires.
Le grand cabotage à vapeur n'a eu d'importance appré-
ciable que depuis 1871.

IV

RELATIONS MARITIMES

AVEC L'ALGÉRIE

———

L'Algérie étant pour la France un débouché naturel et un pays de production dont l'importance, par la seule force des choses, est destinée à grandir dans une proportion considérable, est pour Marseille spécialement une source de relations maritimes et commerciales, un principe d'activité, un élément de richesses qui contribue, dans une large part, à la prospérité de notre ville.

Il est avantageux à notre place et à la colonie algérienne que ces relations se resserrent et se développent chaque jour davantage. Marseille est le point central naturellement désigné pour être le trait-d'union rattachant l'Algérie à la France. Les traditions du commerce et les ressources de toute nature assurent sans aucun doute pour longtemps à notre ville la prépondérance, sinon le monopole dans les communications et les transports entre la colonie et la mère-patrie. Il est à croire que la population algérienne elle-même qui paraît exprimer en ce moment ses préférences pour nn autre point, finira par reconnaître son erreur. Mais il est à craindre que tout ce qui sera fait, hors de propos, pour créer des relations en dehors de Marseille, ne serve les intérêts étrangers. Ce qui ne viendra pas à Marseille, n'ira pas au reste de la France. Ce sont les nations rivales qui avant peu de temps en profiteraient.

L'étude du développement de notre colonie africaine est donc de la plus grande importance pour notre ville.

Dans le cours de l'année 1826, il est entré dans le port d'Alger 42 navires et il en est sorti 47. La valeur des importations était de 4.717.000 francs, celle des exportations de 845.000 fr.

En 1831, au lendemain de la conquête, les importations sont de 6.504.000 francs, les exportations de 1.479.000 fr. En 1833, les importations s'élèvent à 7.599.000 francs. les importations fléchissent et ne se totalisent que par 1.028.000 fr.

1840 donne un mouvement total de 9.612 navires jaugeant 699.817 tonnes, de marchaandises importées pour 57.334.734 fr. et de marchandises exportées pour 3.780.324 fr,

Nous trouvons en 1863 à l'entrée dans le port d'Alger 2.940 navires jaugeant ensemble 399.696.

Le total des importations et exportations était à cette date de 165.728.000 fr.; il était de 358.653.596 fr. en 1873.

Le dernier recensement donne pour la population totale 2.416.225 habitants sur lesquels 245.117 Européens. Depuis lors, l'émigration a dû augmenter sensiblement ce dernier chiffre. La population n'est encore que de 6 habitants par kilomètre carré : la fertilité du sol et le mouvement de la colonisation, pour peu qu'il continue à être secondé, permettent de compter sur un rapide accroissement.

Le développement de la navigation de l'Algérie depuis 1860 fait l'objet des trois tableaux ci-contre. Le premier concerne les relations maritimes avec Marseille spécialement et indique la part qu'y ont prise les marins étrangers. Le second est relatif à la navigation à vapeur avec la France, et séparément avec Marseille. Le troisième détaille le mouvement de la navigation avec les Etats étrangers, en indiquant la part qui revient aux navires français.

NAVIGATION ENTRE L'ALGÉRIE ET MARSEILLE

ANNÉES	DES PORTS DE L'ALGÉRIE A MARSEILLE					DE MARSEILLE AUX PORTS DE L'ALGÉRIE				
	NAVIRES		TONNAGE		HOMMES d'équipage	NAVIRES		TONNAGE		HOMMES d'équipage
	Nombre total	Navires étrangers	Total	des navires étrangers		Nombre total	Navires étrangers	Total	des navires étrangers	
1860	351	»	98.152	»	9.235	419	»	99.402	»	8.047
1861	354	»	103.490	»	8.364	450	»	120.581	»	9.873
1862	365	»	109.357	»	8.594	513	»	149.413	»	12.071
1863	374	»	113.157	»	8.141	488	»	145.498	»	11.404
1864	450	»	132.313	»	10.034	538	»	154.343	»	11.310
1865	482	9	152.000	2.959	10.675	524	1	153.091	346	11.172
1866	482	»	199.163	»	12.724	597	1	208.115	41	13.469
1867	573	8	274.812	1.680	18.070	766	35	290.259	7.259	18.934
1868	640	24	302.000	3.700	19.891	787	55	320.000	8.700	20.605
1869	572	14	271.000	2.800	17.018	788	24	324.000	4.590	19.989
1870	626	26	271.000	3.800	18.267	746	26	309.000	4.700	20.046
1871	724	19	348.000	2.900	21.744	827	41	364.000	6.500	23.157
1872	929	32	455.000	11.400	28.236	1.024	19	457.000	5.200	29.277
1873	856	34	438.000	13.900	25.378	933	39	442.000	12.500	25.743
1874	869	21	462.000	9.800	28.059	1.009	32	488.000	5.000	29.950
1875	858	28	474.000	10.000	27.159	893	40	446.000	4.650	28.696

NAVIGATION A VAPEUR
DE L'ALGÉRIE
AVEC LA FRANCE EN GÉNÉRAL
et avec Marseille en particulier

ANNÉES	DÉPARTS DES PORTS DE L'ALGÉRIE			ARRIVÉES AUX PORTS DE L'ALGÉRIE		
	pour la France	POUR MARSEILLE		de toute la France	DE MARSEILLE	
		Vapeurs français	Vapeurs étrangers		Vapeurs français	Vapeurs étrangers
1860	270	212	»	300	225	»
1861	324	257	»	340	265	»
1862	351	288	»	423	335	»
1863	362	287	»	414	324	»
1864	409	342	»	353	321	»
1865	413	355	9	415	332	1
1866	468	407	»	509	390	»
1867	612	530	»	612	525	»
1868	650	583	»	620	546	1
1869	548	528	3	678	564	»
1870	540	529	»	603	530	»
1871	820	632	»	750	617	»
1872	943	830	25	1.092	770	7
1873	829	751	22	1.004	705	16
1874	934	806	»	985	786	1
1875	997	807	13	1.099	798	3

NAVIGATION ENTRE L'ALGÉRIE ET L'ÉTRANGER

ANNÉES	ENTRÉES						SORTIES					
	NAVIRES FRANÇAIS			NAVIRES ÉTRANGERS			NAVIRES FRANÇAIS			NAVIRES ÉTRANGERS		
	Nombre	Tonnage	Hommes d'équipage	Nombre	Tonnage	Hommes d'équipage	Nombre	Tonnage	Hommes d'équipage	Nombre	Tonnage	Hommes d'équipage
1861	360	71.360	6.313	1.214	49.956	9.859	231	58.344	5.427	1.112	39.202	8.681
1862	365	73.469	6.238	1.201	65.022	9.875	209	55.311	5 233	915	34.000	6.971
1863	332	62.380	5.665	1.174	61.434	9.553	210	49.806	4.817	1.058	50.078	8.136
1864	287	62.906	5.537	1.051	48.306	9.275	239	58.732	5.354	1.666	88.144	12.407
1865	281	68.000	5.657	1.197	71.980	9.684	238	65.000	5.473	1.797	93.000	13.520
1866	332	83.155	6.542	1.021	62.422	8.159	228	71.583	5.716	1.211	59.092	8.945
1867	481	110.707	7.860	1.539	154.381	12.793	227	75.717	6.101	903	50.067	6.744
1868	405	110.000	8.505	2.201	206.000	17.748	238	84.000	7.180	1.605	84.000	12.156
1869	381	112.000	9.039	1.821	114.000	14.350	323	98.000	8.426	1.608	84.000	12.203
1870	475	118.000	9.200	1.821	161.000	15.182	572	108.000	10.166	1.311	131.000	10.868
1871	274	79.000	6 197	1.968	140.000	16.681	285	66.000	5.569	1.873	164.000	15 330
1872	341	58.000	4.251	1.812	179.000	16.168	324	51.000	4.197	2.057	226.000	18.213
1873	321	67.000	4.772	1.873	174.000	16.218	233	48.000	3 911	1.907	261.000	18.016
1874	357	70.000	4.934	2.070	181.000	18 335	300	64.000	4.734	2.376	274.000	24.888
1875	353	88.000	5.773	2.732	299.000	26.718	299	65.293	4.778	2.669	303.901	25.556

Le mouvement de navigation entre l'Algérie et Marseille s'est considérablement activé depuis 15 ans. Le nombre des navires qui y ont concouru s'est augmenté de près du double : 97 0/0; leur capacité a plus que triplé: 230 0/0.

Ce que nous avons constaté pour Cette se présente aussi pour l'Algérie. La plupart des navires français qui fréquentent ce littoral sont des bateaux à vapeur faisant des services réguliers et voyageant souvent avec un faible chargement. Toutefois le seul fait que ces services sont maintenus, surtout depuis plusieurs années, démontre que la recette est rémunératrice et que dès lors, l'élément du fret demeure en quantité au moins suffisante pour continuer a diriger sur l'Algérie le même effectif de moyens de transport.

Le pavillon étranger y concourt pour 26 navires en moyenne à l'entrée et 31 à la sortie. C'est encore trop à cause de la concurrence fâcheuse qui en résulte pour nos armateurs.

D'après les moyennes des cinq premières et des cinq dernières années, la navigation entre l'Algérte et les Etats étrangers s'est accrue de 48 0/0 quant au nombre de navires, de 116 0/0 quant au tonnage.

Cette dernière proportion est plus significative si l'on considère que la plupart des navires étrangers fréquentant les ports de l'Algérie ne font pas des services réguliers et ne s'y rendent ou n'en reviennent qu'en ayant leur chargement à peu près complet. De plus, les chiffres indiqués dans notre tableau ne comprennent par les navires sur lest.

Il y a donc dans notre colonie Algérienne une tendance réelle à donner à la navigation étrangère un aliment commercial qui est de nature à l'encourager. On sait que nos armateurs et nos Compagnies marseillaises font tous leurs efforts pour maintenir les lignes régulières rattachant le littoral africain à notre port. Il faut donc qu'il y ait une cause particulière qui détermine les négociants à chercher d'autres voies. En examinant la question des tarifs nous trouverons à cet égard de nouveaux éléments d'appréciation.

De la comparaison des moyennes des cinq premières années et des cinq dernières, il résulte que les navires français qui étaient aux navires étrangers naviguant entre l'Algérie et les Etats étrangers dans la proportion de 22 0/0, ne comptent actuellement que dans la proportion de 18 0/0. Quant à la capacité des navires nationaux employés à la même navigation, depuis quinze ans, la proportion est renversée : de 105 0/0, elle est descendue à 38 0/0. C'est là un premier indice de la décadence de notre marine marchande. Nous aurons à en constater d'autres, mais pas d'aussi frappants.

L'Algérie est partie intégrante de la France et notre marine commerciale devrait y être prépondérante ainsi que dans tous les ports français.

Quant à la part de Marseille dans les transports par vapeur entre l'Algérie et la France, elle est à peu près la même qu'il y a quinze ans ; la proportion n'a varié que de 80 à 82 0/0.

Le commerce d'exportation de l'Algérie avant 1830 consistait principalement en céréales, huiles, laines, peaux, cire et plumes d'autruche. La France et l'Angleterre y envoyaient des cotons, des draps; l'Italie, de la soie; le Maroc, de la quincaillerie grossière. L'Espagne faisait surtout le commerce des transports.

En 1840, les marchandises qui tenaient le premier rang parmi nos importations étaient les céréales, les vins, les tissus de cotons, de soie et de laine, l'huile d'olive, les peaux préparées et ouvrées, les bestiaux, le sucre, les viandes salées. La plus grande partie de ces marchandises était destinée à l'armée d'occupation.

Les nouveaux besoins d'échange créés par le dévoloppement de la civilisation et les explorations industrielles ont profondément modifié le trafic de notre riche colonie. Nous en recevons des céréales et des bestiaux en quantités considérables. Le coton, la graine de lin, l'alfa, le liège, le crin végétal, le minerai, les légumes verts, les oranges sont venus s'ajouter successivement aux anciens articles d'exportation. Nous y expédions par contre tous les produits de notre industrie, surtout des articles de Paris, des vins, des comestibles, des meubles, etc, et ces envois s'accroissent à mesure que s'augmente la population Européenne et que la population indigène se façonne à nos goûts.

Le commerce avec notre colonie d'Afrique fut régi d'abord par une ordonnance royale du 11 novembre 1835.

Les transports entre la France et les possessions françaises du Nord de l'Afrique ne pouvaient s'effectuer que par navires français. Les navires étrangers payaient, à leur entrée en Algérie, deux francs par tonneau de jauge. Les produits français, à l'exception des sucres, et les produits étrangers nationalisés en France par le paiement des droits, étaient admis en franchise. La plupart des denrées naturelles ou matières premières d'un usage commun, étaient exemptes de tout droit, quelle qu'en soit la provenance. Les marchandises étrangères, prohibées en France, étaient reçues en Algérie moyennant un léger droit, à l'exception des sucres raffinés. Les marchandises expédiées sous les formalités prescrites en France pour le cabotage, à destination d'un port de France, étaient affranchies de tout droit de sortie. A l'exception des grains et des farines, dont l'exportation était entièrement libre de tous droits, les marchandises expédiées pour l'étranger payaient les droits de sortie fixés par le tarif applicable en France, ou 15 0/0 de la valeur si, d'après ce tarif, leur sortie de France était prohibée.

L'exemption de tous droits pour les matières premières d'un usage commun et les denrées naturelles avaient pour but évidemment de favoriser la colonisation. Cette disposition fut maintenue par le décret du 11 janvier 1851, qui en précisa l'application aux produits naturels ou fabriqués, exportés de l'Algérie en France, à l'importation en Algérie des produits étrangers nécessaires aux constructions urbaines ou rurales, ainsi qu'à la reproduction animale et végétale.

La loi du 17 juillet 1867 a maintenu la même exemption de tous droits sur les produits naturels ou fabriqués d'origine algérienne.

Le décret de 1851 frappait d'un droit qui était la moitié de celui payé en France, les fontes brutes, les aciers, les fers en bronze, les fers blancs en feuilles, les cuivres de première fusion Mais, malgré l'exploitation de divers minerais dans la colonie, ce n'est pas de ce côté principalement que devait se diriger son industrie. La loi de 1867 réduisait le droit exigé pour ces divers articles au tiers de celui appliqué dans la métropole.

Les tissus de coton et de laine qui avaient fait d'abord l'objet d'un tarif spécial, n'ont plus été admis en Algérie que moyennant le paiement intégral des droits applicables en France. La même disposition comprend aussi les morues de pêche étrangère, les bâtiments de mer, les effets à usage, les boissons fermentées et distillées. Les cafés, poivre, girofle, muscade, vanille acquittent, comme les sucres, des droits spéciaux, mais ne peuvent être, de là, réexpédiés en France, qu'en payant la différence pour compléter le tarif appliqué dans la métropole aux mêmes marchandises.

La loi du 19 mai 1866, porte que la navigation entre la France et l'Algérie et entre l'Algérie et l'étranger, peut s'effectuer par tous pavillons. Elle supprime les surtaxes de pavillons établies en Algérie sur les marchandises importées par navires étrangers.

Il n'est pas inutile de rappeler que les marchandises introduites dans nos possessions françaises d'Afrique, par les frontières de terre de Tunis, du Maroc et du Midi, ont toujours dû être admises librement. La difficulté de surveiller utilement les échanges faits par cette voie, a constamment obligé le gouvernement à la laisser complétement ouverte. Le trafic qui se fait par terre a eu d'ailleurs peu d'importance jusqu'à présent. Toutefois, il ne manquera pas de s'accroître ; l'administration doit le favoriser par tous les moyens, et elle sera sans doute amenée à s'en préoccuper.

La législation douanière tend, de plus en plus, comme on vient de le voir, à assimiler autant que possible les tarifs de la colonie à ceux de la France.

On y arrivera, croyons-nous, par la force des choses, et sauf quelques industries algériennes qui demanderont encore quelque temps une protection aux tarifs, il semble qu'il serait avantageux à tous les intérêts de commerce que la colonie fut traitée sur le même pied que la métropole.

Les nouveaux droits réclamés par le Trésor, depuis la dernière guerre, ont pesé lourdement sur les relations commerciales de Marseille avec l'Algérie. Les colons algériens ont été seuls à supporter la surtaxe de 3 francs par cent kilos applicable, depuis 1872, aux produits d'origine extra-européenne, importés en Algérie des entrepôts d'Europe. Mais les négociants et les armateurs marseillais ont eu à payer les droits de quai, les droits de sta-

tistique et un double, quelquefois même un triple et qua-
druple droit de timbre de connaissement. Ces menus débours forment, à la fin de l'année, des sommes énormes.
Ces frais, grevant chacun des voyages entre des ports
français de la Méditerranée, sont spécialement rigoureux
pour la marine marchande de notre port, parce que ces
voyages, étant des plus courts, se répètent plus souvent
et que le fret est des plus réduits.

Parmi les autres ports français de la Méditerranée qui
entretiennent des relations directes avec l'Algérie, le port
de Cette est à peu près le seul qui mérite d'être mentionné. Le nombre de navires qu'il expédie et reçoit annuellement de cette colonie est, en moyenne, de 550, leur
capacité est d'environ 100,000 tonnes.

L'importance de cette navigation diminue depuis quelque temps ; les armateurs marseillais qui ont des services
réguliers sur Alger, Oran, Bône, Philippeville, etc.,
et en même temps sur Cette, ayant leurs centres d'opérations dans notre port, y font nécessairement escale et
pour la plupart, y transbordent leurs marchandises en
provenance ou à destination des autres ports du Midi.
Nos grandes Compagnies contribuent ainsi à faire, dans
la limite du possible, profiter notre place des échanges
commerciaux entre nos provinces méridionales et notre
colonie d'Afrique. Toutefois, si le nombre des voyages directs tend à diminuer, le trafic n'en continue pas moins à
s'accroître entre Cette et l'Algérie dans une proportion
normale.

En 1863, Cette expédiait, pour les ports algériens,
222,890 hectolitres de vin, 8,070 tonnes de charbon, 2,618
tonnes de matériaux, 1,953 tonnes de savons, 921 tonnes
de sel marin, etc. Nous trouvons, parmi les exportations
de 1874, 250,000 hectolitres de vin, 4,410 tonnes de charbon, 3,693 tonnes de savon, etc.

Parmi les articles reçus à Cette, de l'Algérie, en 1863, nous voyons figurer 394 tonnes de laine, 353 tonnes de poissons salés, 3,056 tonnes de froment, 1,679 tonnes d'écorces, 4,717 tonnes de minerai de fer. Pour les mêmes articles, l'année 1873 donne 527 tonnes de laine, 1,804 tonnes de poissons secs, 10,713 tonnes de froment en grains, 3,550 tonnes d'écorces et 56,642 tonnes de minerai de fer.

La question de savoir s'il est opportun de multiplier les communications postales entre l'Algérie et la France , a, dernièrement, préoccupé l'opinion et a été débattue assez vivement. Les journaux de l'Algérie l'ont résolue dans le sens affirmatif , conformément au désir généralement exprimé dans la colonie. Le *Sémaphore* de Marseille et le *Journal Commercial* de Cette, ont émis un avis différent. L'*Indépendant* des Pyrénées-Orientales s'est fait l'interprète des vœux de quelques négociants ou entrepreneurs français qui, d'accord en cela avec la colonie , demandent qu'un nouveau service soit créé entre Alger ou Oran et Port-Vendres. L'administration a étudié le projet, les conseils électifs l'ont vivement appuyé. Le Conseil Général d'Alger a voté 25,000 francs, et le Conseil supérieur du gouvernement 250,000 francs.

Est-il réellement nécessaire d'augmenter les services actuellement existant entre la France et l'Algérie ? La Compagnie subventionnée effectue par semaine cinq départs pour l'Algérie, dont deux pour Alger, un pour Oran, un pour Stora et un pour Bône. En outre, diverses compagnies de vapeurs ont chaque semaine six départs réguliers pour les mêmes ports. Alger reçoit le courrier de France trois fois chaque semaine : le lundi matin, le jeudi matin et le Samedi soir. Oran le reçoit deux fois, Philippeville et Bône le reçoivent aussi au moins deux fois chaque semaine.

Oran demande trois arrivées et Alger surtout en sollicite quatre échelonnées à intervalles égaux.

Pour que le vœu d'Alger fût satisfait, il suffirait que l'une des deux compagnies qui ont chacune un bateau partant le samedi consentit à avancer ou à reculer son départ d'un jour. Une modification si simple en apparence est impossible à obtenir. Quand on connaît les usages de la place on se rend parfaitement compte de la difficulté.

Quelque combinaison qu'on adopte, jamais une compagnie de navigation n'admettra qu'un de ses paquebots quitte le port le dimanche soir ou le lundi soir. Un départ le dimanche matin en supposant qu'on le fasse accepter étant trop rapproché de celui du samedi soir n'aurait plus d'utilité et ne répondrait pas au but qu'on se propose. On arrivera peut-être plus tard par une entente entre les compagnies à fixer les départs de façon à en avoir un pour Alger chaque jour à partir du mardi jusqu'à samedi. Mais de toute façon, il y aura constamment les deux jours du dimanche et du lundi qui feront lacune dans la série des départs de Marseille pour Alger. L'Etat pourrait, il est vrai, accorder à un entrepreneur de transports une subvention assez forte pour le déterminer à sacrifier la recette de fret qu'il perdrait sûrement en expédiant son paquebot le lundi, mais une augmentation des subventions annuelles n'est pas à espérer avec les idées qui sont en faveur dans nos commissions du budget.

C'est probablement cette difficulté qui a fait imaginer la création d'un service sur Port-Vendres. Ce projet paraît au premier abord avoir un caractère d'utilité pratique. Ses promoteurs prétendent qu'en abordant à Port-Vendres la traversée est abrégée sensiblement ; ils font remarquer qu'on évite le Golfe du Lion, où la navigation est toujours, selon eux, si pénible ; ils font valoir les avantages qui résulteraient pour le commerce du Midi et celui de l'Algérie de ces relations directes, et assurent des bénéfices à l'armateur qui se chargerait de l'entreprise.

Ces appréciations sont loin de reposer sur des bases certaines. Si Port-Vendres était le terme définitif où s'arrête le passager venant de l'Algérie, on comprendrait qu'il n'eût pas d'autre désir que d'abréger la traversée. Mais les voyageurs algériens sont appelés pour leurs affaires à Marseille, point central comme renseignements, comme facilité de communications et comme marché. Quant aux fonctionnaires et employés de la colonie qui viennent en si grand nombre passer l'été en France, ils se rendent dans l'intérieur et tous auront avantage à se diriger sur notre ville. En effet, prenons pour terme de comparaison Paris, si par Port-Vendres le voyage de mer est abrégé de trois heures, ce que nous admettons dans les circonstances les plus favorables, le voyage par terre est allongé d'au moins dix heures, non compris les temps d'arrêt aux gares d'embranchement. Car de Port-Vendres, il faut gagner Narbonne et de là Bordeaux, ou Cette et Tarascon. On dira que les chemins de fer peuvent combiner leurs correspondances de façon à créer un train rapide de Port-Vendres à Paris. Mais les administrations de chemins de fer ne font de modifications aux heures de départ et d'arrivée des trains que lorsque l'affluence des voyageurs en démontre la nécessité. Il faudrait avoir obtenu déjà en masse les préférences des voyageurs pour leur permettre d'espérer une route plus directe. Il y a là un cercle vicieux dont on ne sortira pas ; et d'ailleurs on va de Marseille à Paris en 18 heures 20 minutes et en 16 heures 45 minutes par le rapide. De quelque façon que soient combinés les trains, il faudra toujours plus de 12 heures pour se rendre de Port-Vendres à Tarascon : par l'Ouest la route est plus longue. Quoi que l'on fasse, on perdra toujours par terre beaucoup plus de temps qu'on n'en gagnera

par mer, en abordant dans tout autre port que celui de
Marseille.

Les difficultés de la traversée dans le Golfe du Lion sont
exagérées pour les besoins de la cause ; généralement
les passagers ne remarquent aucune différence entre la
fatigue que leur occasionne le passage du golfe et celle
qu'ils éprouvent en pleine Méditerranée. Il faut d'ailleurs
que cette différence soit bien insignifiante puisque les
navigateurs ne s'en sont jamais détournés pour se diriger
sur Port-Vendres.

L'état d'isolement dans lequel ce port est resté constamment et le peu de mouvement commercial auquel il a
donné lieu jusqu'à présent en serait la meilleure preuve.
Aussi, pour apprécier le bénéfice que peut rapporter une
entreprise de bateaux ayant cette place pour tête de
ligne, il n'y a qu'à examiner combien de navires ont jusqu'à
présent suffi à son commerce en général et en particulier
à ses relations avec l'Algérie.

Le mouvement de la navigation dans ce port donne
depuis treize ans, entrées et sorties réunies, une moyenne
de 371 navires, d'une capacité de 25,000 tonneaux. C'est
avec l'Espagne que cette ville a le plus de relations maritimes.

Les relations de Port-Vendres avec l'Algérie sont résumées ci-après :

	ENTRÉES.		SORTIES.	
	navires.	tonnage.	navires.	tonnage.
1862	11	1.036	3	239
1863	3	220	2	125
1864	5	499	3	239
1865	3	223	1	80
1866	18	1.264	9	779
1867	14	2.016	—	—
1868	13	1.869	24	3.324

	ENTRÉES.		SORTIES.	
	navires.	tonnage.	navires.	tonnage.
1869	2	144	3	208
1870	4	455	1	75
1871	3	227	1	77
1872	3	1.000	2	186
1873	3	122	2	166
1874	5	337	3	307

Comme on le voit, cette navigation n'a aucune tendance à augmenter d'importance, et il ne paraît nullement y avoir sur cette place des exigences commerciales qui ne reçoivent pas entièrement satisfaction.

Pour que le projet des négociants algériens eût quelque chance de succès, il faudrait donc créer Port-Vendres, non-seulement comme ville destinée à recevoir de nombreux voyageurs, mais aussi comme centre d'affaires et de trafic. Or ce n'est, ni en un jour, ni en une année que se fonde une place commerciale. Il ne suffit pas d'improviser une ligne de bateaux pour avoir du fret ; nos armateurs en savent quelque chose et aucun d'eux ne tentera l'entreprise de Port-Vendres sans des données certaines qui de longtemps ne pourront être fournies.

Il ne faut pas oublier que les services actuels suffisent aux échanges qui se font et qui peuvent se faire entre l'Algérie et nos départements méridionaux. Les compagnies se disputent le fret de sortie et si ce n'était les accords convenus entre elles, les nolis seraient réduits au point de n'être plus rémunérateurs. Elles vont drainer à Cette, pour les apporter gratuitement, ou à peu près, à Marseille, les produits du Midi, notamment les vins qu'elles dirigent ensuite sur l'Algérie. Les articles de Paris, la quincaillerie, les tissus, les fers, les comestibles forment

3

un ensemble dont la moyenne est inférieure à 3,000 tonnes par semaine. Le total ne remplit guère que la moitié et dans les meilleurs moments que les trois-quarts de ce que pourraient porter les paquebots des services réguliers.

Pour le retour, .e cuargement du navire n'est réellement assuré qu'à l'époque des céréales, lorsque les circonstances sont favorables dans la saison des fruits et des légumes, ou pour les paquebots ayant d'avance leur cargaison soit en bestiaux, soit en minerais.

Pour clore cette question de Port-Vendres, rappelons que le gouvernement, tant que durera son marché avec la Compagnie Valéry, ne peut subventionner aucun nouveau service entre les ports de la cote de France et ceux du littoral algérien. Aussi pour l'administration n'est-il pas question pour le moment d'une ligne nouvelle à établir, si ce n'est par une concession à ajouter à celles dont cette Compagnie a déjà le privilège. Dans ce cas, le service serait fait d'Oran sur Marseille avec escales à Port-Vendres et Cette. Tel est le projet qui est à l'étude.

Dans ces conditions, Port-Vendres ne contribuerait plus comme tête de ligne à l'élément de recettes. Les intérêts de ce port seraient satisfaits au-delà de tout ce qui leur est nécessaire : le service d'Oran à Marseille en serait seulement retardé, mais une expérience de quelques années démontrerait le peu d'importance sur lequel il faut compter pour l'avenir commercial de cette localité.

Il convient de signaler les progrès obtenus pour la rapidité des traversées d'Afrique en France. On n'a pas encore oublié à Marseille et à Alger le temps où les paquebots à vapeur mettaient trois jours au minimum pour aller d'un port à l'autre. Les Messageries Maritimes avaient gagné déjà beaucoup sur cette durée du trajet. Depuis trois ans, les bateaux de la Compagnie Valéry mettent en moyenne 33 heures pour venir d'Alger. Il est même devenu habituel que pendant l'été, les voyageurs partis d'Alger le mercredi à midi, prennent à Marseille l'express du jeudi soir et sont rendus le vendredi soir à Paris. Le public algérien apprécie sans aucun doute de tels avantages qui sont les plus capables de propager sur notre littoral africain le rayonnement de la vie politique et de l'activité commerciale de la France.

Si donc la prospérité de l'Algérie dépend des entreprises de transports créées et entretenues à Marseille, le succès de ces entreprises est inhérent à la prospérité de la colonie. Dans cette aide réciproque, ce n'est pas notre ville qui est en retard. Nos armateurs mettent à la disposition de la colonie plus de moyens de communications qu'elle n'en utilise, et ces facilités de relations se multiplieront à mesure que naîtront en Afrique de nouveaux besoins par suite de l'accroissement de la population, du développement de l'industrie et d'une activité plus grande comme consommation et comme production.

Notre ville est ainsi particulièrement intéressée à la prospérité de l'Algérie; elle a plus à y gagner que tout autre centre commercial. Comment cette prospérité peut-elle être assurée ? Ce serait dépasser les limites de cette étude que de répondre même sommairement à cette question, malgré l'importance qui s'y rattache. Il y a lieu cependant de constater que depuis quelques années, surtout depuis 1873, on s'applaudit plus généralement du régime suivi, de l'activité déployée et des résultats obtenus. De nouvelles communes ont été créées en grand nombre. La construction des routes et des chemins se poursuit aussi rapidement que le permet le manque de bras; les irrigations, les dessèchements, les travaux dans les ports sont à l'ordre du jour. L'année 1876 verra s'ouvrir trois nouvelles voies ferrées; le parcours desservi aura une longueur totale de 360 kilomètres. D'autres lignes sont concédées.

En 1869, la surface totale ensemencée de céréales était de 1.684 000 hectares qui ont fourni 1.676.500 quintaux de grains. En 1874, la culture s'est étendue sur 2.730.000 hectares dont le rendement a été de 16 millions de quintaux. On peut prévoir que dans une dizaine d'années, le rendement dépassera en moyenne 25 millions de quintaux en blé et en orge, c'est-à-dire qu'il atteindra le cinquième de sa production similaire en France.

La culutre de la vigne et la fabrication du vin sont également en voie de progression. En 1866, les Européens cultivaient 8.000 hectares produisant 100.000 hectolitres; en 1874, 11.360 hectares plantés de vignes ont donné 230.000 hectolitres.

Depuis 1869, la culture du lin a doublé. L'Algerie sera, quand elle le voudra, en mesure de fournir à la France la quantité considérable de lin que l'industrie du Nord demande chaque année à l'étranger. Elle pourra également lui livrer les 8 ou 10 millions de chanvre en filasse qu'elle reçoit annuellement du dehors. L'élève du bétail a porté de 7.800.000 à 15.000.000 le chiffre des têtes d'animaux de la colonie.

L'exploitation des mines de fer prend un développement considérable. On évalue à environ 640.000 tonnes le produit total des mines de Mokta-el-Hadid, et de Beni-saf en 1874 ; la quantité produite par toute la France a été de 3.461.672 tonnes en 1869 ; et de 7.108.769 en 1875.

La culture du tabac comprenait en 1869, 4400 hectares et occupait 5340 planteurs. En 1874, 9000 planteurs ont cultivé 6.460 hectares.

L'alfa qui couvre en abondance les hauts plateaux algériens est une plante précieuse à plus d'un titre. Elle sert de nourriture au bétail. Les indigènes en font des

tapis, des corbeilles, des cordes. L'industrie européenne
en tire le crin végétal, le fil, le papier, le carton. L'Angleterre qui s'approvisionnait naguère de cette plante en
Espagne, la fait venir aujourd'hui de nos provinces d'A-
frique. En 1868, la quantité exportée en Angleterre n'était
encore que de 2.762 tonnes ; en 1874, elle était de
64.000 tonnes. Il serait à désirer que ces expéditions
eussent lieu par nos voies ferrées et, partant, par Marseille. Mais jusqu'à présent, l'alfa n'est pas encore mentionné dans les tarifs des Compagnies de chemins de fer.
Cette plante cependant deviendra bientôt un article important de transport. Sa production naturelle en Afrique est
illimitée ; les usages multiples auxquels elle est employée
ne peuvent manquer de la faire rechercher en France.

Les richesses de notre colonie africaine sont nombreuses et ne demandent qu'à être exploitées. Il lui faut des
bras et tout ce qui favorisera l'immigration dans une
large mesure, tout ce qui donnera aux immigrants les
facilités pour leur installation et la sécurité pour leur
travail contribuera au développement de l'Algérie.

Mais, au-delà des possessions françaises, il y a un autre
élément de relations pour notre colonie et de ressources
pour notre commerce. Toutefois , jusqu'à présent , ces
contrées immenses sont à peu près l'inconnu pour
nous. Les récits de quelques voyageurs indiquent à peine
les abondantes ressources qu'on y rencontrerait. Le développement à atteindre de ce côté est, pour ainsi dire,
sans limites. En nous mettant en relations avec ces peuples par des échanges commerciaux, nous arriverions à
les familiariser avec nos mœurs et nos usages ; nous
étendrions ainsi notre influence plus sûrement que par
une conquête à main armée. C'est, en quelque sorte, un
monde nouveau à faire entrer dans le courant de notre
civilisation en exploitant ses produits. Pour cela, ce qu'il
faut, d'abord, ce sont des explorateurs.

Notre ville ne saurait trop encourager les voyages d'exploration vers l'Afrique centrale. Elle a suivi, avec le plus vif intérêt, M. Largeau et M. Cameron, dans leurs excursions. Mais nous sommes devancés par les Anglais dans nos recherches à travers ces contrées. C'est une concurrence profitable à tous, il est vrai ; il serait bon pourtant que la France y fût la première. Il faudrait donner la plus grande publicité possible aux entreprises de cette nature tentées par nos compatriotes, les provoquer, les patronner et en faire connaître les résultats. Ce serait, de la part du gouvernement, un acte de bonne politique et, de la part de notre haut commerce, un moyen de se préparer un nouveau champ d'activité.

Le développement, de ce côté, peut devenir immense, et nos administrateurs, nos sociétés commerciales, nos institutions de crédit, nos négociants ne devraient jamais perdre de vue que l'avenir de l'Afrique est aussi, pour une bonne part, celui de Marseille.

V.

RELATIONS MARITIMES

DE MARSEILLE AVEC L'ÉTRANGER

ITALIE.

Au commencement du siècle, la France recevait de l'Italie : de la soie écrue, du gros bétail, du riz, des huiles, des oranges, des citrons, des chapeaux de paille et du soufre. A ces marchandises sont venues s'ajouter, successivement, les chanvres, les bois merrains, les sumacs, les os de bétail, les légumes secs, les laines, les peaux brutes, la potasse, le suif, les marbres, etc.

Nous expédions en Italie, principalement des tisuss, des peaux préparées, du café, du sucre raffiné, des verreries et cristaux, des vins, des produits chimiques, des articles de l'industrie parisienne.

Il se produit, depuis quelques années, en Italie, surtout dans les provinces du Nord, un mouvement industriel très prononcé. Il en est résulté dans les conditions des échanges, des modifications sensibles dont le tableau ci-après permettra de se rendre compte.

COMMERCE
DE LA FRANCE AVEC L'ITALIE

Valeurs en Millions de francs.

ANNÉES	COMMERCE GÉNÉRAL		COMMERCE SPÉCIAL	
	Importation	Exportation	Importation	Exportation
1856	250	203	219	146
1857	202	202	165	136
1858	198	214	167	155
1859	173	262	138	180
1860	210	270	172	183
1861	206	303	180	188
1862	229	290	193	182
1863	250	370	206	247
1864	281	426	230	284
1865	287	432	242	283
1866	281	366	236	237
1867	363	307	321	186
1868	386	265	329	178
1869	364	312	321	230
1870	271	266	234	201
1871	480	195	441	153
1872	444	327	375	228
1873	436	353	345	229
1874	358	334	288	204
1875	410	348	322	218

Il ressort de ces chiffres, que notre trafic avec l'Italie s'est augmenté sensiblement depuis vingt ans.

Nos importations avaient un peu fléchi vers 1858 et 1859, elles se sont relevées ensuite et ont progressé d'une manière assez régulière jusqu'en 1871, où elles ont atteint leur maximum.

Nos exportations, tant au commerce général qu'an commerce spécial, ont atteint leur chiffre le plus élevé en 1864 et 1865. Elles ont sensiblement baissé depuis, ce qui tendrait à prouver que le traité qui a réglé les conditions de nos échanges depuis cette époque, nous est moins favorable sous ce rapport que le régime antérieur.

Les résultats de l'année 1874 sont notablement inférieurs à ceux des années précédentes.

L'importation, pour une part qui est plus que la moitié et presque les deux tiers de la totalité, consiste en produits naturels ou matières premières ; viennent ensuite les produits alimentaires dont les quantités tendent manifestement à s'accroître d'année en année.

Ce sont les produits manufacturés qui fournissent plus de la moitié de nos exportations.

Les exportations ont dépassé les importations :

En 1863 de 23 millions.
    1864   48   »
    1865   34   »

Les importations ont dépassé les exportations :

En 1866 de 4 millions.
    1867   137   »
    1868   156   »
    1869   98   »
    1870   39   »

3.

En 1871 de 288 millions.
1872   247   »
1873   116   »
1874   84   »
1875   104   »

Il paraît donc hors de doute que la dernière convention a eu pour résultat de faire arriver d'Italie en France beaucoup plus de marchandises que nous n'en avons envoyé en Italie.

La plus grande partie du commerce de la France avec l'Italie s'est faite jusqu'à ces derniers temps par voie de mer et surtout par Marseille. Depuis quelques années, certaines marchandises dont la quantité va croissant sont données aux chemins de fer.

La navigation entre la France et l'Italie donne les résultats consignés dans l'état comparatif ci-contre.

NAVIGATION ENTRE LA FRANCE ET L'ITALIE.

ANNÉES	POUR TOUTE LA FRANCE — TONNAGE DES NAVIRES — Entrées et Sorties réunies par mille tonnes		POUR MARSEILLE — BATEAUX A VAPEUR AYANT NAVIGUÉ entre l'Italie et Marseille — Entrées et Sorties réunies		NAVIRES ITALIENS ayant fréquenté le port de Marseille			
	FRANÇAIS	ÉTRANGERS	NOMBRE de bateaux	TONNAGE	Entrées NOMBRE	Entrées TONNAGE	Sorties NOMBRE	Sorties TONNAGE
1859	642.2	461.7	1.357	328.000	1.167	177.000	1.244	197.000
1860	422.9	327.0	1.070	298.000	»	»	»	»
1861	354.9	394.9	1.154	273.000	»	»	»	»
1862	430.9	390.9	1.465	351.000	»	»	»	»
1863	497.2	454.9	1.621	378.000	1.209	174.000	1.218	174.000
1864	460.3	473.7	1.357	325.000	1.187	167.000	1.128	159.000
1865	403.1	498.3	1.330	332.000	1.232	207.000	1.253	189.000
1866	404.2	502.9	1.599	361.000	1.287	185.000	1.241	180.000
1867	502.2	553.0	1.826	434.000	1.450	200.000	1.305	197.000
1868	564.5	545.7	1.966	475.000	1.485	210.000	1.450	208.000
1869	569.2	478.2	1.856	453.000	1.610	236.000	1.574	274.000
1870	491.1	474.2	1.653	404.000	1.703	290.000	1.702	299.000
1871	387.7	563.0	1.655	453.000	1.892	396.000	1.698	354.000
1872	352.2	576.3	1.299	355.000	1.741	349.000	1.705	360.000
1873	331.4	549.9	1.084	366.000	1.863	388.000	1.820	358.000
1874	348.7	517.2	1.078	395.000	1.680	332.000	1.735	348.000
1875	344.1	475.9	1.052	383.000	1.734	362.000	1.729	367.000

Ainsi, pendant que le commerce entre les deux pays a augmenté d'importance, comme on l'a vu plus haut, le mouvement de la navigation est plutôt allé en diminuant. Cette diminution est particulièrement frappante quand on examine, année par année, le nombre de bateaux à vapeur qui ont voyagé entre l'Italie et Marseille depuis huit et dix ans.

Or, les communications maritimes entre les grands ports d'Italie et le nôtre ayant lieu généralement par vapeurs, il est donc bien évident que Marseille a perdu une partie des transports entre les deux nations. Cette diminution peut être évaluée à un tiers environ de ce qui s'expédiait de notre port en Italie pendant les années 1867 et 1868.

Nous avons perdu notamment ce que la Suisse, la Belgique, l'Alsace envoyaient dans les régions du Midi ; il faut y ajouter aussi une grande partie des envois de l'Angleterre, du Nord de la France, de Paris et de Lyon même. L'administration des chemins du fer de la Haute-Italie a fait tous ses efforts pour que les marchandises de ces provenances arrivent par le mont Cenis et par la voie de la Suisse. Elle a adopté des tarifs combinés qui offrent aux expéditeurs, sur les frais de transport, une économie assez sensible pour les détourner de suivre l'ancienne route du trafic par Marseille.

Des réductions de tarifs consenties par le chemin de fer de Paris-Lyon-Méditerranée et diverses facilités offertes à la navigation auraient pu prévenir un état de choses aussi préjudiciable à notre transit. Mais l'administration de cette Compagnie est entrée en pourparlers avec celle du chemin de fer de la Haute-Italie pour arrêter des tarifs combinés dont l'effet sera évidemment d'accentuer encore les préférences des négociants pour la voie de terre. Le chemin de fer français aurait cependant avantage à repousser une semblable combinaison qui abrège le parcours sur ses propres rails pour favoriser la circulation sur des rails étrangers. Une réduction habilement calculée sur le prix de transport de certains articles serait, paraît-il, plus conforme aux intérêts de la Compagnie, puisqu'en appelant vers la mer tout ce que le Nord, le Centre et l'Est dirigent sur le Midi, elle conserverait pour ses seules lignes le monopole de ses transports. A tous égards, les intérêts français auraient demandé que l'administration du chemin de fer s'entendît avec les Compagnies de navigation desservant l'Italie. Une concession consentie de part et d'autre aurait pour longtemps assuré à Marseille et à notre grande artère centrale de circulation un transit important. Mais, actuellement, c'est surtout sur l'amélioration suffisante de notre système de canalisation depuis la Manche et le Rhin jusqu'à la Méditerranée, qu'il faut compter pour ramener dans notre port un fret qui lui échappe.

Quant à des facilités à faire à la navigation, le moment ne paraît pas venu pour elle encore d'en espérer de bien réelles. Les lois de douane, les règlements sanitaires et les plus fortes taxes de toute nature continuent à frapper de préférence les transports maritimes.

Si la navigation française n'a aucune faveur à attendre des multiples administrations nationales dont elle suit les règlements, elle se trouve à l'étranger, en Italie notamment, l'objet de rigueurs particulières.

Depuis quelques années, le gouvernement italien a la prétention de soumettre les Compagnies maritimes ayant des agents dans ses ports, à une taxe exhorbitante à laquelle il a donné le nom d'impôt sur la richesse mobilière. Cette taxe, perçue en vertu des lois du 21 avril 1862, 19 juillet 1868 et 8 juin 1874, frappe le capital que les Sociétés étrangères emploient en Italie pour leurs opérations.

C'est récemment que l'administration italienne des Domaines s'est avisée de réclamer cet impôt aux armateurs français en le faisant courir sur plusieurs années en arrière, de sorte que les Compagnies se sont trouvées inopinément sous le coup d'injonctions aussi imprévues qu'exhorbitantes. A défaut d'une déclaration qui n'a pas été faite par ignorance des dispositions législatives autant et plus que par principe instinctif de légitime défense, la taxation est fixée d'office. Telle Compagnie qui fait deux voyages réguliers par semaine sur le littoral italien en y employant au plus 6 bateaux est imposé sur un capital de 20 millions.

Nous reproduisons le détail assez curieux des sommes exigées dans le délai de quinze jours par une assignation signifiée ex-abrupto à l'agent d'une de nos compagnies marseillaises à Gênes :

1. Taxe 1/2 0/0, années 1866 à 1868..... Lires	30.000
2. Taxe 1/10 0/0, années 1866 à 1868....	3.000
3. Amende pour déclaration omise......	500
4. — pour défaut de paiement......	8.250
5. Taxe 1 pour 1,000, 1869 et 1870	40.000
6. — 1/10 — —	4.000
7. Amende pour défaut de paiement.....	11.000
8. Taxe 1 pour 1,000, 1871 à 1874.....	70.000
9. — 2/10 — —	14.000
10. Amende pour défaut de paiement.....	21.000
11. Taxe de 1 pour 1,000 : deux semestres 1874......................	10.000
12. Taxe de 2/10 pour 1,000 : deux semestres 1874..........., ...	2.000
13. Amende pour manque de déclaration..	500
14. — pour défaut de paiement.....	3.000
TOTAL....... Lires	217.250

En présence de réclamations aussi fantastiques s'abattant sur une Compagnie sans avis préalable, on se demande si l'on ne se trouve pas dans un de ces pays arriérés où règne le régime de l'arbitraire.

Evidemment des exigences aussi exagérées et dans de semblables conditions ne sont pas sérieuses, mais pour les réduire à leur valeur, ce sont des procès, des ennuis et, en fin de compte, des dépenses pour des sociétés que grève déjà lourdement l'ensemble des frais généraux.

En dehors de ces taxes colossales, les diverses administrations ont d'autres pratiques vexatoires dénotant ou un parti pris de créer des difficultés aux étrangers, ou peu d'intelligence des conditions dans lesquelles peut s'exercer la navigation à vapeur. Ainsi, une amende de 50 francs est infligée pour tout colis débarqué en plus ou en moins de ce que le capitaine a déclaré sur son manifeste d'entrée. Une rature, un chiffre mal formé, la moindre erreur est considérée comme une contravention, constatée par procès-verbal et punie de l'amende.

Or, est-il toujours possible à un capitaine, quelle que soit sa bonne volonté, d'éviter les erreurs ? Sait-on dans les bureaux officiels quelle rapidité un bateau affecté à des voyages réguliers, est obligé d'apporter dans son travail ? Partir à heure fixe est pour lui une question de succès ou de perte, de vie ou de mort. Quand on voit tout le détail de colis qu'embarquent et débarquent les navires à vapeur, on est surpris qu'il n'y ait pas plus de confusion et de dégâts. Il faut comparer des centaines de marques et de numéros, l'embarquement se fait souvent de nuit et par tous les temps, les pointeurs se remplacent, et l'on veut qu'il n'y ait ni hésitation, ni la plus légère inexactitude aux manifestes. Faire payer 50 francs pour un oubli assez excusable, c'est vouloir rendre à la navigation à vapeur régulière l'existence impossible ; c'est subordonner l'activité moderne et le génie du XIXᵉ siècle à une réglementation d'un autre âge.

Tout ce qui appartient à la navigation à vapeur régulière devrait être l'objet de dispositions particulières.

Les futurs traités de commerce devraient, ce nous semble, stipuler quelque clause spéciale, en prévision de semblables vexations qui ne sont nullement, sans doute, dans l'esprit des conventions, et qui sont dues à l'interprétation d'employés subalternes trop enclins à croire que tous moyens sont bons pour créer des obstacles à la marine des pays rivaux, afin de favoriser par cela même l'industrie maritime nationale.

Des procédés de cette nature répétés sur une grande échelle, et paraissant venir d'une sorte de mot d'ordre, s'ajoutant à un certain réveil de l'esprit national qui se révèle dans toutes les branches d'activité, rendent moins inexplicable le fait de la diminution du nombre de navires français voyageant entre l'Italie et la France, tandis que le nombre de navires italiens reste à peu près le même.

En aucun temps, les conventions internationales ne se sont inspirées de cet esprit tracassier inconnu en France. Depuis plusieurs siècles, Marseille avait fait un traité de commerce avec Gênes. Les dernières dispositions réglant les échanges entre ces deux villes sont contenues dans le traité du commerce du 28 août 1843 entre la France et les Etats sardes, dans la loi du 29 juin 1845 qui établissait un régime exceptionnel de modération de droits, par l'ordonnance du 8 mai 1846 et par le décret du 5 novembre 1850.

D'après ces accords, les habitants de l'un et de l'autre pays étaient assimilés aux nationaux par le paiement du droit de patente, des taux, etc. ; il en était de même des navires. Les paquebots à vapeur en service régulier et périodique étaient assimilés au pavillon national.

Les décrets du 20 mai 1851 et du 14 février 1852 établissaient des réductions et des suppressions réciproques de droits d'entrée ou de sortie sur certains produits français ou sardes.

Un traité avec la Toscane et le duché de Lucques daté du 15 mars 1853, contient des dispositions analogues par l'assimilation des étrangers aux nationaux pour les droits et les formalités relatifs aux marchandises exportées de l'un et de l'autre pays. Les navires à vapeur français affectés à un service régulier et périodique et touchant au port de Toscane étaient assimilés au pavillon toscan.

Une loi du 14 juin 1845 réduisait de 10 0/0 les droits du tarif pour les marchandises et produits de France ou des colonies importés dans les domaines du roi des Deux-Siciles sous pavillon français ou napolitain.

Pour beaucoup de marchandises d'un certain prix, les droits étaient réduits de moitié ; pour d'autres, ils étaient réduits du tiers.

Le traité de 1864 qui prend fin cette année vint unifier ces dispositions diverses et établir de nouveaux tarifs.

Les futurs accords devront tenir compte de la concurrence que font ou que feront aux nôtres plusieurs indus-tries créées dernièrement en Italie, notamment dans les environs de Gênes. Des tanneries, des fonderies, des fabriques de savon, d'huile, des filatures de coton, etc., sont en voie de prospérité. Le développement qu'elles ont pris explique, dans une certaine mesure, la diminution de nos exportations depuis quelques années.

L'ESPAGNE

Ce qui caractérise nos relations commerciales et maritimes avec l'Espagne, c'est encore, comme en Italie, l'exagération des mesures répressives qui, étant appliquées selon le gré des agents subalternes, ont tout le caractère de l'arbitraire. La douane espagnole accorde une forte prime à l'employé qui constate une contravention ; de là, un excès de zèle qui devient méticuleusement vexatoire. Le montant des amendes est encore plus élevé que dans les ports italiens. C'est par milliers de réaux que se paie à la douane la différence d'un colis en plus ou en moins.

La déclaration en douane doit être faite non pas par le capitaine à son arrivée, mais au port d'origine avant le départ ; elle doit être visée par le consul d'Espagne. Si, au dernier moment, un négociant retient sa marchandise, si un colis ne peut être reçu à bord pour une cause ou pour une autre, la rectification au manifeste doit être approuvée par l'apposition du sceau consulaire et par la signature même du consul. Le montant de l'amende encourue doit être déposé immédiatement ; tant que le Trésor n'a pas encaissé la somme ou reçu caution, le navire ne peut, en aucune façon, sortir du port où a été reconnue l'erreur. On comprend ce qu'il en résulte de gênant, principalement pour les vapeurs qui sont obligés d'avoir leurs arrivées et leurs départs à heures fixes.

Ces dispositions sont un luxe de précautions contre la fraude, elles accusent une administration affolée par l'invasion de la contrebande qu'elle ne peut empêcher et qui la déborde. Mais elles n'atteignent pas leur but et n'aboutissent qu'à contrarier les services réguliers et à les surcharger de frais.

L'administration espagnole qui s'obstine à prêter à tout

le haut négoce et à la grande industrie internationale les
habitudes de finasserie, les intentions mesquines des petits trafiquants locaux, devrait se pénétrer de l'esprit dont
s'inspire, dans notre siècle, le monde commercial. Au
lieu de suivre une routine arriérée, il lui est facile de se
convaincre que, pour une Compagnie de bateaux faisant
des services réguliers, la contrebande serait non seulement une rare exception, mais matériellement une impossibilité.

Il a fallu sans doute des motifs bien puissants pour
amener cette nation à s'armer de moyens dénotant des
tendances si contraires aux principes modernes. Les navires espagnols ne rencontrent pas dans nos ports de
semblables rigueurs.

Les dispositions étaient moins sévères, même au siècle
dernier. Nous en jugeons d'après les conventions du
2 janvier 1768 et du 13 mars 1769. En vertu de ces
accords, qui ne se comprennent pas sans la réciprocité,
tout navire espagnol arrivant dans un port de France,
était tenu de donner une déclaration dans les 24 heures
après l'arrivée ; à commencer du jour du débarquement,
le capitaine avait huit jours, en excluant ceux des fêtes,
pour réformer sa déclaration ou redresser les omissions
et erreurs qui auraient pu la rendre défectueuse. Après
ce terme les employés des douanes avaient la faculté
de faire leur visite une fois et pas davantage.

On lit dans les mêmes traités :

« Si, par le manifeste, il conste que la cargaison con-
« siste, en tout ou en partie, en marchandises prohibées
« ou de contrebande, on pourra exiger que le capitaine
« les fasse descendre à terre, pour lui être rendues au
« moment de son départ, sans exiger aucun droit de dé-
« pôt, ni lui occasionner les moindres faux frais.
« Il est défendu aux employés des douanes de rompre

« ou de visiter les chargements-ballots qui auraient
« été déclarés être pour un autre port ou pour un autre
« pays. »

Il est nécessaire que, à l'avenir, les traités de commerce
non-seulement avec l'Espagne, mais avec quelque pays que
ce soit, contiennent une clause ayant pour objet de garantir les capitaines marins, et par celà même les Compagnies
de navigation, contre l'arbitraire des agents subalternes.
Une stipulation spéciale devra être faite pour ce qui concerne les vapeurs en services réguliers. Si les agents des
douanes continuent à pouvoir, par leurs procédés tracas-
siers et des amendes à tout propos, grever de dépenses
considérables les opérations des navires étrangers, le résultat des traités relatifs à la navigation restera complètement illusoire. Un gouvernement aura beau signer des
promesses libérales, la réciprocité ne sera pas établie
aussi longtemps que les employés inférieurs auront la
faculté, en surchargeant à leur gré la marine rivale, de
protéger indirectement les navires nationaux. Pour ne pas
rester à l'état de lettre morte, les conventions doivent
prévoir l'application pratique, de part et d'autre, des dispositions convenues.

L'Espagne nous fournit des laines, des minerais, du
plomb, de l'huile d'olive, des oranges, des citrons, du
liége ouvré, des nattes et des cordages en sparterie.
Nous lui envoyons des meubles, des farines, des tissus
de coton, de lin, de laine et de soie, de la mercerie, des
verreries, de la librairie et de la papeterie, des ouvrages
en métaux, des vins et eaux-de-vie.
Pendant les trois dernières années, là guerre, en rendant peu sûres les communications par les provinces
du Nord et en créant des besoins nouveaux, a sensible-

ment déplacé le mouvement normal des relations commerciales, et même de la navigation entre ce pays et la France.

Nos importations de cette provenance ont été notablement accrues depuis 1867. A cette date, elles s'augmentaient, tant pour le commerce général que pour le commerce spécial, de près de 50 0/0 de ce qu'elles étaient antérieurement.

Elles ont donné depuis :

	Commerce général.	Commerce spécial.
Moyenne des années antérieures...	75,000,000 fr.	56,000,000 fr.
Années 1867...........	121,000,000	90,000.000
— 1868...........	113,000,000	88,000,000
— 1869...........	124,000,000	103,000,000
— 1870...........	85,000,000	74,000,000
— 1871...........	128,000,000	106,000,000
— 1872...........	149,000,000	123,000,000
— 1873...........	179,000,000	141,000,000
— 1874...........	158,000,000	129,000,000
— 1875...........	118,000,000	94,000,000

Quant à nos exportations pour cette destination, elles ont diminué depuis la même date surtout pour le commerce spécial.

	Commerce général.	Commerce spécial.
Moyenne des 5 années antérieures..	221,000,000 fr.	150,000,000 fr.
Années 1867...........	160,000,000	103,000,000
— 1868...........	219,000,000	108,000,000
— 1869...........	156,000,000	96,000,000
— 1870...........	133,000,000	91,000,000
— 1871...........	148,000,000	101,000,000
— 1872...........	175,000,000	112,000,000
— 1873...........	177,000,000	110,000,000
— 1874...........	222,000,000	139,000,000
— 1875...........	219,000,000	140,000,000

Ainsi, il y a eu depuis huit ans une réaction complète dans le mouvement de notre trafic avec l'Espagne. Jusqu'en 1867, nous y avons expédié chaque année environ trois fois plus que nous n'en avons reçu; depuis cette époque, ce que nous recevons a quelque fois dépassé la valeur de ce que nous envoyons.

Il n'est pas inutile de noter qu'en 1855 un accroissement analogue à celui de 1867 s'était déjà produit dans le mouvement du trafic français avec ce pays, relativement aux années antérieures.

Pour la navigation entre l'Espagne et la France, les moyennes comparées des années 1859-1863 et 1869-1873, constatent une augmentation dans le tonnage des bâtiments qui y ont été employés, mais cette augmentation est plus sensible pour les navires étrangers que pour les navires français. Pour les cinq premières années, on trouve la moyenne de 149,000 tonnes pour le jaugeage des navires français et 215,000 pour celui des navires étrangers. Les cinq dernières années donnent en moyenne 164,000 tonnes de capacité pour le pavillon français et 240,000 pour le pavillon étranger.

Mais c'est surtout dans la navigation à vapeur, entre l'Espagne et Marseille, que notre pavillon prend une part relativement faible.

Bien que nos relations maritimes avec ce pays soient actuellement plus importantes qu'il y a dix ans, les vapeurs français n'y concourent guère que dans la proportion d'un tiers, ainsi qu'il résulte des chiffres suivants :

Vapeurs ayant navigué entre l'Espagne et Marseille.

	NOMBRE TOTAL.		VAPEURS ÉTRANGERS.	
	Nombre.	Tonnage.	Nombre.	Tonnage.
1868.......	740	150.000 T.	669	132.000 T.
1869.......	617	155.000	506	99.000

	NOMBRE TOTAL.		VAPEURS ÉTRANGERS.	
	Nombre.	Tonnage.	Nombre.	Tonnage.
1870.......	472	118.000 T.	406	87.000 T.
1871.......	433	80.000	403	73.000
1872.......	506	155.000	373	75.000
1873.......	589	205.000	362	103.000
187+.......	666	260.000	438	151.000
1875.......	559	240.000	325	111 000

Cette infériorité de la marine à vapeur marseillaise dans les ports espagnols peut provenir des préférences plus ou moins indirectes que les administrations locales, comme l'avons expliqué, témoignent pour tout ce qui intéresse leur pavillon. Elle a pour cause également les frets réduits que font les paquebots des Compagnies espagnoles, relativement aux prix demandés par les armateurs français. Elle est occasionnée également par les variations dans les prix des marchandises exportées d'Espagne. Les différences depuis ces dernières années ont été assez accentuées pour engager les négociants à faire leurs expéditions sur Londres plutôt que sur Marseille et Paris. De plus les navires anglais se rendant dans le Nord, prennent un fret qui est inférieur au prix de transport par Marseille. C'est ce qui explique que les plombs, le minerai, les laines, les oranges et citrons s'embarquent à Carthagène, à Alicante et même à Valence pour Londres, le Havre, Anvers, etc.

C'est ainsi que le fret d'arrivée aussi bien que le fret de sortie se trouve encore ici détourné de notre port à cause des tarifs des chemins de fer, surtout de celui de la Compagnie Paris-Lyon-Méditerranée.

LES PORTS DU LEVANT

Les relations commerciales du port de Marseille avec les ports du Levant sont des plus anciennes et ont toujours été très-suivies. On sait l'influence dont jouissaient aux siècles derniers, nos négociants dans les *Echelles* de la Méditerranée.

Les principales marchandises qui y étaient expédiées consistaient en draps, café, sucre, indigo, cochenille, papiers, étoffes, épicerie, vins et liqueurs. On en rapportait du coton, des soies du pays, des noix de galles, des toiles peintes, des poils de chameaux, de l'huile d'olive, etc.

Aux articles d'importation sont venus s'ajouter les laines et peaux, le cuivre pur de première fusion, les cendres et regrets d'orfèvre, les gommes et résineux exotiques, les graines de lin, les grains, les sésames, les graines de coton et de pavots.

L'exportation comprend aussi aujourd'hui les peaux préparées, les verreries et cristaux, l'orfèvrerie et la bijouterie, l'industrie parisienne.

Le commerce entre la France et la Turquie a donné lieu en 1868, à un total d'importations et d'exportations de 411 millions au commerce spécial. Ce sont les chiffres les plus elevés qui aient été atteints. Ils étaient, en 1873, de 357 millions pour l'ensemble des marchandises et de 257 millions pour les marchandises françaises et francoisées.

Avec l'Egypte, c'est 1864 et en 1865 que nous avons fait le plus d'échanges. Les transactions réciproques entre l'Egypte et la France en 1873 ont porté sur un total de 109 millions au commerce général et de 90 millions au commerce spécial.

Notre ville a reçu du Levant (Turquie d'Europe et
d'Asie, Grèce, possessions anglaises et Egypte), en 1858,
801 navires, jaugeant 205,000 tonnes ; en 1861, 1043 navires, jaugeant 291,000 tonnes ; en 1875, 647 navires,
jaugeant 311,000 tonnes, Elle a expédié pour ces destinations : en 1858, 730 bâtiments de 173,000 tonnes de capacité ; en 1861, 812 bâtiments jaugeant 252,000 tonnes ;
en 1875, 1,024 bâtiments pouvant porter 457,000 tonnes.

La navigation a vapeur entre Marseille et les ports du
Levant a suivi depuis dix ans sa marche régulière, mais
sans progresser. Les chiffres résumant le mouvement de
nos paquebots accusent plutôt une diminution, ainsi que
le constate le tableau suivant qui comprend, entrées et
sorties réunies, le nombre des vapeurs ayant navigué
dans les ports de la Turquie, de la Grèce, de l'Egypte, des
Etats barbaresques et des possessions anglaises.

Entrées et sorties réunies.

	Nombre.	Tonnage.
1865.........	872	587.744 T.
1866.........	829	592.534
1867.........	790	590.637
1868.........	837	589.130
1869.........	820	637.951
1870.........	745	582.363
1871.........	621	413.946
1872.........	577	419.155
1873.........	770	579.457
1874.........	730	580.595
1875.........	647	516.376

Quant à la part qui revient au pavillon français dans
cette navigation, les chiffres suivants permettent de s'en
rendre compte.

4

	VAPEURS FRANÇAIS.		VAPEURS ÉTRANGERS	
	Nombre.	Tonnage.	Nombre.	Tonnage.
1868.......	631	419.000 T.	206	169.000 T.
1869.......	659	473.000	161	163.000
1870.......	583	530.000	162	151.000
1871.......	513	365.000	108	48.000
1872.......	512	375.000	65	41.000
1873.......	592	456.000	178	121.000
1874.......	569	468.000	161	110.000
1875.......	522	421.000	125	95.000

On voit que l'importance du pavillon étranger est à celle du pavillon français dans la proportion d'un tiers et même d'un quart.

Les vapeurs italiens seraient, paraîtrait-il, à cause de la proximité de leurs ports d'attache, à même de nous faire concurrence dans les relations maritimes du Levant avec l'Occident. Jusqu'à présent, toutefois, nous n'aurions pas trop à nous en préoccuper.

En 1874, il est entré à Gênes, venant des ports du Levant, de l'Egypte et des Etats barbaresques, 76 vapeurs, jaugeant 52,650 tonneaux. Il est parti de la même ville pour ces destinations 47 vapeurs jaugeant 27,026 tonneaux.

La navigation par voiliers entre Gênes et les pays désignés plus haut, comprend : à l'entrée, 128 bâtiments d'une capacité de 29,400 tonnes, et à la sortie, 296 bâtiments mesurant 87,900 tonnes.

De Naples, il est parti pour les mêmes ports, en 1873, 146 vapeurs, jaugeant 112,899 tonnes ; sur le nombre, 84 étaient des paquebots français et 22 des paquebots anglais. Naples à reçu des mêmes provenances 120 vapeurs d'une capacité de 90,340 tonnes ; de ces paquebots 72 appartenaient à la France et 12 à l'Angleterre.

La navigation à voiles a donné comme entrée 39 navires jaugeant 6,934 tonnes, presque tous grecs ou italiens, et comme sortie 74 navires jaugeant 12,293 tonnes, appartenant pour la plupart aux mêmes nationalités.

Ces données établissent que le commerce de Marseille avec le Levant conserve encore toute sa supériorité. Il est à croire qu'il se maintiendra à ce niveau avantageux pour les intérêts français.

L'importance du trafic avec ce pays ne se modifie sensiblement d'une année à l'autre que sous l'influence de causes indépendantes de l'activité et de la volonté des populations qui y prennent part. C'est uniquement l'abondance des récoltes naturelles qui détermine un accroissement momentané d'exportation. L'industrie et l'agriculture ont peu varié dans ces contrées où dominent la routine, le fatalisme, l'immobilité. Les produits sont tels aujourd'hui qu'il y a cent ans.

Pour qu'ils puissent être multipliés et cédés à meilleur marché, il faudrait une sorte de révolution morale dans les goûts et les mœurs ·de ces populations. Ce sera le résultat d'un contact plus intime et de rapports plus fréquents avec les Occidentaux. Les usages français se sont introduits dans quelques villes des littoraux ; l'article de Paris et nos produits manufacturés sont demandés plus qu'il n'y a 50 et 25 ans. Mais ces progrès sont partiels, très-restreints et ne pénètrent pas la masse du peuple. Pour revivifier cette terre qui serait si féconde, ces bras qui sont capables de montrer de la vigueur, ces esprits où se conserve une étincelle d'énergie, ce n'est jamais assez de multiplier les stations et les voyages des paquebots ; des révolutions de palais comme celle que nous voyons aujourd'hui n'avanceront pas beaucoup le développement d'un vrai progrès. Tout ce qui n'apaisera pas, en l'éclairant, en le dirigeant, l'exclusivisme traditionnel et le fanatisme musulman, sera insuffisant.

Toutefois, dans l'attente des évènements qui doivent hâter la régénération, les relations commerciales, en s'étendant, prépareront, peu à peu, la transformation de cet esprit oriental arriéré et intransigeant qui, une fois entamé, contribuera ensuite lui-même puissamment à la propagation des échanges, en développant le goût du bien-être et de la civilisation.

L'action des consuls peut être de la plus grande utilité. Ce qui manque le plus aux négociants français, ce sont les renseignements commerciaux. Si les Chambres de Commerce, au moins les principales, celles des points les plus centraux, correspondaient directement avec les consulats, il y aurait avantage pour tous.

En dehors de toute question de prix de marchandises ressemblant à du courtage, il y a, à certains moments, des indications locales qui peuvent intéresser directement les négociants d'une certaine région. Les Chambres de commerce, interprètes officiels des vœux du public trafiquant, provoqueraient la communication de ces renseignements et en assureraient la publication.

Ce qui doit être favorisé ensuite, c'est la création, par des Français, d'établissements commerciaux, industriels ou autres dans le Levant. En 1792, 11 maisons de commerce françaises existaient à Constantinople ; on a pu en compter 19 en 1834, et 30 réellement importantes en 1875.

Smyrne possédait, en 1789, 19 maisons françaises ; en 1834, 3, et en 1874, 8.

A Salonique, en 1780, il y en avait 8 ; en 1834, 3 seulement, et en 1874, 6.

Andrinople avait 4 maisons françaises en 1789 et 2 en 1834. Candie et Chypre en avaient chacune 2 à la fin du

siècle dernier ; en 1834, il n'en existait plus. Nous en re-
trouvons, en 1874, 4 à Candie et 2 à Rhodes.

Un bon nombre des maisons actuelles ont été fondées
dans ces contrées vers 1854, époque où un pouvoir fort
semblait assurer à la France la tranquillité à l'intérieur et
une légitime influence au dehors. La guerre de Crimée
augmenta l'importance de nos relations avec le Levant.
Mais le gouvernement français ne sut pas tirer parti du
prestige acquis si chèrement.

La mollesse de l'intervention, lors des massacres des
chrétiens du Liban, produisit parmi les populations orien-
tales une impression qui nous fut défavorable. Le nom
français, l'idée de suprématie qui s'y attachait ne furent
plus aussi respectés et, depuis lors, notre influence est
allée s'amoindrissant dans les conseils du Grand-Turc,
dans les projets du Khédive, comme dans les calculs du
marchand de Smyrne et d'Athènes.

C'est depuis cette époque que les Anglais, les Italiens
et même les Américains des Etats-Unis ont augmenté le
chiffre de leurs affaires avec la Turquie.

Il paraît même que la nouvelle organisation judiciaire
en Egypte nous sera défavorable. Mais, en résumé, notre
commerce dans le Levant ayant peu à attendre maintenant de la politique, il faut que la presse et les Chambres
de commerce, redoublant de vigilance, signalent et favorisent tout ce qui peut amener la création d'établissements français dans les ports orientaux. Nous n'excep-
tons ni les écoles, ni les collèges, ni les institutions de
bienfaisance ; il en existe plusieurs dans ces contrées, et
c'est par elles, non moins que par les comptoirs du trafic,
que se préparent pour l'avenir les plus sûrs éléments de
la propagation des idées régénératrices et de l'extension
des relations commerciales.

Les caboteurs grecs et italiens voyageant à bas prix dans la mer Noire pour le transport des céréales, ont fait à nos voiliers une concurrence qui les a obligés à renoncer à la lutte dans ces parages. La navigation à vapeur entre ces ports et Marseille a d'ailleurs pris, d'année en année plus d'importance. En voici les résultats depuis dix années :

Entrées et sorties réunies.

	Nombre.	Tonnage.
1865	25	15.568 T.
1866	38	23.194
1867	27	19.008
1868	35	25.863
1869	14	7.560
1870	49	34.343
1871	28	19.640
1872	26	19.082
1873	81	65.201
1874	146	118.519
1875	243	236.778

La part qu'y a prise le pavillon français a été très-variable, mais elle ne tend pas à s'accroître. En 1868, le tonnage des vapeurs français était au tonnage des vapeurs étrangers dans la proportion de 1/11 ; en 1869 des 3/4 ; il a été ensuite de 3/5, 1/8, 1/26, pour se maintenir à 1/13 en 1874, et à 1/2 en 1875.

Si la Russie met à exécution le projet dont la presse s'entretient depuis longtemps et qui consisterait à relier par un canal la mer Caspienne et la mer d'Azow, il y aurait de ce côté dans quelques années un prodigieux mouvement commercial. Ce serait la route la plus directe et sans doute la plus fréquentée entre l'Europe et l'Asie centrale, peut-être même l'Asie méridionale. Une vie nouvelle serait communiquée non-seulement à ces contrées asiatiques et aux régions caucasiennes, mais insensiblement à la Turquie et à la Grèce. Le gouvernement russe est à même de réaliser l'entreprise, en le faisant concorder avec l'amélioration du détroit d'Iénikalé, de façon à rendre l'entrée de la mer d'Azow, accessible aux grands navires ; il aura contribué tout en régénérant des populations aujourd'hui immobilisées dans des espaces qui furent le berceau du monde, à créer un nouveau et vaste débouché à la navigation de la Méditerranée.

L'ASIE

Si la navigation marseillaise ne s'est pas développée dans les ports du Levant aussi activement que sur d'autres points, c'est que déjà elle y tenait la première place et qu'un redoublement d'activité dans le mouvement maritime vers ces régions dépend de circonstances qu'il faut attendre et que l'on saisit sans trop pouvoir directement les provoquer. Il n'en est pas de même pour l'exploitation commerciale et maritime des contrées que le canal de Suez a mises en communication avec la Méditerranée.

C'est au mois d'octobre 1870 que l'œuvre de M. de Lesseps a pu être considérée comme terminée et que les navires ont été mis à même de passer librement d'Europe en Asie. Les préoccupations des gouvernements et des peuples européens à cette époque ont détourné l'attention publique de ce fait considérable qui, à tout autre moment, eut eu un retentissement si universel. Dès la cessation de la guerre, la France, par Marseille, s'est mise en me-

sure de profiter de la nouvelle voie et des nouveaux débouchés qui en sont la conséquence.

Le tableau ci-après constate dans quelle proportion
s'est développée la navigation à vapeur entre Marseille
et les côtes méridionales de l'Asie et de l'Extrême Orient
y compris les Indes anglaises, en remontant à l'année
1865 :

	Vapeurs.	Tonnage.
1865..........	2	1.245 T.
1866..........	2	1.612
1867..........	2	2.163
1868..........	9	11.798
1869..........	1	477
1870..........	39	49.417
1871..........	42	61.100
1872..........	47	92.388
1873..........	64	106.654
1874..........	93	146.783
1875..........	118	180.835

A cet accroissement des moyens de transports à vapeur
correspond naturellement celui du trafic. Les indications
suivantes suffiront à en donner une idée genérale :

PRINCIPALES MARCHANDISES
exportées des côtés asiatiques en France par le
canal de Suez.

	en 1866	en 1874	en 1875
Graines oléagineuses..	20.640 T.	44.195 T.	64.000 T.
Blés en grains de l'Inde.	néant	10.945	12.600
Cafés en grains.......	23	1.944	8.400
Cotons en graines.....	311	2.022	»
Indigo	153	370	»
Thé.............. ..	néant	3.120	8.000

Soie : en 1861, 5.669 balles ; en 1865, 13.267 balles ;
en 1868, 19.902 balles ; en 1872, 25.000 balles.

Les données ci-dessus montrent dans quelle immense proportion les échanges se sont augmentés, avec les Indes, la Chine et le Japon. Les relations directes ne faisant que commencer pour ainsi dire, puisqu'elles ne datent que de cinq années, iront se multipliant ; il serait difficile de préciser dans quelle mesure. La moyenne de 3 navires et de 3.400 tonnes qui représentait l'ensemble des moyens de transports maritimes à vapeur avant 1870, s'est élevée depuis à 57 paquebots et 91.000 tonnes. Pendant les cinq dernières années prises à part, le mouvement a donné lieu à une progression croissante considérable. Par une évaluation approximative on peut dire que les termes en ont été doublés en 4 ans et triplés en 5 ans. En admettant la continuation de la même raison ascendante, on arrivait au chiffre d'au moins 1.200.000 tonnes que, dans dix ans, la navigation à vapeur mettrait annuellement à la disposition du trafic entre notre ville et les contrées situées au-delà du canal.

Ce n'est pas trop présumer des résultats qu'aura incontestablement l'influence civilisatrice à mesure qu'elle jettera ses assises dans ces parages. Des mines de charbon ayant été découvertes dans les Indes, en Chine et au Japon, les frais de transport seront graduellement diminués, la vapeur est assurée de dominer prochainement tous les autres moyens de navigation dans les mers Asiatiques, comme elle l'a fait dans la Mediterranée.

Déjà la Compagnie Française y rencontre la plus active concurrence : la Compagnie Anglaise Péninsulaire et Orientale, le Lloyd Itatien, le Lloyd Autrichien et le Lloyd russe ont des services reguliers subventionnés sur les Indes et la Chine. Des Compagnies Américaines sont elles-mêmes en concurrence avec la Compagnie Japonaise.

Il y a là un sujet d'études qui mériterait un grand développement, et qui intéresserait au plus haut point l'avenir de notre commerce.

4.

Les éléments en pourraient être fournis d'abord par la Compagnie des Messageries Maritimes, par l'administration de la Compagnie du Canal de Suez, par les données statistiques que produiraient les administrations des principaux ports, les avis des négociants du pays, etc. Ces documents seraient contrôlés et complétés par les renseignements émanant des Consulats.

En présence de l'importance que prendra le trafic dans ces contrées asiatiques et de la nécessité pour notre ville, nos armateurs et nos negociants, d'être toujours à même de connaître les circonstances qui ouvriraient un nouveau champ à leurs opérations, il nous semblerait utile que le public eût à sa disposition, soit à la Chambre de Commerce, soit périodiquement, dans une revue spéciale un ensémble d'informattons sûres.

Une publication bi-mensuelle, par exemple, fondée et et patronnée par notre Chambre de Commerce et dont la meilleure partie serait consacrée à la navigation et au commerce avec l'Asie, contribuerait à faire connaître les ressources, les richesses de ces pays trop peu fréquentés et amènerait l'établissement, en plus grand nombre, de maisons françaises dans ces contrées. Elle créerait une correspondance devenue indispensable entre nos comptoirs français de l'Inde, nos colonies Asiatiques et leur port d'attache dans la mère-patrie, le centre commercial le mieux à même de comprendre leurs besoins, leurs aspirations, leurs promesses et de les faire valoir, non-seulement dans notre ville, mais dans le monde.

Les grandes maisons de soieries de Lyon ont formé des établissements en Chine et au Japon et paraissent avoir réussi. Il est à désirer que ces tentatives se multiplient avec rapidité. Nous avons beaucoup à faire pour contre-balancer l'activité que déploient dans les grandes villes d'Asie les commerçants d'autres nationalités. Les étrangers s'établissent dans nos colonies aussi promptement que nous-mêmes et nous sommes loin de déployer dans les possessions étrangères le même esprit d'initiative que d'autres races, nos rivales. C'est ainsi qu'à Bombay, ville de 650,000 habitants, possédant six docks et plus de 1,500 navires, le commerce ne correspond avec la France que par une maison représentée à Paris, une autre à Marseille, une autre à Bordeaux et deux au Havre. L'Allemagne y compte pour sa part trois grandes maisons dont le siége même est à Bombay.

Sur divers. points, notamment en Birmanie, les indigènes désirent établir des relations commerciales avec la France et de notre côté, malgré les avantages qui en résulteraient pour tous, il faut avouer que nous nous y prêtons avec peu d'empressement. C'est un pays dont le sol vierge et fécond pourrait offrir aux négociants français un champ immense d'exploitation. Ils pourraient en tirer, à des prix excellents, les bois de construction, les sucres, les huiles, les cotons, les drogueries et bois de teintures, les cires, les gommes laques, le cachou, le tabac, et y écouler un stock immense de soie, de velours, de cotonnades, de mousselines, de machines, de métaux ouvragés et d'articles de Paris.

L'initiative marseillaise a fondé tout d'abord en Asie des agences de navigation et des maisons de banque. Notre commerce devra y avoir aussi ses représentants de plus en plus nombreux pour les graines oleagineuses, les blés, les cafés, les cotons, etc. Mais il est à remarquer que ce qui est de l'industrie trouvera de ce côté plus vite et plus sûrement de meilleurs résultats que ce qui est de pur échange. L'introduction en France de matières dont le travail doit augmenter la valeur de 200 et de 500 0/0 enrichira plus le pays, et intéressera plus d'ouvriers qu'une marchandise qui ne doit que séjourner dans les entrepôts ou être livrée à la consommation immédiate. De plus, les cafés, cotons, grains venant de l'Inde se trouvent en concurrence avec ceux arrivant de pays plus rapprochés et sont soumis aux conditions diverses que leur font ces derniers.

Pour ce qui concerne actuellement les entreprises et les relations pouvant détourner de notre port les marchandises de ces contrées, nous avons à porter notre attention de deux côtés : sur l'Angleterre et sur l'Italie. Notre navigation y veille aujourd'hui d'une façon spéciale qui témoigne de l'intérêt qu'elle attache à rétablir ou à accroître sa prépondérance. Peut-être aurait-elle pu être à même de mettre dès le début à la disposition du nouveau débouché plus de moyens d'action et diminuer par celà même ceux des nations rivales.

Le 30 novembre 1854, le vice-roi d'Egypte remettait à M. de Lesseps l'acte de concession, le chargeant de constituer la Compagnie de l'Union du Canal des deux mers. Aujourd'hui, on s'explique difficilement que l'Angleterre, la nation qui profite, et longtemps profitera plus largement que toute autre de l'œuvre achevée, se soit opposée avec tant d'acharnement à son exécution.

Dans la prévision de l'Angleterre et du monde des affaires, la France était la nation se trouvant par sa position, ses ressources et son matériel maritime, la plus à même de bénéficier de la voie nouvelle. Les négociants anglais connaissant l'activité qui règne à Paris et à Marseille, ainsi que les capitaux disponibles, voyaient dans un avenir prochain l'Asie, l'Océanie réunies à l'Europe par une route française, ayant Marseille comme tête de ligne avec Paris comme centre et comme direction. Ils ont pu supposer qu'un jour notre ville rivaliserait avec Liverpool et Londres. Cette éventualité était dans les choses nonseulement possibles, mais probables. Il en eut été ainsi, si, ayant une foi complète dans le succès, notre esprit d'initiative se fut donné carrière dès le commencement, et si Paris eut résolument, énergiquement appuyé Marseille·

dans la lutte qui se préparait. C'était l'intérêt commun. Au lieu de cette entente et de cet élan d'activité, il y a eu hésitation. Pendant que s'exécutait le grand travail, notre port du Midi et la France ne faisaient rien, ou presque rien pour l'utiliser.

En même temps que la pioche creusait, il eut fallu que nos chantiers multipliassent l'instrument de navigation. Au moment où le premier navire franchissait le canal nouvellement créé, il eut été nécessaire que nous fussions en mesure d'ajouter immédiatement dix grands vapeurs à la flotte marchande de notre port et le même nombre chaque année pendant au moins dix ans. Il eut fallu des associations de capitaux prêtes à fonctionner et de nombreuses maisons de commerce ayant déjà leurs représentants dans les ports asiatiques. La France avait à fournir pour le développement du trafic un déploiement d'énergie proportionnel à celui qui s'opérait pour l'union des mers.

Une révolution aussi radicale s'accomplissant dans le monde physique exige, du monde de l'iniative intellectuelle comme du monde des élaborations matérielles, un mouvement correspondant. Ce mouvement se fait tôt ou tard, mais l'homme ou le peuple qui s'y lance le premier, en retire le plus de profit.

C'est ce qu'a fait l'Angleterre. Tout en suscitant des entraves à la création du canal, elle travaillait fièvreusement aux moyens d'en tirer parti. De 1840 à 1850, elle avait construit en moyenne 71 vapeurs par année, de 1850 à 1860, cette moyenne monte à 170, et de 1860 à 1870, elle s'élève à 352. Aussi, en 1870, toutes ses ressources étaient combinées et le canal se trouvait, à point nommé, achevé pour servir à la flotte à vapeur au moyen de laquelle l'Angleterre communique avec ses vastes colonies des Indes.

Les steamers anglais sont à la totalité des navires franchissant le canal de Suez dans la proportion de 80 0/0.

Quant à l'Italie, elle est entrée plus tard dans ce nouveau mouvement de navigation créé par le percement de
l'isthme. Nous craignons que sa part n'y devienne de jour
en jour plus active. Le port de Naples a expédié pour les
Indes, en 1873, 12 vapeurs italiens jaugeant 9,348 tonnes et
a reçu de la même contrée 14 vapeurs dont 1 français et 1
hollandais. Ces 14 vapeurs jaugeaient ensemble 12,958 t.
A Gênes, en 1874, il est parti 7 vapeurs jaugeant 5,687
tonnes pour Aden, Bombay et Calcutta, et il est arrivé des
mêmes ports 17 vapeurs jaugeant 14,225 tonnes.

Toutefois ce n'est pas, pour le moment et pour longtemps encore, du côté de Brindisi que nos relations commerciales avec l'Asie ont à craindre une concurrence
efficace. L'Angleterre n'a pas fait un choix heureux en
établissant dans ce port la tête de ligne de sa navigation
par le Canal. Elle l'a maintenu jusqu'à présent pour sa
correspondance postale ; mais il est à croire qu'elle en
viendra à y renoncer pour reprendre la voie de Marseille.
Avec la rapidité de marche de nos paquebots, c'est tout
au plus de 20 à 22 heures que gagne la malle anglaise en
traversant les Alpes et l'Italie. Ce mince avantage est
compensé par certains inconvénients résultant, soit du
peu de ressources du port, soit de sa nullité comme centre commercial ou d'approvisionnement. Il faut donc espérer que la grande ligne de Paris-Lyon-Méditerranée con-
tinuera à être la principale artère de circulation universelle, la route sinon la plus courte, du moins la plus rapide et la plus appréciée.

Mais si l'on ne considère que l'importance du trafic et
des transports de marchandises que Brindisi pourrait
nous enlever, nous n'avons pas à nous en préoccuper. Si
Brindisi était capable d'acquérir une certaine importance,
ce serait tout au plus au préjudice des ports italiens,
comme Naples, Livourne ou Gênes ; mais ces derniers ne
semblent avoir à cet égard aucune appréhension.

L'AFRIQUE
OCCIDENTALE ET MÉRIDIONALE

Si nous n'avons guère de relations maritimes que par steamers avec l'Asie et l'Extrême-Orient, nous commerçons avec l'Afrique Occidentale à peu près exclusivement par navires à voiles. C'est dans ces régions que nos voiliers conservent leurs routes préférées et semblent défier encore pour quelque temps la redoutable concurrence de la vapeur.

Voici le résumé de la navigation entre les côtes occidentale et orientale d'Afrique et Marseille depuis 1865, en comptant seulement les arrivées dans notre port.

	Nombre de navires.	Tonnage.
1865.	172	46.270 T.
1866.	156	45.069
1867.	176	51.752
1868.	221	64.524
1869.	197	57.731
1870.	178	54.319
1871.	211	70.272
1872.	232	75.534
1873.	228	75.647
1874.	279	90.833
1875.	274	91.668

Les relations maritimes par vapeurs entre ces mêmes pays et Marseille donnent pour les dernières années, entrées et sorties réunies, en 1870, 5 bateaux mesurant 860, et, en 1872, 2 bateaux mesurant 693 tonnes. Comme on le voit, les voyages tentés par les steamers sur les côtes d'Afrique n'ont été que des essais qui n'ont pas obtenu assez de succès pour être renouvelés. En effet, la nature même du chargement des navires s'aventurant dans ces parages ne permet pas aux vapeurs de s'y risquer avec chance d'en rapporter un fret rémunérateur.

Ce sera, du reste, l'un des derniers points du monde, où, pour plusieurs raisons, le commerce portera ses moyens d'amélioration matérielle et trouvera un débouché aux produits du progrès moderne.

Toutefois nous retirons de ces contrées des graines oléagineuses notamment des arachides, des amandes de palmes qui forment pour notre place une ressource précieuse. La totalité de ces importations était, il y a quinze ans, concentrée dans le port de Marseille ; vers 1866, les ports de Bordeaux, du Hâvre et de Rouen ont commencé à en recevoir certaines quantités. Cependant les arrivages de ces produits sur notre place n'ont pas cessé de s'accroître, et la côte occidentale d'Afrique assurerait à nos armateurs pour le long cours un de leurs plus précieux éléments de fret sans la concurrence du pavillon étranger. En effet, à partir de 1872, les navires à voiles grecs ne trouvant plus d'aliment dans les ports de la Méditerranée se sont portés sur la côte occidentale d'Afrique. Ils naviguent avec moins de frais quotidiens que nos bateaux français, ce qui nous crée pour la lutte une situation désavantageuse. Le fret des arachides tendant à être accaparé par les navires étrangers, l'avenir de la navigation dans ces parages se trouvera ainsi sérieusement compromis si une nouvelle loi sur notre marine marchande ne vient la replacer dans des conditions plus favorables.

Ce qui le prouve de la manière la plus évidente, c'est que la navigation française qui envoyait dans ces parages et en recevait des navires portant, en 1862, 71,875 tonnes contre 2,610 de la navigation étrangère — en 1863, 70,408 contre 1,393 — en 1864, 60,813 contre 4,039, n'a plus eu, en 1874, qu'un mouvement de 27,000 tonnes contre 26,000 et, en 1875, de 13,000 contre 17,000.

NAVIGATION

ENTRE LES PORTS

DE L'AMÉRIQUE ET DE MARSEILLE

Navires chargés

ANNÉES	ENTRÉES		SORTIES	
	NOMBRE de navires	TONNAGE	NOMBRE de navires	TONNAGE
1860	279	81.000	175	53.200
1861	284	63.000	161	48.600
1862	357	100.700	208	60.900
1863	354	109.800	228	63.300
1864	309	90.000	190	56.500
1865	296	112.000	192	59.600
1866	251	72.800	179	59.000
1867	271	80.400	189	71.500
1868	331	107.000	201	85.000
1869	340	105.000	304	95.000
1870	337	110.000	209	90.000
1871	237	90.000	240	105.000
1872	262	95.000	486	165.000
1873	286	112.000	336	160.000
1874	255	110.000	278	135.000
1875	245	95.000	230	112.000

L'AMÉRIQUE

Le tableau ci-contre indique le mouvement de la navigation entre les ports de toutes les côtes d'Amérique et Marseille, vapeurs et voiliers réunis, depuis 1860.

Il constate une diminution dans le nombre des navires partis de Marseille, mais une augmentation dans l'ensemble de leur tonnage. La moyenne des cinq premières années est 316 navires et 88,900 tonnes, la moyenne des cinq dernières est 275 et 103,400 tonnes. Ce donc des bateaux d'une portée beaucoup plus grande qu'autrefois, que nous expédions maintenant en Amérique.

Pour les arrivées à Marseille, l'augmentation est complète. Au lieu de 192 navires qui entraient dans le port, il y a quinze ans comme moyenne annuelle, nous en recevons maintenant 307 ; quant au tonnage, il a plus que doublé, de 56.600 tonnes i. s'est élevé à 131.000 tonnes.

Cet accroissement du chiffre du tonnage provient pour une grande partie de ce que les vapeurs naviguant entre le Nouveau-Monde et Marseille sont de plus en plus nombreux.

Voici quel a été le développement de la navigation à vapeur de notre port avec le Brésil et la Plata :

	Nombre de vapeurs.	Tonnage.
1865.........	2	1.502 T.
1866.........	»	»
1867.........	11	8.713
1868.........	30	35.14?
1869.........	29	28 875
1870	41	40.678
1871.........	44	46.005
1872.........	44	49.594
1873....	55	66.124
1874.........	65	78.539
1875.........	68	45.558

C'est en 1867, qu'est parti de notre port le premier vapeur en service régulier pour la Plata. On voit toute
l'extension que cette ligne est en voie de prendre. L'augmentation porte surtout sur les voyages pour la Plata.
Avec le Brésil, nos communications par vapeurs vont plutôt en diminuant.

La navigation à vapeur entre Marseille et les Etats-
Unis, donne les résultats suivants :

	Vapeurs.	Tonnage.
1865..........	»	»
1866..........	ʌ	»
1867..........	2	4.751
1868..........	»	»
1869..........	1	1.550
1870..........	7	5.904
1871..........	18	14.885
1872..........	18	13.820
1873..........	15	14.009
1874..........	17	19.773
1875..........	17	23.209

Toute cette navigation a été faite jusqu'à présent sous
pavillon étranger. Si des steamers américains continuent
à venir directement de leur port d'attache au nôtre, ce
sera la meilleure preuve que, indépendamment des grands
services réguliers qui ont leur tête de ligne dans nos ports
de l'ouest et du nord, il y a quelque aliment de fret pour
d'autres paquebots entre Marseille et l'Amérique. Seulement, lorsque le fait aura été reconnu, il sera trop tard ;
nous aurons été devancés.

Nous sommes sans relations maritimes directes avec
l'Australie. Les quelques rares navires venus de Sydney
ou de Melbourne à Marseille n'ont été que des essais. Ce
pays nous envoie cependant des marchandises, mais par
voie indirecte. Il paraîtrait que notre place aurait avantage
à en recevoir en plus grande quantité, notamment des
laines que cette contrée produit en abondance.

NAVIGATION AVEC LES COLONIES FRANÇAISES

Y COMPRIS LES COMPTOIRS FRANÇAIS DANS L'INDE.

ANNÉES	ENTRE LA FRANCE ET LES COLONIES						ENTRE MARSEILLE ET LES COLONIES					
	ENTRÉES			SORTIES			ENTRÉES			SORTIES		
	Navires	Tonnage	HOMMES d'équipage	Navires	Tonnage	HOMMES d'équipage	Navires	Tonnage	HOMMES d'équipage	Navires	Tonnage	HOMMES d'équipage
1860	485	142.832	6.486	455	126.015	5.981	132	38.017	1.671	99	26.640	1.298
1861	447	134.751	6.089	521	151.940	6.907	109	34.491	1.473	129	37.297	1.574
1862	475	138.734	6.313	475	142.620	6.310	129	36.829	1.691	118	35.637	1.513
1863	440	135.429	5.964	435	131.188	5.750	128	39.298	1.674	116	36.679	1.531
1864	311	90.472	3.974	392	117.426	5.038	62	18.877	768	106	31.243	1.503
1865	381	115.409	4.948	467	113.000	5.073	98	27.000	1.113	127	35.949	1.559
1866	432	130.637	5.570	497	153.000	5.850	119	30.180	1.270	135	35.577	1.593
1867	435	131.951	5.455	496	116.025	5.034	100	26.187	1.121	119	34.547	1.306
1868	444	129.000	5.427	457	127.000	5.454	116	31.000	1.318	195	36.000	1.501
1869	412	120.000	5.080	471	130.000	5.580	108	31.000	1.275	198	35.000	1.551
1870	423	124.000	5.147	385	110.000	4.531	193	32.000	1.420	115	32.000	1.313
1871	364	106.000	4.362	409	117.000	4.769	91	26.000	1.139	128	40.000	1.570
1872	338	113.000	4.479	384	113.000	4.692	100	31.000	1.216	129	35.000	1.418
1873	400	123.000	4.741	362	108.000	4.329	133	48.000	1.782	141	44.000	1.676
1874	391	118.000	4.871	370	108.000	4.418	133	41.000	1.593	143	43.000	1.683
1875	487	152.000	5.764	391	128.000	4.933	224	74.000	2.506	149	52.000	1.968

Le tableau ci-contre nous met à même de constater la part que Marseille a prise depuis 15 ans dans la navigation entre la France et ses colonies.

On remarque d'abord une diminution pour ce qui regarde le mouvement général avec tous les ports français. Les moyennes des entrées et sorties réunies qui donnaient, pour les cinq premières années, 886 navires, 243,000 tonnes et 11,768 hommes d'équipage, présentent pour les cinq dernières (1870-1874), 769 navires, 228,000 tonnes et 9,267 hommes.

Il y a, au contraire, augmentation pour ce qui concerne Marseille. Les moyennes donnent pour les cinq premières années 225 navires, 66,000 tonnes et 2,925 hommes ; celles des cinq dernières (1870-1874) sont de 228 navires, 74,000 tonnes et 2,976 hommes.

De sorte que la part de notre ville dans la navigation coloniale qui était de 1860 à 1865 de 25 0/0 comme nombre de navires et de 57 p. 0/0 comme chiffre de tonnage, est maintenant de 29 p, 0/0 pour le nombre de navires et de 32 p. 0/0 pour leur capacité.

Il est bon de rappeler que le tonnage des navires chargés ayant navigué entre la France et les colonies est plus élevé aujourd'hui qu'il ne l'était vers 1850. La moyenne de cette époque donne 185,000 tonnes. Ce chiffre avait été de 314,000 tonnes en 1847, il était tombé à 133 000 en 1850, pour se relever graduellement jusqu'en 1858, année où il atteignait 285,000. Cette somme de tonnage a varié depuis lors sans avoir été dépassée.

C'est dans les importations de notre colonie du Sénégal que nous trouvons l'augmentation la plus constante ; elles ont plus que doublé depuis 27 ans. Celles de l'Inde sont très-irrégulières ; elles ont varié depuis 3,000 jusqu'à 27,000 tonnes.

Le commerce de la France avec la Guadeloupe est à peu près stationnaire, tandis qu'avec la Martinique, il tend à baisser, ainsi qu'avec la Guyane. L'importance de nos relations commerciales avec la Réunion a diminué de plus de moitié depuis 1860. Elle s'accroît, au contraire, avec les îles de Ste-Marie, Mayotte et Nossi-Bé.

D'après les états de douane, le commerce de la France avec ses colonies, par un terme moyen de quatre années finissant en 1823, se résumait ainsi qu'il suit :

Importations des denrées coloniales........ 40 millions
Exportation des produits de la métropole... 31   »

Total du commerce colonial..... 71   »

Dans la période quinquennale de 1835 à 1839, la moyenne était de 105,000,000 , importations et exportations réunies.

En 1860, nous trouvons 123 millions à l'importation en France, et 93 millions à l'exportation : total 216 millions.

En 1873, nos importations arrivent au chiffre de 124 millions et nos exportations à celui de 76 millions ; total : 200 millions.

Dans le cours de 1840, un dixième de notre commerce maritime se rapportait à nos colonies. En 1873, la proportion est environ de 1/15.

Le 1/3 de notre commerce colonial se fait actuellement par Marseille.

Les contrées dont nous avons etudié la navigation dans ses rapports avec notre place comprennent à peu près tous les ports avec lesquels nous entretenons des relations suivies.

Il est inutile de mentionner les vapeurs qui voyagent

entre Marseille et l'Angleterre. Le nombre s'en accroît cependant d'année en année Ce sont surtout des navires anglais apportant du charbon, ou des paquebots de la Compagnie des Messageries Maritimes. Il part aussi de notre port quelques paquebots peu nombreux pour Trieste, pour le Portugal, pour les ports de la mer du Nord, etc. Ce ne sont pas là des voyages dont la raison d'être repose sur un élément de fret assez régulier, assez abondant et assez susceptible de s'accroître, pour en faire l'objet d'une étude spéciale.

VI

RÉSUMÉ DE LA GRANDE NAVIGATION

Il est à propos de considérer, sous un coup d'œil d'ensemble et comme par une sorte de récapitulation finale, le mouvement de la grande navigation.

Nous prenons ici le mot de navigation au long cours, dans le même sens que l'applique la Chambre de Commerce de Marseille dans les états de situation auxquels nous empruntons les chiffres qui suivent. Il paraîtrait, en effet, peu conforme au but recherché dans ce chapitre de comprendre parmi les voyages de long cours le départ d'un navire de Marseille pour Gênes ou Barcelone.

La moyenne des voyages au long cours donnait, pour les années 1863-1866, entrées et sorties réunies : 728 navires français jaugeant 226,633 tonnes et 336 navires étrangers jaugeant 107,412 tonnes.

Ces données serviront de point de comparaison pour les années indiquées ci-après :

	NAVIRES FRANÇAIS		NAVIRES ÉTRANGERS	
	Nombre.	Tonnage.	Nombre.	Tonnage.
1869.......	743	246.310 T.	532	164.700 T.
1870.......	778	264.047	543	201.100
1871.......	741	303.671	408	145.700
1872.. ...	803	347.074	531	198.780
1873.......	756	356.221	508	174.046
1874.......	872	398.318	713	288.747
1875.......	825	421.408	586	257.721

La moyenne des cinq dernières années (1870-1874) est donc de 790 navires français mesurant 333,860 tonneaux et de 540 navires étrangers pouvant porter 201,674 tonneaux. Ainsi, depuis dix ans, notre navigation au long cours de Marseille par navires français s'est augmentée de 8 0/0 quant au nombre de navires, et de 47 0/0 quant au tonnage ; mais, par pavillons étrangers, elle s'est augmentée de 60 0/0 quant au nombre de navires et de 87 0/0 quant au tonnage.

Pendant le même laps de temps, la grande navigation pour toute la France diminuait de 10 0/0 quant au nombre de navires français, tout en augmentant de 24 0/0 pour leur tonnage ; elle augmentait de 33 0/0 quant au nombre de navires étrangers et de 71 0/0 quant à leur tonnage.

Les autres ports de la France et de l'étranger comprenant sous le nom de long cours les voyages que Marseille n'admet pas dans cette catégorie, la comparaison ne peut être établie d'une manière exacte. Toutefois, des calculs faits pour une série d'années d'après des bases constantes, permettent d'établir que la grande navigation a, depuis 8 ans, augmenté à Bordeaux, de 60 0/0 ; au Havre, de 3 1/2 0/0 en navires et de 87 0/0 en tonnage. Elle a diminué à Nantes.

La navigation internationale se résume à Naples par les chiffres suivants :

	Navires.	Tonnage.
1872.....	2.220	952.815 T.
1873.....	2.294	1.067.328

Pour Gênes, les relations maritimes de toute nature avec les ports des pays étrangers à l'Italie donnent :

	Navires.	Tonnage.
1870.....	4.235	1.520.220 T.
1871.....	5.540	1.691.000
1872.....	5.519	1.786.000
1873.....	4.715	1.551.000
1874.....	4.375	1.612.000
1875.....	4.060	1.630.000

5

VII.

LA MARINE MARCHANDE

EN FRANCE ET PARTICULIÈREMENT A MARSEILLE.

C'est vers 1860 qu'ont commencé à se faire jour les plaintes de la marine marchande. A cette époque, il s'est produit deux faits qui ont affecté profondément l'industrie de la navigation : l'adoption du principe de liberté commerciale et la prépondérance des bateaux à vapeur sur les navires à voiles, s'affirmant avec une évidence incontestable.

Le principe de liberté commerciale était admis dans l'opinion avant d'être sanctionné par une loi. Il devait avoir tôt ou tard pour corollaire la loi sur l'assimilation des pavillons ; nos armateurs pressentaient, avec les marines étrangères, une lutte qui serait vive et cherchaient les moyens de la soutenir avantageusement. L'application de la loi de 1860, en créant de nouvelles tendances pour le trafic, occasionnait dans les habitudes des transports maritimes, certaines modifications qui constituaient une veritable révolution industrielle. Elle rendait nécessaires des moyens de transport nombreux, rapides et à bon marché.

C'est à partir de ce moment que la navigation à voiles a perdu son importance. Il y eut alors comme un temps d'arrêt dans la construction, notamment à Marseille. La diminution graduelle du nombre de voiliers attachés à notre port s'accentua, tandis que l'augmentation du nombre des vapeurs devenait plus sensible.

Dès 1862, la Chambre de Commerce de Marseille faisait remarquer que notre matériel naval s'affaiblissait d'année en année, tandis que le mouvement des transactions était en pleine voie de croissance. En 1865, elle insistait sur la nécessité pour nos armateurs de réformer leur matériel naval et d'agrandir la portée de leurs navires. Trois ans plus tard, elle constatait que la navigation au long cours avait augmenté son effectif par l'acquisition de navires de fort tonnage. Néanmoins, les armateurs de navires à voiles, voyant les souffrances et la décadence de leur industrie, demandaient, en 1870, une enquête parlementaire pour en rechercher les causes et le remède.

De tous les ports de France, les mêmes plaintes se sont fait entendre depuis quinze ans. Tout récemment, elles ont été renouvelées avec une vivacité et un ensemble qui ont donné lieu à des discussions approfondies. Un congrès maritime s'est réuni à Paris ; une pétition a été adressée au Sénat et à la Chambre des Députés, pour appeler l'attention de nos législateurs sur l'avenir de notre navigation. D'après les membres du Congrès, la France est descendue du troisième au sixième rang des nations maritimes et, à cette heure, la question pour la marine marchande se poserait devant le pays en ces termes :

« La France veut-elle conserver une marine et prendre
« des mesures efficaces pour la sauver, ou bien doit-elle
« être abandonnée, et est-elle condamnée à disparaître ?
« La France a-t-elle, dans la question, un intérêt natio-
« nal d'un ordre supérieur ? »

Il importe de préciser, aussi mathématiquement que possible en quoi consiste la décadence réelle de notre marine.

La France, il est vrai, vient au sixième rang, si l'on compte seulement le nombre des navires à voiles des dif-

férentes nations, ainsi que le constatent les chiffres suivants :

Navires à voiles.

Angleterre...................... ...	20.832
Amérique (États-Unis)............ ..	6.786
Allemagne.	3.834
Norwège..........................	3.930
Italie	4.220
France...........................	3.973
Espagne..........................	2.866

Mais nous restons au troisième rang pour la marine
à vapeur, comme on le voit ci-après :

	Nombre de navires.	Tonnage.
Angleterre..........	3.061	2.624.431 T.
Amérique (États-Unis)	402	483.040
France.............	392	316.865
Allemagne..........	200	204.894
Espagne...........	202	138.675

L'Italie vient au huitième rang et la Norwège au qua-
torzième.

Chacune des puissances ci-dessus reste au même rang,
avec les chiffres de 1875.

Il ne faut pas perdre de vue que le vapeur est un instrument de transport autrement actif que le voilier, qu'il
fournit plus de travail dans le même espace de temps et
que, pour une appréciation exacte, il est nécessaire de
tenir compte de cette différence. D'après une évaluation
approximative donnée par un auteur compétent, un vapeur fera, en moyenne, et dans les circonstances ordinaires, trois fois plus de services qu'un bâtiment à voiles
de même portée.

Or, si l'on donne aux chiffres concernant les navires à
vapeur le nombre trois comme coefficient, pour les ajou-

ter ensuite à ceux correspondants, dans la liste des voiliers, nous trouvons, comme importance maritime, soit
en 1874, soit en 1875 :

1° Angleterre ;   5° Italie ;
2° États-Unis d'Amérique ;   6° Norvège ;
3° France ;   7° Espagne.
4° Allemagne ;

On peut discuter la base d'évaluation, mais on ne saurait traiter des choses maritimes d'après des données sérieuses, en négligeant de faire ressortir cette considération
tirée de la plus-value considérable du steamer ([1]).

On fait remarquer que notre marine a une part de jour
en jour plus réduite dans les transports maritimes ayant
même des ports français comme point de départ ou de
destination.

À l'appui de cette observation, on cite le tableau suivant :

ANNÉES	ENTRÉES ET SORTIES RÉUNIES		
	PART du Pavillon français	PART du Pavillon étranger de la provenance ou de la destination	PART du Pavillon tiers
1866	34 p. o/o	55 p. o/o	11 p. o/o
1867	33 »	55 »	12 »
1868	33 »	51 »	16 »
1869	32 »	51 »	17 »
1870	30 »	52 »	18 »
1871	27 »	53 »	20 »
1872	28 »	52 »	20 »

([1]) D'après les relevés faits en 1877 la France est au 4me
rang si l'on considère le tonnage des navires, et au 5me rang
si l'on en compte seulement le nombre,

MOUVEMENT DES TRANSPORTS EFFECTIFS

NAVIGATION AVEC LES COLONIES ET L'ÉTRANGER

Navires chargés, tant à voiles qu'à vapeur.

ANNÉES	ENTRÉES ET SORTIES RÉUNIES		
	PART du Pavillon français	PART PROPORTIONNELLE des Pavillons étrangers du pays de provenance ou de destination	PART du Tiers Pavillon
1847	37 p. o/o	45 p. o/o	18 p. o/o
1848	48 »	44 »	8 »
1849	48 »	44 »	8. »
1850	43.5 »	48 »	8.5 »
1851	41.5 »	51 »	7.5 »
1852	41 »	50.5 »	8.5 »
1853	40.5 »	48.5 »	11 »
1854	42 »	49 »	9 »
1855	41 »	49 »	10 »
1856	40 »	45 »	15 »
1857	43 »	45 »	12 »
1858	44.5 »	45 »	10.5 »
1859	44 »	47 »	9 »
1860	44 »	47.5 »	8.5 »
1861	39.5 »	48 »	12.5 »
1862	44 »	46 »	10 »
1863	44.5 »	45 »	10.5 »
1864	44 »	46 »	10 »
1865	42 »	48 »	10 »
1866	40.5 »	49 »	10 »
1867	39 »	49 »	12 »
1868	39.5 »	45 »	15 »
1869	38 »	46 »	16 »
1870	35.5 »	46 »	18 »
1871	34.5 »	47 »	18.5 »
1872	37.7 »	45 »	16.8 »
1873	36.6 »	44 »	18.9 »
1874	36.8 »	43.4 »	19.8 »
1875	36.3 »	44.8 »	18.9 »

Les Annales du commerce extérieur présentent pour le même objet les chiffres réunis dans le tableau ci-contre, qui comprennent, il est vrai, la navigation avec les Colonies.

Il est bien établi que la part du pavillon français subit une diminution, et que celle du pavillon tiers augmente très-sensiblement.

La comparaison de la navigation française avec la navigation étrangère entre les ports de France et ceux des autres pays pendant les années 1862-64 d'une part, et de l'autre, les années 1872-74 est résumée dans le tableau ci-après :

NAVIGATION AVEC L'ÉTRANGER.

ANNÉES		PAVILLON FRANÇAIS			PAVILLONS ÉTRANGERS		
		NAVIRES	TONNAGE	ÉQUIPAGE	NAVIRES	TONNAGE	ÉQUIPAGE
1862	Entrées..	13.479	1.963.944	150.948	18.367	2.779.482	183.422
	Sorties...	13.706	1.992.456	155.348	18.571	2.853.575	185.634
1863	Entrées..	13.314	1.979.145	148.176	18.824	2.781.397	190.341
	Sorties...	13.840	2.069.643	155.806	19.053	2.833.749	191.143
1864	Entrées..	13.427	2.015.619	147.089	19.829	2.900.296	199.474
	Sorties...	14.040	2.074.846	153.409	23.672	3.454.345	229.720
1872	Entrées..	11.475	2.363.736	151.298	22.077	4.780.795	269.453
	Sorties...	12.806	2.635.978	167.535	22.258	4.817.279	272.368
1873	Entrées..	11.073	2.472.633	150.937	24.206	5.298.619	290.278
	Sorties...	12.153	2.688.593	166.126	24.268	5.281.444	290.522
1874	Entrées..	11.408	2.604.766	159.429	22.704	5.365.641	286.344
	Sorties...	12.686	2.786.071	172.494	23.213	5.486.799	292.833

Il en résulte que pendant les 15 dernières années, la navigation française a diminué de 12 0/0 comme nombre de navires ; elle a augmenté de 27 0/0 comme tonnage et 6 0/0 comme nombre d'hommes d'équipages ; mais pendant le même laps de temps, le pavillon étranger a gagné 17 0/0 comme nombre de navires, 86 0/0 comme tonnage et 44 0/0 comme nombre d'hommes d'équipages. On le voit, nous sommes à un point de vue général dans des conditions très-réelles d'infériorité.

Pour ce qui concerne spécialement le port de Marseille, les moyennes donnent pour l'ensemble de la navigation grande et petite une diminution de 13 0/0 sur le nombre des bateaux français et une augmentation de 56 0/0 pour leur tonnage , mais aussi une augmentation de 25 0/0 sur le nombre de bateaux étrangers et 37 0/0 sur leur tonnage. Le long cours considéré à part donne, ainsi qu'on l'a dit plus haut, une augmentation de 8 0/0, quant au nombre de navires français, il est de 57 0/0 quant à leur tonnage, tandis que les navires étrangers gagnent 62 0/0 comme nombre et 87 pour 0/0 comme tonnage. Toutefois l'appréciation ne serait pas complète si la part de la vapeur n'était pas examinée séparément.

Il est entré dans le port de Marseille en 1874, 2,619 vapeurs et 2,514 voiliers français contre 622 vapeurs et 2,683 voiliers étrangers.

Quant à la sortie, elle est dans la même proportion : soit 2,624 vapeurs et 2,542 voiliers français contre 650 vapeurs et 2,825 voiliers étrangers.

En 1875, nous trouvons à l'entrée 2,611 vapeurs et 2,754 voiliers français contre 642 vapeurs et 2,750 voiliers étrangers. La sortie donne 2,606 vapeurs et 2,747 voiliers français ; 643 vapeurs et 2,680 voiliers étrangers.

Ces chiffres établissent que les voiliers étrangers prennent une part un peu plus active que les nôtres aux opérations d'entrée et de sortie de notre port, mais que

5.

les vapeurs français ont, dans ces mêmes opérations, une part quatre fois plus grande que les étrangers.

Or, l'on ignore pas que le bâtiment à vapeur apporte et emporte de la marchandise ; il ne peut voyager sans un fret suffisant et la multiplicité de ses voyages indique l'importance du trafic auquel il sert d'instrument.

En examinant le tonnage de ces divers navires, on trouve que celui des vapeurs français est en moyenne de 480 tonnes, tandis que celui des voiliers français n'est que de 108 tonnes. Celui des vapeurs étrangers est en moyenne de 520 tonnes et celui des voiliers étrangers est de 210.

Ainsi non-seulement nos voiliers sont plus petits que nos vapeurs, ce qui est connu de tout le monde, mais ils sont même de moitié moins grands que les voiliers etrangers fréquentant notre port. Constatons le fait en remarquant qu'il en est ainsi dans les autres ports français.

Il est dès lors impossible que dans de telles conditions, lorsqu'on calcule la part du tonnage français dans les transports totaux de la navigation, il n'y ait pas une infériorité provenant de l'infériorité même de la capacité de nos paquebots.

Quoiqu'il en soit, même dans notre port, la navigation etrangère nous fait une concurrence préjudiciable et nous amoindrit. Il faut réagir contre son influence et rechercher pourquoi elle grandit à nos dépens.

Dès 1842, un statisticien constatait l'infériorité de notre marine. Nos navires ne transportaient pas alors beaucoup plus du quart des marchandises entrant en France ou en sortant. La situation était pire qu'aujourd'hui puisque nous en avons plus du tiers.

Ce résultat défavorable provenait selon lui de l'absence de communications économiques reliant nos ports de mer à l'intérieur, de la protection exagérée que les lois accordaient aux produits français, de la cherté de nos constructions maritimes, du défaut d'association entre nos armateurs pour le commerce lointain et du peu de goût existant en France pour les opérations maritimes.

Aujourd'hui l'infériorité de notre marine est attribuée à la pénurie du fret de sortie et par contrecoup à l'élévation des tarifs de nos chemins de fer qui est une entrave à la circulation active et féconde de nos marchandises lourdes. On a rendu responsables de cette décadence les règlements souvent surannés qui pèsent sur notre navigation, notamment, plusieurs dispositions du Livre II du Code de Commerce et l'organisation actuelle de l'inscription maritime. On a signalé aussi diverses taxes locales, par exemple celles qui grèvent les matières premières nécessaires à la construction des navires. Le Congrès de Paris n'hésite pas à accuser de ce qu'il appelle la déchéance de notre pavillon, la révolution économique de 1860 et la loi d'assimilation des pavillons. On a fait remarquer aussi une cause d'infériorité qui est très-réelle et à laquelle il est plus difficile d'apporter remède, c'est la navigation à bon marché des marines rivales de la nôtre, surtout dans la Méditerranée. Les populations du littoral italien, de l'Adriatique, de la Grèce et de l'Archipel trouvant difficilement à terre des moyens d'existence, les demandent aux travaux de la mer et comme elles ont l'habitude de l'économie, de la sobriété, des privations et des fatigues, elles créent en faveur des armateurs de ces contrées une force maritime solide, peu coûteuse et ayant une supériorité incontestable. Les propriétaires de navires français et nos Compagnies de navigation recrutent leur personnel de marins parmi des populations auxquelles nos grandes villes offrent des salaires élevés, une vie facile, et qui par suite ont peu d'empressement pour s'adonner au rude métier de la mer.

La transformation du matériel naval dans le sens indiqué ne s'est pas opérée avec toute la célérité que l'on pouvait espérer. Peut-être était-ce manque de capitaux. Dans tous les cas, il y avait aussi une hésitation plus ou moins justifiée, mais que révèlent les déclarations du Président du Congrès de la Marine marchande. Les armateurs français n'ont point cru qu'une question aussi complexe pût être légèrement tranchée. Ils ont laissé à l'expérience de l'Angleterre le soin de démontrer si la marine à voiles doit disparaitre devant la marine à vapeur.

L'industrie de la construction développée jusqu'à l'exagération en Angleterre, en Norvège, en Italie devait avoir forcément pour résultat de la diminuer, de l'arrêter même en France, où elle s'exerce à plus grands frais et où rien ne la protégeait contre cette rivalité.

On a construit des vapeurs en Angleterre et des navires en bois en Norvège et en Italie, il devait forcément arriver ce qui arrive sur terre quand il y a sur un point trop de véhicules pour la quantité de matériel à transporter. Une partie de ces moyens de transport doivent rester inactifs.

Le fret n'a pas diminué : Marseille, notamment, a toujours les vins, les farines et semoules, les charbons, le sel, les briques, les huiles, les sucres raffinés. Les autres ports conservent aussi leurs marchandises en même quantité ; nos produits français ont même pour eux la qualité et la richesse. Mais en présence de cet aliment de transport, le vapeur fait son travail dont il ne faut pas méconnaître l'importance. Il a même dû travailler avec une grande baisse de prix. A plus forte raison, le voilier a-t-il eu à souffrir de cet équilibre peu à peu rompu entre l'offre du transporteur et la demande de la marchandise. Il y a eu trop de voiliers non seulement en France, mais même en Angleterre, dans les pays du Nord, ainsi qu'en Italie et en Grèce.

Il y a une autre observation à faire relativement à l'accroissement que prend la navigation par pavillon tiers.

Ce fait s'explique aisément et a été prévu dès la promul-
gation de la loi de 1866. En effet, il doit arriver, par la
force même des choses, que, à la longue, la navigation
d'un port à l'autre se fera, non plus selon la nationalité du
navire ou du pays, mais selon les besoins de ce pays, les
convenances, l'intelligence, l'initiative du capitaine, la latitude que lui donne l'armateur, la capacité ou l'aptitude du
bâtiment qu'il commande. Si un navire américain se trouvant en Suède trouve un chargement pour le Havre, s'il
a la possibilité de le prendre et s'il est plus habile que
ses concurrents, il en aura le bénéfice. Il en sera de
même pour un navire français se trouvant en Amérique et
auquel s'offrent des marchandises pour un port quelconque d'Europe, à moins que le capitaine n'ait des instructions qui l'empêchent de s'engager comme il l'entendrait.

Il faut donc s'attendre à ce que les navires de tout pays
multiplient de plus en plus leurs voyages entre des ports
qui leur sont étrangers. La part du pavillon tiers doit
partout grandir ; c'est une conséquence inévitable du principe de liberté et de célérité qui fait actuellement le fond
de la législation et des communications internationales.

Avec ces principes et dans les conditions qui en découlent, il faut reconnaître que la lutte est plutôt entre des
capitaines plus ou moins habiles, ou des courtiers plus ou
moins bien renseignés, qu'entre des navires de diverses
nationalités. Une destination à donner à un chargement
dépend d'une dépêche reçue en temps utile, d'une indication arrivée la première, des latitudes laissées à l'initiative du capitaine. L'avenir est ainsi à l'esprit d'initiative,
à l'à-propos, à la promptitude des mouvements.

Le caractère français est aussi capable que tout autre
de développer pour ce genre d'opérations d'heureuses aptitudes ; ce qui manquerait peut-être aux commandants de
nos voiliers, ce seraient des connaissances commerciales,
des relations étendues et une certaine marge dans leurs

itinéraires. Il appartient à nos armateurs de se prêter à ces exigences impérieuses d'une situation nouvelle, car là est le succés.

Pour ne laisser de côté aucune des données pouvant aider à présenter la question sous son vrai point de vue, il faudrait mettre aussi en ligne de compte la part que le pavillon français a prise dans lès transports effectués entre des ports étrangers.

Mais il n'en reste pas moins vrai que la loi de 1860 et celle de 1866 qui en est la conséquence, ont favorisé l'extension du commerce extérieur, mais en laissant la marine marchande étrangère en mesure d'en profiter beaucoup plus que la nôtre. Comme on l'a fait remarquer avec raison, toutes les industries jouissent encore en France d'une certaine protection, il n'y a que celle de la navigation qui en soit dépourvue. Là est le véritable grief, celui auquel il paraîtrait injuste de ne pas donner satisfaction. Mais, comment y arriver ?

Dès 1863, les moyens indiqués pour porter remède à l'inferiorité de notre marine étaient les suivants :

1° L'entrée en franchise de tous les objets, matières premières et matières fabriquées, nécessaires à la construction et à l'armement de nos navires ;

2° La francisation des navires construits à l'étranger ;

3° La suppression du régime de l'inscription maritime et de toutes les charges qui en résultent pour la marine marchande ;

4° La suppression des droits de tonnage et de toutes les taxes locales ;

5° La réduction des frais de pilotage et la suppression de l'obligation de les acquitter, alors que le service dont ils sont le prix n'a pas été rendu ;

6° L'amélioration des ports ;

7° L'abaissement des tarifs de chemie de fer ;

8° La simplification des opérations de douane.

On a demandé ensuite, dans le but de mettre l'achat ou la construction d'un navire à la portée du plus grand nombre, la loi sur l'hypothèque maritime qui a été obtenue depuis, mais n'a pas, jusqu'à présent, donné les résultats qu'on en attendait. En dernier lieu, l'idée d'une grande banque de Crédit maritime a été accueillie avec faveur et parait devoir être réalisée.

Le Congrès maritime déclare que des mesures partielles comme certaines franchises et la révision de quelques règlements, seraient insuffisantes. Selon lui, ce ne serait pas offrir une compensation sérieuse aux armateurs que de leur proposer de faire table rase de toutes les lois ou règlements concernant les opérations d'armement. Il demande spécialement le maintien de l'inscription maritime, mais modifiée quant à la durée de l'engagement de l'inscrit. Il indique le choix entre deux systèmes, celui des surtaxes et celui des subventions.

La majorité des armateurs demande le rétablissement des surtaxes qui frapperaient le tiers pavillon et qu'on peut défendre au nom du principe de la réciprocité, et le relèvement des surtaxes d'entrepôt. Les membres du Congrès ajoutent que si le principe des surtaxes ne pouvait être admis, le régime des subventions maritimes serait plus que justifiée par les 26,000,000 de subventions accordées aux compagnies postales et par les faveurs de toute nature concédées pour les transports de terre aux compagnies de chemins de fer. Ces subventions ne devraient pas être considérées comme une prime, elles ne seraient qu'une compensation des sacrifices imposés à la marine marchande, dans l'intérêt de la marine militaire et de l'industrie française.

Le ministre du commerce a récemment déclaré que, accorder une prime à la construction, ce serait aller à l'encontre des traités de commerce et qu'une prime à l'exploitation motiverait peut-être des réclamations de la part des autres gouvernements qui y verraient un retour au régime de protection.

Cette appréciation de la part des gouvernements étrangers serait plus que contestable. En effet, une allocation basée sur le nombre des tonneaux de jauge ou des hommes d'équipage est une mesure qui n'offre aucun caractère prohibitif aux bâtiments étrangers. C'est comme une rémunération générale dont aucune nation en particulier n'a le droit de se dire blessée.

C'est une subvention calculée sur des bases différentes. Tous les gouvernements donnent des subventions à la navigation ; n'est-ce pas au fond une protection déguisée, mais réelle ? Dans tous les cas, qu'est-ce qui empêcherait d'insérer dans les futurs traités de commerce une clause qui lèverait toute difficulté à cet égard ?

L'allocation d'une prime, d'après les bases exprimées par le Congrès, qu'elle soit calculée sur le tonnage, ou sur le nombre d'hommes d'équipage, donnerait lieu à une dépense annuelle d'environ sept millions de francs. La somme paraît minime en comparaison des résultats à obtenir, et c'est ce qui fait précisément douter de l'efficacité de ce moyen.

Le projet de loi actuellement soumis au Sénat propose un franc par jour et par homme d'équipage pour l'exploitation et diverses primes pour la construction.

Le rétablissement de la surtaxe de pavillon est aujourd'hui reconnu inopportun par la Chambre de Commerce de notre ville. Les affaires générales ont ressenti de la loi de 1866 une trop grande et trop salutaire influence pour qu'il soit possible de ne pas en désirer le maintien. De plus on convient généralement que si nous éloignions des ports les navires étrangers, nous verrions bientôt fermer aux nôtres l'accès des ports étrangers ; notre ma_ rine perdrait d'un côté ce qu'elle gagnerait de l'autre et les pertes seraient plus grandes que les bénéfices. Si des mesures législatives réservaient entièrement au pavillon national tout le fret de sortie actuel de la France, il arriverait que le transport des produits étrangers, depuis les pays d'outre-mer jusqu'aux ports français, serait plus cher que des mêmes pays aux autres ports d'Europe. Les matières premières exotiques, nécessaires à nos industries, nous reviendraient plus cher en France que dans les pays voisins ; le coût de nos produits manufacturés serait plus élevé en France que chez nos concurrents ; nous verrions diminuer les quantités de nos exportations et par conséquent notre fret de sortie. Le remède aggraverait le mal.

Le relèvement de la surtaxe d'entrepôt restituerait à notre marine le fret qui lui échappe, et procurerait à nos ports le bénéfice de l'importation directe qui peut seule en faire de grands marchés et de grands entrepôts. Tel est le principe généralement reconnu, son application ne serait pas de nature à nuire aux intérêts de Marseille qui, toutefois, n'est plus seulement un grand marché et un grand entrepôt, mais qui devient de plus en plus un grand centre industriel.

La question est à l'étude et ne saurait tarder à être résolue par nos législateurs. Les divers projets indiqués ont leur côté utile et sont susceptibles de concourir plus ou moins à la réalisation du but poursuivi. Il y a lieu de craindre, toutefois, qu'ils ne donnent pas une solution efficace, parce qu'ils ne vont pas au fond de la difficulté et ne l'envisagent que par la surface. On a constaté des effets sans remonter à la cause originelle, et on s'arrête au côté matériel de la situation. Le principe du malaise dont on se plaint est profond et se rattache intimement aux plus graves problèmes d'économie sociale.

Les promoteurs du Congrès maritime, en formulant leurs griefs, en exposant leurs plaintes, ont paru ne se préoccuper que de la navigation à voiles, et la façon dont ils se sont exprimés a été telle qu'on a pu supposer que leurs revendications ne s'appliquaient pas à la marine marchande à vapeur. Ils ont répondu au reproche qui leur a été fait de la laisser dans l'oubli ; mais il n'en reste pas moins vrai qu'ils n'ont pas attribué à son rôle toute l'importance qui s'y attache, soit par son travail en lui-même, soit comme ressource pour la marine militaire. De plus, ils ont formellement désapprouvé les subventions que le gouvernement lui accorde sur certaines lignes.

Les honorables armateurs qui ont pris la défense des intérêts maritimes n'ont pu avoir la pensée de ne pas comprendre le bateau à vapeur dans les mesures de protection qu'ils ont sollicitées. Leurs vues étaient trop élevées pour être exclusives et ce serait prendre la question par son côté très-incomplet que de prétendre favoriser la navigation à voiles en la mettant en opposition avec la marine à vapeur.

Notre siècle aura vu une révolution économique s'opérer à la fois sur terre et sur mer par l'application de la vapeur. C'est un évènement que la Providence a laissé exécuter au génie de l'homme au moment voulu et ce n'est pas sans dessein.

Il serait insensé de s'y opposer ; d'ailleurs, c'est un fait accompli qui s'impose, qui est en pleine voie de développement, bien loin de lutter contre sa toute puissance, il faut s'y soumettre. Il ne faut essayer ni d'enrayer ce mouvement, ni de le décupler, ni de le laisser en dehors des mesures économiques ou législatives, mais il faut le servir et l'exploiter vigoureusement.

L'histoire de la navigation des cinquante dernières années est l'histoire de l'accroissement de la marine à vapeur et de la diminution des navires à voiles. C'est fatal, mais logique. Les nations qui ont le commerce le plus étendu et la puissance maritime la plus incontestée sont aussi celles qui ont la plus nombreuse flotte à vapeur. Il est établi que, toute proportion gardée entre la valeur, l'usage et le produit réel d'un steamer comme instrument de travail et les services d'un voilier, notre marine n'a nullement déchu de son rang et reste en progrès comme celle des nations rivales.

Faut-il en conclure que la vapeur est destinée à chasser la voile de tous les ports, et anéantir à la longue cet antique mode de navigation ? Non ! et c'est l'opinion générale.

Il fut un temps où l'on n'avait pour son avenir aucune crainte. On concédait à sa jeune et active rivale la supériorité pour le transport des marchandises riches et des passagers ; mais on supposait que le gros des échanges, ce qui fait le fond du trafic commercial, restait acquis aux voiliers. On se trompait. Des machines moins encombrantes et des moteurs plus économiques ont permis aux steamers de prendre plus de marchandises ; les moyens de ravitaillement en combustible se sont multipliés, et, peu à peu, ils en sont venus à baisser leur prix de fret pour certains articles à un taux que les navires à voiles ne peuvent même pas atteindre.

La vapeur se prête à toutes les combinaisons voulues pour les transports maritimes. On l'a considérée d'abord comme un élément de vitesse, on l'a comparée aux trains express des chemins de fer ; on a reconnu ensuite que la célérité n'était pas l'unique condition de bénéfices pour toutes sortes de transports, on a formé alors ce qu'on a appelé des trains de marchandises. La réduction des prix de fret est compensée par la quantité transportée. C'est ainsi que les minerais de Bône arrivent à Marseille à bas prix, mais avec une régularité constante et assurant un aliment de travail non interrompu à nos grandes usines du Centre ; c'est ainsi que les houilles d'Angleterre arrivent à Marseille et dans les ports de l'Algérie et de l'Italie.

On a ensuite imaginé une combinaison mixte en adaptant au voilier une petite machine auxiliaire, et on a un instant pensé que c'était là la marine de l'avenir.

Pour ce qui concerne la Méditerranée, dès 1850, il était permis de voir que la marine à vapeur y serait prépondérante. Elle y transporte actuellement les produits les plus divers; elle dessert à peu près exclusivement l'Algérie, l'Espagne, l'Italie et la Grèce. Elle a chassé de ces littoraux les voiliers grecs, autrichiens, italiens, russes, etc., qui sont allés, les uns sur les côtes d'Afrique, les autres en Amérique où ils font la plus active concurrence à nos propres voiliers. L'accroissement dans ces parages du tonnage disponible a amené fatalement un abaissement général des prix du fret ; c'est la cause de la crise actuelle.

La marine à vapeur est prépondérante dans les ports du Nord de l'Europe et même sur le littoral américain, dans le Golfe du Mexique et la mer des Antilles, ainsi qu'au sud, dans les ports du Brésil et de la Plata ; elle envahit également l'Inde Anglaise, l'Indo-Chine et la Chine. Il reste actuellement aux voiliers, pour élément de chargement, les bois du Nord de l'Europe pour le Sud, les bois de l'Istrie et de la Dalmatie, les arachides de la côte d'Afrique, les guanos, les pétroles, les riz, les matériaux et quelques autres marchandises lourdes ou encombrantes.

Le steamer ne pénètre pas encore là où les ports sont de difficile accès, où il ne saurait séjourner sans danger, où les conditions du trafic l'obligeraient à des stationnements prolongés, à des dépenses et pertes de temps trop considérables, de même que le vagon n'a pas encore sa voie dans les pays sans industrie, les contrées montagneuses où les recettes ne couvriraient pas les frais. Le temps actuellement est de l'argent, la rapidité est dans le mouvement de la matière comme dans les conceptions des intelligences. La promptitude d'exécution d'une pensée commerciale est souvent la condition de son succès et une abréviation de délais est toujours un bénéfice. D'ailleurs, les gares demandent et apportent aux ports l'élement de l'activité quotidienne ; la navigation ne peut se soustraire à cet entraînement, à cet engrenage. Il est donc évident que dans cet ensemble de travail fiévreux, peut-être, mais partout bien établi, le bâtiment à voile est au steamer ce que la malle-poste ou la dilligence est au railway.

Il est urgent néanmoins après toutes les enquêtes faites en France au sujet des souffrances de la marine marchande de rechercher ce que font les nations rivales, si la même industrie est également en décadence chez elles et dans le cas de la négative, quelle en serait la raison. Si la marine à voiles ne fait pas de brillants bénéfices, est-ce à dire que la marine à vapeur soit beaucoup plus prospère ? Il est difficile de répondre à cette question ; mais sans vouloir la résoudre, il n'y a aucune hésitation à affirmer qu'il est prudent de comprendre l'un et l'autre de ces moyens de transport maritimes dans la même sollicitude.

Il est remarquer que dès le début, s'est manifestée cette tendance du paquebot à devenir la propriété d'une compagnie. Le voilier, par son prix et son usage plus accessible aux essais isolés, est ordinairement la propriété individuelle d'un seul armateur. Le vapeur, par son coût et par les conditions de son exploitation qui veut un service régulier et non interrompu, demande une provision de capitaux plus considérable et assurée à l'avance. Il s'est présenté, en outre, au commencement des incertitudes et des risques qu'il était nécessaire de diminuer en les partageant.

Ces chances diverses restent entières lorsqu'il s'agit de ces vastes entreprises auxquelles concourrent nos paquebots. Il en résulte que ces derniers ont été, tout d'abord, et ont continué d'être généralement une propriété collective.

Ce qui tendra à multiplier ce moyen de circulation, c'est l'esprit d'association, l'initiative des services nouveaux et lointains, la perspective de frets assurés et l'habileté à se les procurer, l'audace unie à l'intelligence, la connaissance approfondie des conditions de cette exploitation et des ressources commerciales des divers pays, mais par dessus tout, la sécurité pour un avenir déterminé.

L'accroissement des forces maritimes à vapeur est à ce point de vue, la plus haute expression du génie maritime, industriel et commercial d'un pays. On ne saurait donc trop le favoriser.

Nous avons vu que, sous ce rapport, Marseille vient en bon rang dans l'ensemble des ports d'Europe. Mais le développement actuel pourrait atteindre de plus vastes proportions. C'est ce qui aura lieu sans aucun doute lorsque nous aurons plus de fret de sortie, de nouvelles associations de capitaux, une entente entre les compagnies, ou des combinaisons sauvegardant mieux les intérêts de chacune, des tarifs mieux déterminés tant sur terre que sur mer, une législation libérale et appropriée aux usages établis récemment par la force des choses, le bon marché de la main-d'œuvre, et enfin, à un point de vue plus général, l'esprit maritime.

Ce que les défenseurs des intérêts de la marine à voiles reprochent particulièrement aux Compagnies de navigation à vapeur, ce sont les subventions. Le principe même des subventions n'est cependant pas contesté, et en effet, il n'est pas contestable. L'Etat paie un entrepreneur qui transporte ses dépêches ou son matériel de Paris à Lyon par chemin de fer, de Digne à Barcelonnette par voiture publique, de Marseille à Saïgon par vapeur, rien de plus juste et et il n'y a pas de dépense mieux légitimée, disons mieux, plus nécessaire.

Il importe d'abord que l'Etat ne paie pas un service étranger pour ses propres transports, comme l'Espagne est obligée de le faire pour ses communications avec les Philippines. Une subvention est donc l'encouragement le plus légitime et la protection la plus efficace pour la marine nationale.

Nous ignorons s'il arrivera un jour où les Compagnies de navigation pourront se passer de subventions, mais, dans tous les cas, tant qu'un gouvernement étranger accordera à une entreprise de ses nationaux une rémunération quelconque, la France ne pourra faire autrement que de l'imiter.

A cet égard, on peut être certain que les gouvernements ne cesseront pas, de longtemps, de favoriser par des subventions ou autrement des efforts qui intéressent l'influence et l'orgueil national.

La question à examiner concerne donc la concession d'un service entre diverses entreprises françaises. Or, il ne s'agit plus ici d'une adjudication comme il s'en passe dans une Préfecture pour la construction d'un édifice public ou un lot de route départementale. Un cautionnement pour un service maritime est une maigre garantie : la propriété de navires en quantité suffisante n'est pas une condition qu'il soit toujours possible d'obtenir et qui même dans ce cas, assure une exploitation régulière et satisfaisante. L'honorabilité d'une Compagnie depuis longtemps en activité, sa bonne gestion, la considération qu'elle a acquise dans le public nous paraissent les premiers titres à la confiance de l'Etat.

On ne saurait trop le répéter, il faudrait bannir la spé-

culation de ces sortes d'entreprises publiques qui sont
destinées à porter le pavillon français sur des plages
lointaines, à le faire connaître avantageusement, respec-
ter et aimer en face des concurrents étrangers. Il y a là
une question de patriotisme, en même temps que de sécurité pour les personnes et pour les intérêts. Or, le plus
sûr moyen de ne pas favoriser une spéculation hasar-
deuse, c'est de ne prendre d'engagement que vis-à-vis de
Compagnies ayant fait leurs preuves.

Quant à la quotité elle-même de la subvention ou rémunération, c'est une question à débattre contradictoirement,
ou à résoudre par adjudication. Les bases d'appréciation
doivent être non-seulement les parcours à effectuer, mais
aussi les risques que court une Compagnie, la régularité
des voyages, la multiplicité des escales, les conditions de
célérité, de bonne administration, de confortable et quelquefois de tarifs qui sont imposés. Il est évident qu'un
navire obligé de partir à telle heure, pour tel port, est
pour l'embarquement des marchandises dans une situation
désavantageuse vis-à-vis d'un paquebot dont le départ est
facultatif. Il y aurait injustice à n'en pas tenir compte.

Les armateurs des navires à voiles reprochent aux
Compagnies subventionnées de pouvoir diminuer leurs
prix de fret et de leur rendre ainsi la concurrence impossible, et ils font ressortir que la subvention devient ainsi
une cause de ruine pour la marine marchande. C'est seulement pour quelques ports d'Amérique et peut-être pour
quelques voyages de Marseille à Londres que cette observation peut être fondée. Mais il faut ne pas oublier que,
sans les subventions accordées à nos grandes Compagnies
de vapeurs, la navigation étrangère chasserait la nôtre
des mers de l'Inde, de l'Atlantique et très-probablement
même de la Méditerranée. Les promoteurs du Congrès
seraient les premiers à regretter un semblable résultat.

On a assez répété que la marine marchande est la pépinière et la réserve de la marine militaire, et l'on semble attribuer ce privilège seulement aux bâtiments à voiles. Il est bon de rappeler que les vapeurs contribuent autant que les autres à former et à entretenir des marins de l'inscription.

En effet, si un voilier de 500 tonneaux a 15 hommes d'équipage. les steamers qui font le service sur l'Algérie, par exemple, ont, comme minimum, un personnel de plus de 40 hommes et sur ce nombre, on compterait au moins autant de matelots formés à la mer que sur des navires à voiles. Il y a plus, c'est que ces hommes accoutumés aux opérations des paquebots seront plus utiles à un moment donné, à l'Etat, que les hommes formés à la manœuvre sur les navires en bois.

Si l'Etat emploie sur les navires des calfats, des charpentiers, des poulieurs, etc., il emploie encore en plus grand nombre des mécaniciens, des ajusteurs, des chaudronniers, des chauffeurs; or, ces ouvriers sont entretenus par l'industrie privée, par les établissements de construction navale, et spécialement par les Compagnies de bateaux à vapeur.

Le problème soulevé par les réclamations du Congrès est des plus graves et des plus compliqués. Plus on en étudiera sérieusement les divers éléments, plus on se convaincra que la vapeur et la voile doivent ne pas être séparée dans les préoccupations de nos législateurs et que l'instrument le plus capable de lutter avec avantage contre l'envahissement des transports étrangers, est celui qui mérite le premier d'être encouragé et protégé.

VIII

LES GRANDES COMPAGNIES

DE BATEAUX A VAPEUR.

En 1851 le service postal de la Méditerranée, exploité par l'Etat depuis 1837, fut cédé à l'industrie privée.

Cette concession fut faite à la Compagnie des Messageries nationales qui, depuis lors, continuant sur la mer son entreprise de terre, dont les chemins de fer sapaient la prospérité, prit le nom de Compagnie des Messageries maritimes.

Elle comprenait d'abord trois lignes. Trois paquebots par mois, partant de Marseille, touchaient à Gênes, à Livourne, à Civita-Vecchia, à Naples, à Messine. Trois autres paquebots partaient chaque mois pour Malte, le Pirée, Smyrne et Constantinople. Un service bi-mensuel desservait Alexandrie et Beyrouth.

Moyennant une subvention de 250,000 francs par an, la Compagnie concessionnaire effectuait, outre le parcours annuel de 90,000 lieues de l'administration gouvernementale, un autre parcours de 15,000 lieues, représenté par un nouveau service de Constantinople à Alexandrie par les côtes de Syrie et un embranchement entre Syra et le Pirée. Elle possédait seize paquebots d'une force totale de 2,980 chevaux et jaugeant ensemble 10,792 tonnes. Le prix de fret était à fr. 200 le tonneau métrique, ou de 1,000 kilog. pour la Grèce. Les marchandises riches étaient seules admises. Les prix de passage étaient pour Gênes fr. 60 ; pour Naples, fr. 150 ; pour Constantinople, fr. 465.

En 1854, une Société, dite Compagnie Impériale, qui faisait le service entre la France et l'Algérie, n'ayant pu continuer ses voyages, la Compagnie des Messageries maritimes la remplaça ; elle était engagée pour douze années dans cette nouvelle entreprise.

Diverses conventions passées avec l'Etat dans le but de multiplier les communications entre la France, Constantinople et la Crimée, durant la guerre d'Orient, portèrent à 255,000 lieues le total du parcours annuel effectué par la Compagnie des Messageries, tant sur les lignes subventionnées que sur les points desservis par elle de son propre mouvement.

En 1855, elle possédait une flotte de 41 paquebots d'une force de 9,040 chevaux et portant 32,790 tonnes.

Ce fut une brillante époque du développement de la navigation marseillaise ; l'esprit d'initiative et l'activité commerciale étaient alors dans un complet épanouissement.

La Compagnie des Messageries Maritimes avait, en 1860, 48 paquebots d'une force de 11,767 chevaux. Elle effectuait trois départs de Marseille par semaine pour l'Italie, les lundi, jeudi et samedi ; un départ pour Constantinople, tous les samedis ; un autre pour le Levant, la Syrie et l'Egypte, tous les quinze jours. Elle avait un départ, chaque quinzaine, pour l'Archipel et un autre pour l'Anatolie. Les lignes de la Thessalie, du Danube et de Trébizonde donnaient lieu chacune à un voyage hebdomadaire. Un paquebot partait de Constantinople pour Alexandrie tous les quinze jours.

Le service de l'Algérie comprenait deux départs pour Alger par semaine, le mardi et le samedi ; un pour Oran, par Alicante le jeudi ; un pour Tunis, par Stora et Bône, le vendredi.

Un décret du 19 septembre 1857 avait concédé à cette même Compagnie un service sur le Brésil et la Plata, pour vingt années. Les départs devaient avoir lieu deux fois par mois, de Bordeaux et Marseille, avec escale à Lisbonne.

Toutefois, cette concession, en ce qui concerne Marseille, n'a pas été mise à exécution.

En 1862, la Compagnie des Messageries inaugura son service sur l'Extrême-Orient. Le vapeur partait de Marseille le 19 de chaque mois et correspondait avec celui qui desservait Suez, Aden, Pointe-de-Galles, Singapore, Saïgon et Hongkong. De Pointe-de-Galles, un paquebot partait pour la ligne de Pondichéry, Madras et Calcutta ; Singapore était en correspondance avec Batavia, et Hong-Kong avec Shang-Haï.

La ligne du Brésil et de la Plata, ayant pour tête de ligne Bordeaux, était aussi en plein fonctionnement, malgré les réclamations du commerce marseillais.

Depuis 1872 les paquebots vont jusqu'au Japon. Les Messageries Maritimes ont toujours effectué des services supplémentaires. Cette Compagnie fait chaque samedi un voyage facultatif sur Alger. C'est ainsi qu'en 1873, ses bateaux ont parcouru 603,334 lieues et en 1874, 611,712 lieues.

Les diverses dispositions qui réglaient les services des Messageries Maritimes, tant dans le Levant qu'en Asie et en Amérique, ont été de nouveau discutées à l'Assemblée nationale, en août 1875. En vertu de la convention intervenue à la suite de cette discussion, à partir du 22 juillet 1876, le service à exécuter dans la Méditerranée donne lieu à un parcours annuel obligatoire de 146,153 lieues marines, réparti entre les lignes de Marseille à Constantinople et à Alexandrie, et les lignes circulaires de Syrie. Les parcours actuellement exécutés dans la Mer Noire, dans le Danube et la Thessalie cessent d'être obligatoires. Le service sur les lignes transatlantiques du Brésil et de la Plata donne lieu à un parcours annuel obligatoire de 99,552 lieues. Le doublement du parcours dans l'Océan Atlantique entrepris librement à titre d'essai se trouve désormais obligatoire.

Pour ces deux services, la subvention est de 4,382,263 fr. 31, soit de 17 fr. 80 par lieue.

Le service dans les mers de l'Indo-Chine comprend un parcours annuel obligatoire de 221,077 lieues marines, réparti entre les lignes de Marseille à Shanghaï, d'Aden à Maurice, de Pointes-de-Galles à Calcutta, de Singapore à Batavia et de Hong-Kong à Yokohama. La subvention afférente à ces lignes est de 8,573,024 fr. 26, soit en moyenne 38 fr. 75 par lieue.

Pour l'ensemble des services et des subventions, la moyenne est de 27 fr. 73 par lieue. L'exploitation de toutes ces lignes a pour échéance commune le 22 juillet 1888. La Compagnie anglaise qui est, dans l'Indo-Chine, la rivale de la Compagnie des Messageries Maritimes reçoit une subvention de 13,635,000 fr. pour 489,805 lieues soit 27 fr. 83 par lieue. (¹) La Compagnie française a, en outre, dans les mêmes parages, la concurrence du Lloyd italien, du Lloyd russe, et du Lloyd autrichien. Ainsi que le faisait remarquer à l'Assemblée législative, le 11 mai dernier, le rapporteur du projet de loi relatif à la nouvelle convention, partout où la Compagnie des Messageries Maritimes a porté son exploitation, le service postal s'est accompli dans des conditions qui ont honoré le pavillon, et développé le commerce en même temps que l'influence extérieure de la France.

(¹) Les subventions que les compagnies italiennes reçoivent actuellement de leur gouvernement sont de 32 lires par lieue pour les lignes des Indes, de 21 lires pour les lignes des échelles du Levant et de la mer noire, de 18, 19 et 12 lires pour diverses lignes sur la Sicile, la Tunisie et Malte.

Cette Société compte aujourd'hui 57 vapeurs jaugeant 75,219 tonnes et d'une force de 21,270 chevaux.

Le développement du trafic dont le commerce marseillais lui est redévable depuis les dernières années, se calcule par les chiffres suivants : en 1863, nous avions reçu 444 tonnes de marchandises des ports de l'Indo-Chine ; nous en avons reçu en 1873, 30,457 tonnes. Le total des envois pour les mêmes ports en 1873 a été de 31,608 tonnes.

D'autres chiffres attesteraient au besoin les résultats considérables de la Compagnie maritime pour le commerce de Marseille. Il nous arrivait, par exemple, en 1856, 753 kilog. de thé ; en 1866, nous en recevions 229,211 kilog. En 1874, cette quantité était plus que décuplée, elle atteignait 3,940,885 kilog. Le total de 1875 est de 3,077,892 kilog. Nous en exportions la même année 2,968,227 kilog, sur lesquels 2,933,346 pour l'Angleterre. Notons que la France entière n'en avait reçu que 3,430,000 kilog.

En même temps que l'Etat cédait à la Compagnie des Messageries Maritimes la ligne de l'Algérie, il confiait le service postal de la Corse à la Compagnie Valéry. Le parcours annuel était de 13,000 lieues marines.

En 1858, cette Compagnie avait douze vapeurs, jaugeant 1,532 tonnes. Comme on le voit, ce n'était guère plus de 100 tonnes par vapeur. Ces steamers se sont toujours fait remarquer par la rapidité de leur marche ; de plus, ils étaient merveilleusement propres aux petites traversées, comme celles qui devaient relier la Corse au continent.

Depuis plusieurs années, elle faisait des voyages de Marseille à Gênes et à Livourne ; elle les poursuivit jusqu'à Naples deux fois par semaine. En 1864, elle avait 20 paquebots. Le mouvement d'affaires qu'elle entretenait l'obligea, en 1868, à créer son service régulier sur Cette.

En 1870, M. Valéry fut déclaré adjudicataire des services de l'Algérie. Malgré les difficultés de la situation et les incertitudes de toute nature qui auraient pu paralyser l'initiative d'un armateur moins confiant dans l'avenir, le service commença à la date fixée, le 8 juillet 1871.

Il comprend deux voyages par semaine sur Alger ; un sur Oran par Carthagène ; un sur Stora ; un sur Tunis par Ajaccio, Bône et deux fois par mois la Calle, plus un voyage par semaine sur le littoral entre Alger et Bône. Le parcours annuel est de 94,224 lieues ; la subvention de 910,000 fr. soit moins de 10 fr. par lieue.

La Compagnie Valéry possède actuellement 25 vapeurs, jaugeant 10,745 tonnes et d'une force de 4,500 chevaux. Dans ce nombre sont compris huit paquebots qu'elle a été autorisée à acheter en Angleterre et qu'elle a fait construire spécialement en vue d'obtenir la plus grande rapidité de marche possible. Aussi a-t-elle réalisé dans ce sens un véritable progrès. Les traversées de Marseille à Alger qui demandaient auparavant une durée de 40 heures et que son cahier des charges fixait même, d'après les données antérieures, à 46 heures, s'effectuent en 33 heures. Il est même tel paquebot qui parti d'Alger à midi, est entré dans le port de Marseille le lendemain avant 8 heures du soir, soit avec moins de 31 heures en mer.

La Compagnie Fraissinet existait dès 1850. Ses paquebots, au nombre de six, faisaient des voyages sur Nice, Gênes et Livourne.

Elle eut sa part dans le mouvement de progrès industriel qui signala les premières années de l'avènement de l'empire et se développa rapidement. En 1860, elle possédait 12 paquebots, avait chaque semaine deux départs pour Gênes et Livourne, un pour Civita-Vecchia et Naples, un pour Nice et un pour Cannes. Dès cette époque, elle envoyait chaque jour un bateau sur la ligne du Languedoc.

En 1864, sous le nom de Compagnie Marseillaise, elle continuait à s'étendre. Outre les ports ci-dessus indiqués, elle desservait Agde une fois chaque semaine et expédiait une fois par mois un bateau sur Constantinople.

Quelques années après, elle eut l'idée de fréquenter les ports de la Corse. La Compagnie Valéry, dont le siége est à Bastia, faisait seule alors le service de navigation entre cette île et le continent français. La concurrence fut vive entre les deux Compagnies et dura plus d'une année. Les marchandises étaient transportées de part et d'autre à un prix de fret extrêmement bas, inconnu jusqu'alors et qui ne s'est plus pratiqué depuis.

En 1873, le marché de l'Etat avec la Compagnie Valéry étant à son terme, le service de la Corse fut mis en adjudication et la Nouvelle Compagnie Marseillaise l'obtint au rabais. La subvention annuelle est de 375,000 francs, soit environ 12 francs par lieue.

La Nouvelle Compagnie Marseillaise de navigation à vapeur, transformée il y a deux ans, a, outre les services ci-dessus mentionnés, un départ chaque semaine sur Constantinople et le Levant, en concurrence avec celui des Messageries Maritimes et un autre deux fois par mois pour Malte, Alexandrie et Port-Saïd. Elle a 19 vapeurs jaugeant 7,235 tonnes et d'une force de 2,230 chevaux.

La Compagnie de Navigation Mixte était en pleine voie de prospérité en 1860. C'est vers le littoral africain que s'étaient tournées ses vues dès le principe.

En 1864, la Compagnie mixte dirigée par M. Touache possédait dix paquebots et avait des départs pour Alge

le jeudi, pour Oran par Valence le mercredi, et pour Stora
le vendredi. L'un de ces bateaux allait d'Alger à Malte.

A cette date six compagnies espagnoles, six compagnies italiennes, une russe et une anglaise avaient des
agents snr notre place, sans compter huit compagnies
françaises autres que celles dont nous avons parlé : total
26 compagnies.

Aujourd'hui, quelques-unes de ces petites entreprises
ayant disparu, nous en comptons 21 seulement.

Actuellement la Compagnie Mixte est en concurrence
avec la Compagnie dés Messageries et la Compagnie Valéry sur Alger, avec cette dernière sur Oran, Bougie,
Bône et Djidjelli et dessert seule les ports de Mostaganem,
Arzew, Nemours, Gibraltar et Tanger. Elle reçoit une
subvention pour son service bi-mensuel d'Oran sur Tanger. Elle a 11 navires jaugeant 4,954 tonnes et d'une
force de 1,605 chevaux.

En 1865, la Société des Transports Maritimes à vapeur
se constitua. Son but bien défini a été d'organiser des
transports très-économiques, quoique parfaitement réguliers et suffisamment rapides. Elle a eu tout d'abord en
vue les minerais que les voiliers étaient insuffisants à apporter de Bône à Marseille. En 1866, elle en transporta
86,000 tonnes ; en 1867, 140,000 tonnes.

La quantité transportée atteint actuellement 350,000
tonnes par an. Un contrat à longue période lui garantit
un prix de 10 francs par tonne, de Bône à Marseille, soit
0 fr. 03 cent. 1/3 par kilomètre et par heure. La vitesse
moyenne des paquebots est de 15 kilomètres à l'heure.

Pour obtenir ces résultats, cette société a fait construire des paquebots de grande dimension, de solidité
exceptionnelle, pouvant transporter à chaque voyage
1,200,000 kilog. de minerai. Les machines ont un volu-

me réduit, elles consomment peu de charbon, et sont placées tout-à-fait à l'arrière du bâtiment, de manière à laisser les entreponts libres et à offrir toutes facilités pour les embarquements de toutes sortes.

Ces paquebots sont au nombre de 10, jaugeant ensemble 5,500 tonneaux et d'une force de 1,160 chevaux.

La même société possède cinq autres paquebots portant 6,300 tonneaux et d'une force de 167 chevaux spécialement destinés aux transports des immigrants italiens de Gênes, par Marseille, aux ports du Brésil et de la Plata. Ces bateaux vont en 25 jours de Marseille à Rio-de-Janeiro, et de là en 6 jours à Montévideo et à Buenos-Ayres. Le succès ne peut manquer de couronner de semblables entreprises faites dans un genre d'exploitation bien déterminé et avec les moyens parfaitement appropriés au but à atteindre.

Nous pourrions mentionner également la Compagnie N. Paquet et Cie établie depuis près de 20 ans à Marseille, dont les cinq paquebots desservent l'Espagne, Gibraltar. le Maroc et les îles Canaries.

M. Cyprien Fabre possède aussi quatre paquebots destinés à des voyages réguliers sur Oran et l'Espagne. Peut-être le transport du minerai de Beni-Saff dont l'exploitation devra, d'après des rapports officiels, atteindre une importance comparable à celle du Mokta-e-Hadid, assurera-t-il à cet armateur un élément de fret analogue à celui que la Société Générale des Transports Maritimes exploite à Bône.

En résumé, tout ce qui s'est fait de durable depuis vingt ans en fait de navigation est dû à l'association des capitaux. Plus cette association a été vaste, plus le succès a été grand. C'est à ce groupement d'intérêts qu'est due cette stabilité des Compagnies dont les services réguliers, rapides, satisfaisant tous les intérêts, sont l'honneur du pavillon français et le plus précieux instrument de commerce.

Ce n'est pas un mince mérite d'avoir réalisé, dans la Méditerranée, l'exactitude de départ et d'arrivée des chemins de fer. C'est un fait acquis dont il est juste de tenir compte aux Compagnies, car elles n'obtiennent cette précision dans le mouvement de leurs paquebots qu'en faisant des sacrifices de fret.

Les questions qui préoccupent actuellement les esprits amènent à se demander si ces grandes compagnies sont dans des conditions de prospérité assurant leur avenir ou si, pour quelques-unes, les recettes ne couvrant que suffisamment les dépenses, leur situation devenant à la longue précaire, pourrait, à un moment donné, se dénouer par l'impossibilité de continuer leurs services. La question n'intéresse pas seulement les actionnaires, mais aussi l'Etat et le public. Pour la résoudre, nous n'avons que des conjectures, car les chiffres de dividendes ou la cote des actions et obligations, nous semblent des indices peu sûrs. Il est permis de croire cependant qu'elles ont à se plaindre de l'abaissement du fret qui leur est imposé par la concurrence qu'elles se font et par celle que leur font les Compagnies étrangères.

Sous l'empire d'intérêts communs, l'entente entre elles pour relever les prix de transport s'établit assez facilement, elles prennent volontiers des engagements que l'intervention de nouveaux concurrents les oblige souvent à modifier.

Quand même il leur serait possible d'accaparer tout le trafic entre un port donné et un autre, par exemple, d'Alger à Marseille, il arriverait que l'élévation du taux du fret amènerait des navires italiens et anglais, à aller charger à Alger, et probablement les marchandises de ce port se dirigeraient sur l'Italie ou sur l'Angleterre.

C'est ainsi que les compagnies, en essayant d'augmen-

ter leurs recettes, aboutiraient partiellement et momenta-
nément à un résultat qui contribuerait à détourner les
marchandises de la voie de Marseille ; ce résultat a été
constaté sur plusieurs points, notamment sur la ligne
d'Oran et sur celle de Tunis. On ignore généralement les
sacrifices qu'elles acceptent pour anéantir des courants
commerciaux qui tendraient parfois à s'établir en dehors
de notre place. Il nous semble que leur action à ce point
de vue n'est pas complètement appréciée.

Elles ont beaucoup à compter, elles aussi, avec la concurrence étrangère, et pour lutter avec avantage, il ne
saurait y avoir que deux moyens : le premier, c'est de
diminuer autant que possible leurs frais, afin qu'en trans-
portant au meilleur marché possible, elles aient encore
un bénéfice suffisamment rémunérateur, et, en présence de
la crise actuelle, de se contenter de la moindre somme de
gain. Le second, ce serait de se mettre en mesure de
pouvoir, à l'occasion, faire la concurrence aux navires
anglais et italiens jusque dans leur propre pays.

Nous le répétons, l'avenir est aux armateurs qui sauront
tracer à leurs navires l'intinéraire susceptible d'être modifié le plus facilement, avec le plus d'intelligence, selon
les besoins momentanés des diverses places et les appels
instantanés du commerce : c'est un des résultats qu'il faut
attendre de la multiplicité et de la rapidité des communications. Le meilleur capitaine serait celui qui s'inspirerait
des intérêts immédiats de son armateur et de la Compagnie qu'il représente, et qui saurait se porter le plus
dromptement où il y a du fret à recueillir.

Dans ces conditions le maintien des lignes régulières et
périodiques, dont la nécessité est pourtant si évidente.
occasionnera des sacrifices de plus en plus grands aux
entrepreneurs ; l'acceptation d'itinéraires déterminés ne
sera compensée et l'exactitude des services réguliers ne
sera garantie que par des subventions.

DEUXIÈME PARTIE

—

COMMERCE ET INDUSTRIE

———

Sommaire :

I. — Voyageurs.

II. — Blé, autres céréales et farines.
  Aperçu historique. — Prix. — La liberté commerciale. —
  Importation. — Production. — Consommation. —
  Exportation.

III. — Sucre.
  Législation. — Projet de 1875. — Sucres coloniaux et
  sucres indigènes. — Consommation. — Exportation.

IV. — Vins.
  Production. — Exportation de Cette, de Marseille. —
  Les vins d'Italie.

V. — Café.
  Importation et exportation. — Le Brésil et New-York·

VI. — Huile d'olive et Huile de graines.
  Droit d'accise. — Commerce des graines oléagineuses.

VII. — Savon.

Droit d'accise. — Exportation. — L'Italie.

VIII. — Suif brut et Saindoux. — Cuirs et Peaux. Tannerie. — Ecorce a tan.

IX. — Laines.

Roubaix et Turcoing. — Le Havre et Bordeaux. — L'Algérie et l'Inde.

X. — Coton.

L'Amérique, l'Algérie et l'Inde. — Filatures.

XI. — Soie.

Arrivages. — Vente. — Lyon. — Graines de vers à soie·

XII. — Houille.

Exportation anglaise. — Charbons français.

XIII. — Groups et valeurs.

Importation, exportation. ·

XIV. — Cacao. — Poivre. — Thé, — Riz — Légumes et Fruits, etc.

Résumé.

XV. — Principales industries. — Minoterie. — Raffinerie de soufre. — Produits chimiques. — Bougies. — Etablissements métallurgiques. Douane de Marseille.

XVI. — Les courants commerciaux.

I

VOYAGEURS

Le nombre de voyageurs arrivés à Marseille par paquebots s'élevait en 1861 et 1862, à plus de 200,000. Nous n'avons pas de données bien positives pour les époques antérieures.

Les indications de la Chambre de Commerce donnent les chiffres suivants :

Années.	Arrivés.	Partis.	Total.
1863.....	74.933	69.827	144.760
1864.....	69.609	66.211	135.820
1865.....	76.330	58.873	135.203
1866.....	71.937	65.415	137.352
1867.....	78.198	79.115	157.313
1868.....	79.391	65.622	145.013
1869.....	101.048	83.803	184.851
1870.....	107.464	82.352	189.816
1871.....	91.374	89.711	181.085
1872.....	72.531	61.963	134.494
1873.....	63.044	54.986	118.030
1874.....	60.381	47.126	107.507
1875.....	65.505	46.090	111.595

Le tableau suivant présente la part proportionnelle des paquebots français dans le nombre des voyageurs arrivés à Marseille, ou partis de ce port, ainsi que le mois de l'année dans lequel le plus fort mouvement a eu lieú.

	Proportion pour 100 des passagers par paquebots français	Mois de l'année où le mouvement des passagers a été le plus considérable	EXCÉDANTS des Arrivées sur les Départs	
1863...	»	Octobre	en plus	5.100
1864...	»	Septembre	»	3.400
1865...	86 p. o/o	Juillet	»	18.000
1866...	87 »	Juin	»	6.000
1867...	85 »	Novembre	en moins	1.000
1868...	83 »	Septembre	en plus	14.000
1869...	75 »	Août	»	18.000
1870...	86 »	Août	»	25.000
1871...	86 »	Juillet	»	2.000
1872...	91 »	Octobre	»	11.000
1873...	90 »	Octobre	»	9.000
1874...	90 »	Octobre	»	13.000
1875...	91 »	Octobre	»	12.000

Les données qui précèdent constatent une certaine diminution sur le nombre des voyageurs par bateaux dans le bassin de la Méditerranée. Il est constant qu'à partir de 1860, le nombre des passagers embarqués à ou pour Marseille se réduit sensiblement. C'est l'époque de l'établissement des chemins de fer sur le littoral.

Le chiffre se relève en 1867 et se maintient jusqu'en 1869. Ces deux années ont été signalés l'une et l'autre par un mouvement important de voyageurs. L'exposition universelle attira à Paris une foule d'étrangers et le Concile fit affluer à Rome, en grande partie, par Marseille, des voyageurs de toutes les parties du monde.

L'année 1870 présente le chiffre le plus élevé de la période. Mais cette augmentation est due en grande partie au déplacement de troupes. A partir de cette époque, la création de la ligne directe des chemins de fer d'Italie jusqu'à Naples et à Brindisi, a généralement détourné les touristes anglais et américains du port de Marseille.

Nous aurons à constater en 1876 une diminution encore plus sensible provenant de ce que le rétablissement des communications entre la France et l'Espagne, par les Pyrénées, engage un grand nombre de voyageurs, touristes ou commerçants, à se rendre en Afrique, notamment à Oran par cette voie.

On remarquera aussi que ce sont les paquebots français qui attirent de plus en plus les préférences des voyageurs comme le prouvent la part constamment croissante de notre pavillon dans l'ensemble des passagers transportés.

Rien ne donne de la vie à une ville et ne témoigne de son importance comme un grand nombre de voyageurs qui s'y rendent et y séjournent. Au point de vue économique, l'affluence des étrangers, par les dépenses de toute nature qu'elle active, par les relations qu'elle crée et par le mouvement d'affaires qui l'accompagne inévitablement, est le plus grand élément de richesse. Plusieurs villes d'Allemagne et quelques villes du Midi doivent aux colonies d'étrangers qui y passent une saison, la meilleure part de leur prospérité et de leurs ressources.

Marseille n'a pas beaucoup à faire pour devenir une sérieuse station thermale. Il lui manque davantage pour faire une ville de plaisirs. Les distractions, les agréments de tout genre qu'on aime à trouver lorsqu'on est hors de chez soi sont nombreux à Marseille, mais ils ne sont pas encore en proportion de l'activité commerciale qui envahit tout et qu'oublient à peine le négociant, l'employé et l'ouvrier lui-même dans ses courtes récréations du dimanche. Ce que l'on aurait à désirer surtout, ce sont des jardins publics au bord de la mer, mais vastes, très-ombragés, pouvant réunir les divertissements que recherche la maladie ou l'oisiveté opulentes, et servir de

rendez-vous à cette élégance que les étrangers apprécient
dans les villes d'eaux en renom.

Même sans être aussi ambitieux pour Marseille, et sans
vouloir en faire un Vichy ou un Arcachon, avec les flots
de population que les tramways commencent à jeter chaque dimanche au bord de la mer, par le Prado, il faut
convenir que le Château-Borély devient insuffisant.

En ne considérant notre ville que comme port de départ ou d'arrivée, elle demeurera le point de passage
obligé entre la France et Alger, Bône et Stora. Pour les
destinations d'Oran et de Tunis, elle aura toujours l'avantage : toutefois, on lui suscitera des concurrences. Il est
inutile de répéter ce que nous avons dit au sujet de Port-
Vendres. Les voyagenrs qui tiennnent réellement à éviter
la mer, prendront terre à Carthagéne et ne trouveront
qu'une différence insignifiante comme durée de la traversée entre le débarquement à Port-Vendres et le débarquement à Marseille.

Les navires italiens qui vont de Gênes à Tunis en trois
jours ou de Naples au même port, en deux jours, pourraient amener les voyageurs à éviter Marseille.

Mais on connait l'imperfection du service postal italien.
D'ailleurs la compagnie qui transporte les dépêches de
Marseille à Tunis a accoutumé le public de cette dernière
ville à une régularité que rien ne contrarie. Toutefois, il
ne faut pas se faire illusion : du moment où les vapeurs
italiens auraient une marche supérieure aux nôtres et se
comporteraient mieux par la mauvaise mer, il se produi-
rait bientôt une réaction à notre désavantage.

Il n'est pas besoin d'ajouter qu'il en serait de même, si
notre influence politique venait à baisser dans l'administration du Bey et le territoire de la Régence.

Nous voudrions voir aussi les maisons françaises s'y
établir en plus grand nombre. La colonie française de
Tunis tend à y être absorbée par la population italienne,

et les relations directes du gouvernement du Be y avec celui de Victor-Emmanuel se multiplient ; il y a là, croyons-nous, un sujet sérieux de préoccupations.

En dépit de l'idée qu'a eue l'Angleterre de modifier la route postale, en imaginant Brindisi comme port d'attache, les relations de la France, avec le Levant, avec l'Egypte, les Inoes, la Chine, et on peut dire, la majeure partie de celles de l'Angleterre se feront toujours par Marseille, tant que la navigation marseillaise gardera sa prépondérance.

II

BLÉ, AUTRES CÉRÉALES

ET FARINES.

———

Au temps où Rome faisait venir ses blés de la Sicile et
de l'Egypte, à la fin de l'ère ancienne et au début de l'ère
actuelle, tout porte à croire que la Gaule, et notamment
la Provence, se suffisait à elle-même et que les échanges
de grains par mer étaient peu importants.

Pendant tout le moyen-âge, on trafiqua peu d'un port à
l'autre sur les céréales. C'est en l'an 1482 que l'histoire
note la première prohibition du commerce des grains. En
1535, François Iᵉʳ le rétablit, mais cette autorisation dura
peu. En 1550, on permit d'exporter 50,000 kil. de blé. Un
édit de Charles IX, daté de 1571, posait en principe la
défense d'exporter des grains hors du royaume. La déclaration du 31 août 1699 contenait des dispositions compli-
quées, presque contradictoires. La disette de 1709 néces-
sita une liberté absolue ; le 25 mars 1763 fut publiée une
déclaration en vertu de laquelle le commerce intérieur
était libre.

Tous les gouvernements qui s'étaient succédé jusqu'alors avaient constamment favorisé l'importation. La
pensée dominante avait été de se prémunir contre la
disette.

A partir de 1814, la réglementation devint plus étudiée ;
elle prévoyait les éventualités de hausse et de baisse des

prix. L'exportation, libre en temps ordinaire, était suspendue lorsque le prix du froment atteignait des prix déterminés suivant les zônes. Ces prix furent d'abord fixés à fr. 23 l'hectolitre pour la première zône dans laquelle était comprise la Provence, à fr. 21 pour la deuxième, et à fr. 19 pour la troisième.

Une véritable famine s'étant produite en 1816, on établit une prime de 50 centimes par hectolitre importé. En 1819, l'abondance étant revenue, la limite des prix audelà de laquelle on prohibait l'exportation fut fixée à fr. 20, 18 et 16, selon la classe.

La loi de 1832 consacra le système de l'échelle mobile qui a subsisté jusqu'en 1860 et d'après lequel le droit d'entrée variait suivant le prix des céréales.

C'était encore l'époque de transition nécessaire entre les tâtonnements de l'ancienne législation, partant de la prohibition pour n'admettre l'échange qu'à titre d'exception, et le régime actuel qui pose en principe la liberté du trafic en considérant l'activité de l'échange comme une source de profit et un élément de prospérité.

En 1787, la France reçut pour 2,421,000 fr. de blé des Deux-Siciles. Ces arrivages eurent lieu évidemment par le port de Marseille. Cette somme, au prix de l'époque, représente environ 161,400 hectolitres, soit 12,000 tonnes.

En 1789, Tunis nous vendait une quantité de blé que nous pouvons évaluer approximativement à 200,000 hectolitres.

A la fin du siècle dernier, on comptait en moyenne 400,000 charges de blé, soit 60,000 hectolitres entrant chaque année dans Marseille. Le chiffre minimum a été de 30,000.

C'est à partir de 1774 qu'ont commencé à arriver à Marseille les grains de la Russie méridionale. La fondation d'Odessa établit la régularité de ces envois. Pendant 20 ans, les blés de cette contrée, coûtant seulement 4 à

5 francs rendus à bord, arrivaient à Marseille à un prix
de revient qui était à peine le tiers de celui des blés indigènes.

En 1817, le prix du blé était à fr. 28 l'hectolitre. En
1818, il était descendu à fr. 17 ; en 1824, à fr. 15 ; et en
1826, il tombait à fr. 13. Cette même année, Marseille
reçut de l'étranger 155,000 hectolitres de blé.

Depuis 1821, la vente des blés de l'Ukraine était libre
à Marseille, et il y avait alors 200 0/0 à gagner sur ces
importations en France.

En 1829, les prix se maintenaient à environ fr. 30, bien
que notre ville eut reçu 362,000 hectolitres des divers
pays. En 1842, l'importation fut seulement de 15,500 hectolitres.

La comparaison des prix de la production et du mouvement du commerce des céréales depuis le commencement
de ce siècle, établit que l'élévation du prix du blé d'une
année a toujours été en raison inverse de l'abondance de
a production de l'année précédente, et cela indépendam
ment des quantités importées. Ainsi, après la récolte abondante de 1847, qui était de 97,000,000 d'hectolitres, le
prix moyen du blé, en 1848, tombe de fr. 29 à fr. 16 l'hectolitre. L'importation, encore considérable pour l'époque,
avait été, en 1847, de 9,585,000 hectolitres, et en 1848 de
1,735,000 hectolitres. A la suite des magnifiques récoltes
de 1857-1858, le prix du blé descend de fr. 30 à fr. 23,
puis à fr. 16. Les quantités importées étaient, en 1858, de
3,363,573 hectolitres, et, en 1859, de 2,812,702 hectolitres

Ces observations sont résumées dans le tableau ci-
contre avec d'autres indications concernant la production,
l'importation, l'exportation et les prix des céréales à
partir de 1859.

QUANTITÉS DE CÉRÉALES RÉCOLTÉES EN FRANCE
importées et exportées depuis 1859 et prix du Blé.

ANNÉES	RÉCOLTE des céréales en France — Millions d'hectolitres	Proportion approximative de l'importation générale sur la production	IMPORTATION DES CÉRÉALES ET FARINES Millions de kilos EN FRANCE			EXPORTATION DES CÉRÉALES ET FARINES Millions de kilos DE TOUTE LA FRANCE			PRIX MOYEN de L'HECTOLITRE DE BLÉ	
			Commerce général	Commerce spécial	par Marseille	Commerce général	Commerce spécial	par Marseille	en France	à Marseille
1859	221	1/50	257	182	»	746	660	»	16.70	»
1860	251	1/80	176	75	»	509	436	»	20.40	»
1861	217	1/110	1.273	1.135	477	160	104	45	24.25	»
1862	261	1/32	662	517	377	337	191	51	23.25	23
1863	275	1/38	423	215	282	446	289	27	19.78	25
1864	268	1/45	338	126	242	416	279	24	17.58	19
1865	262	1/50	295	101	228	733	557	64	16.41	21
1866	227	1/96	518	215	266	862	693	75	19.61	19
1867	214	1/9	1.380	930	626	658	291	114	26.18	28
1868	269	1/10	1.531	1.143	886	600	274	272	26.65	27
1869	256	1/21	585	270	405	579	334	133	20.32	22
1870	»	»	1.047	788	587	307	153	125	»	»
1871	231	1/9	1.509	459	681	301	214	61	25.65	25
1872	281	1/24	746	519	365	1.293	1.027	141	23.15	25
1873	223	1/12	1.175	774	689	888	608	155	25.62	28
1874	281	1/16	1.298	1.121	573	711	498	95	25.10	25
1875	242	1/20	817	597	474	898	769	100	19.30	21

Depuis quinze ans, l'importation générale des céréales en France a été en moyenne et approximativement dans une proportion qui varie entre 3 et 4 0/0 sur la production totale.

Le port de Marseille a contribué dans l'ensemble de cette importation pour une part qui se maintient à environ 53 0/0.

La part proportionnelle de notre port sur les importations au commerce spécial est de 74 0/0.

Pour les exportations, notre part est en moyenne, au commerce spécial, de 23 0/0.

Au commerce général elle était de 9 0/0 pendant les années de 1860-1865; elle est de 18 0/0 dans les cinq dernières années. Cette augmention témoigne de l'importance qu'a prise notre place comme grand marché de grains. Elle est devenue le point central où s'établissent les prix d'après les demandes non-seulement de l'intérieur, mais aussi de l'étranger, mises en regard non pas seulement du stock en magasin, mais surtout des arrivages attendus et des engagements conclus avec les négociants des ports expéditeurs. La concentration des renseignements arrivant chaque jour de tous les points du bassin de la Méditerranée et de la Mer Noire, fait que les prix établis par nos commerçants servent de base aux opérations effectuées pour le compte de l'Italie, de l'Espagne et du Nord de l'Europe.

Cette situation avantageuse a donné lieu, pendant ces dernières années, à des spéculations quelquefois hasardeuses. On a joué sur le prix d'un chargement de blé attendu, comme sur une valeur de bourse, et notre place a vu, en 1875, les fâcheuses conséquences de ces sortes d'opérations. Ce n'est point par de telles pratiques que le marché marseillais se développera dans des conditions assurant sa prospérité. Le négoce bien entendu évitera toujours ces aléas compromettants.

L'importation à Marseille a été plus considérable que la mise en consommation pour toute la France en 1863, 1864, 1865. et 1866, c'est-à-dire pendant une suite de bonnes années qui ont donné lieu à de fortes exportations, mais par d'autres frontières. C'est donc un grand mouvement de trafic qui s'est accompli alors d'un point de la France à l'autre, au profit de tout notre commerce.

Ce grand courant commercial s'est du reste genéralisé depuis cette époque. Les chiffres de nos exportations augmentent, il est vrai, d'année en année. Nos envois de farines en Espagne ont pris dernièrement une grande extension.

Mais, somme toute, les exportations par notre port restent de beaucoup inférieures aux importations. Les quantités qui sortent par Marseille sont. à celles qui entrent dans la proportion de 21 0/0 ; le surplus de nos arrivages alimente dans les mauvaises années la consommation et dans les bonnes années la circulation. Nous en sommes venus à fournir de céréales l'Angleterre et la Belgique. La France devient de plus en plus le marché d'approvisionnement et en quelque sorte le grenier des pays de consommation du Nord de l'Europe.

Tel est donc le résultat dû au régime de liberté commerciale qu'a établi la loi de 1860. Il ressort avec toute évidence des moyennes suivantes concernant les grains et farines par toute la France :

		Importations.	Exportations.
Moyenne décennale de	1827 à 1836	1.219.000 h.	342.629 h.
—	1837 à 1846	1.664.900	710.837
—	1847 à 1860	3 584.000	3.183.000
—	1860 à 1873	9.992.000	5.956.000

Un autre résultat de la liberté commerciale, c'est de prévenir de trop brusques écarts dans les prix, et, à ce

7

point de vue encore, elle est favorable aux intérêts du véritable commerce, en même temps qu'à ceux de l'agriculture.

Le prix moyen du blé de 1847 à 1860 avait été pour toute la France de 21 fr. 29. Pour les treize années qui ont suivi, il a été de 22 fr. 22. Notons que pour la première période, le rendement avait été, en moyenne, de 14 hectolitres 29 par hectare, et que dans la seconde période il a été de 14 hectolitres 15.

Mais, de 1847 à 1860, nous voyons les prix moyens annuels osciller de 14 fr. 33, en 1851, à 30 fr. 22, en 1856. Dans la seconde, les prix extrêmes sont de 16 fr. 41 en 1865 et de 26 fr. 65, en 1868.

On aura remarqué que le prix du blé à Marseille a toujours été plus élevé que pour le reste de la France. Cette différence provient de la facilité qu'a notre port pour faire des expéditions sur tout le littoral méditerranéen et même dans le Nord.

Le prix moyen à Marseille depuis 1861 a été de 23 fr. 60 environ. Les agriculteurs français, lors de l'inauguration du système de liberté commerciale, craignaient l'avilissement des prix pour leurs denrées. L'expérience a démontré qu'ils n'avaient rien à redouter. La baisse de prix, qui s'est produite par exemple en 1865 était due à l'abondance de la récolte et non aux blés importés. Il ne faut pas oublier que, à cette époque, les arrivages ne furent que le 1/50 de la production, par conséquent trop faibles pour influencer les prix de vente à l'intérieur.

Le grand marché marseillais, créé par la liberté de l'échange, reste, dans un sens, en dehors de ce qui se passe en France. Il est comme le plateau d'une balance dont le jeu est sous l'action d'éléments compliqués. Entre le Nord qui demande presque continuellement et notre place qui est toujours prête à avoir trop, il y a l'équilibre de la production et de le consommation de la France, cherchant à se fixer entre les hésitations de l'excédant et les incertitudes du déficit.

Le commerce, dégagé de toute entrave prétendue protectrice, ayant à sa disposition des moyens de communication rendus plus faciles par l'abaissement des tarifs, tendra toujours davantage à unifier les prix, à diminuer les chances de variations trop brusques. Ces conditions qu'il faut désirer et travailler à obtenir seront avantageuses à quiconque est intéressé à la vente, à l'achat, ou à la circulation des grains.

La consommation annuelle de la France était évaluée, en 1819, à 100 millions d'hectolitres de blé. Des calculs plus récents établissent qu'il nous en faut, par an, entre 90 et 100 millions, soit 75 à 80 millions pour notre subsistance, le reste est pour l'ensemencement et l'industrie.

Depuis 1857, nous avons récolté treize fois moins de 90 millions d'hectolitres de froment, huit fois nous avons récolté plus de 100 millions d'hectolitres.

Ce n'est pas précisément pendant les années qui suivent une récolte abondante que le prix du blé est moins élevé. Mais les années où l'excédant de l'importation sur l'exportation est le plus fort, correspond invariablement au prix le plus cher.

La Russie, la Turquie et les Provinces Danubiennes sont toujours les principales sources d'approvisionnement en blé pour notre port et partant pour la France. L'établissement de chemins de fer en Turquie et la navigation du Danube pourraient à un moment donné, par suite de combinaisons de prix de transport, détourner une partie des blés que nos paquebots et les voiliers grecs apportent maintenant sur notre place. Il y a là une question de tarifs comparés dépendant, croyons-nous, en grande partie de la coexistence simultanée des services de nos deux Compagnies desservant les ports de la Mer Noire et du Levant.

L'Egypte, qui nous avait expédié de nombreuses cargaisons de blé en 1861, n'a eu que des envois insignifiants pendant ces dernières années.

L'Algérie nous a fourni beaucoup de blé en 1864 et 1885, et notamment depuis 1871.

Nous avons reçu des Indes anglaises 144,000 tonnes de froment en 1874.

La navigation et le commerce de l'Italie font de grands efforts pour attirer dans leurs ports un marché important de céréales. Nous avons vu, ces dernières années, des essais d'importation à Gênes des blés d'Algérie. Les Italiens établissent des minoteries en vue de rivaliser avec les nôtres. La province d'Oran commence aussi à envoyer ses blés directement en Espagne.

Les préoccupations actuelles des armateurs, de nos administrateurs et du public, donnent un certain intérêt à la question de savoir dans quelle mesure la navigation à vapeur concourt ou peut concourir à l'importation des blés.

Dans le but de présenter sur ce point quelques indications utiles, nous avons comparé, dans le tableau suivant, les quantités de blés et de farines de blé, arrivées à Marseille en totalité, et en particulier de la Russie et de la Turquie, avec le nombre et le tonnage des vapeurs ayant navigué entre les ports de ces contrées et celui de Marseille.

	Blé importé à Marseille.	Blé fourni par la Russie et la Turquie.	Vapeurs ayant navigué entre Marseille, la Russie et la Turquie.	
	—	—	NOMBRE	TONNAGE
1866	231.000 t.	219.000 t.	344	250.000 t.
1867	558.000	498.000	387	281.000
1868	786.000	706.000	439	296.000
1869	352.000	336.000	365	257.000
1870	394.000	378.000	380	287.000
1871	555.000	542.000	331	239.000
1872	316.000	237.000	340	261.000
1873	566.000	413.000	584	446.000
1874	551.000	348.000	606	489.000
1875	401.000	345.000	604	524.000

On voit, par ces données, que la Russie et la Turquie nous ont fourni depuis 1866 les 86/100 de toutes nos entrées de blés et de farines et que, pendant les trois dernières années, les quantités importées, quoique considérables, ont été, comme poids, au-dessous du tonnage des vapeurs qui ont voyagé entre ces pays et Marseille. Ils auraient pu par conséquent en apporter bien davantage, si les besoins du commerce l'avaient exigé.

Quant aux arrivages de céréales de l'Algérie qui prennent chaque année plus d'importance dans notre port, nous les devons presque en totalité aux services réguliers de nos vapeurs. 500 tonnes de blé sont ainsi rendus d'Alger ou de Philippeville en moins de 40 heures, à un fret de 12 francs la tonne et quelquefois moins. Ces chargements sont en sacs ; la mise à bord et le débarquement se font avec rapidité et l'arrimage est parfait. Ce sont là des facilités commerciales que l'on ne soupçonnait pas, il y a trente ans, et auxquelles ne sont pas encore comparables les conditions des transports des mêmes articles par voie de terre.

Il est donc hors de doute que la vapeu entrera pour

une part de plus en plus grande dans les transports de blé à destination de notre ville.

Malgré ces avantages, nos négociants ont signalé dernièrement les dangers qui menacent l'importation des blés destinés au transit par notre port. Marseille perd de jour en jour le privilége de servir au transit des blés pour la Suisse et de fournir à la partie Occidentale de la France, à l'Alsace-Lorraine les produits de la mer Noire dont ces contrées pourraient avoir besoin. Par suite de tarifs directs publiés par la Compagnie Autrichienne-Impériale de navigation à vapeur du Danube, les produits de la Valachie, de la Moldavie et de la Bessarabie au lieu de descendre le fleuve à la recherche des transports par mer à destination de Marseille, le remontent et arrivent de la frontière Russe et Polonaise jusqu'en Suisse, en Alsace et même en France à des conditions de prix de revient que nous ne pouvons pas atteindre.

Les facilités qu'offrent aux mêmes contrées les voies de l'Adriatique, et Venise comme point de débarquement, sont de nature à diminuer très-sensiblement les arrivages de notre port. Des réductions de tarifs consenties par le chemin de fer de P.-L.-M., pourraient seules maintenir à notre pays le bénéfice de ce transit et prévenir l'amoindrissement de notre marché.

Voici le tableau des exportations de blé et farines de France en Angleterre, en Belgique, en Allemagne, en Suisse et en Italie pendant les dernières années :

EXPORTATION DE CÉRÉALES

Quantités évaluées en Millions de francs.

	Angleterre	Belgique	Allemagne	Suisse	Italie
1864........	12	11	5	9	1
1865........	44	23	6	9	0.1
1866........	63	22	8	9	0.4
1867........	26	10	8	3	0.1

	Angleterre	Belgique	Allemagne	Suisse	Italie
1868.........	22	16	4	2	0.1
1869.........	22	27	3	3	»
1870.........	11	14	i	4	»
1871.........	22	14	1	1	»
1872.........	115	47	37	13	0.8
1873.........	39	43	38	15	0.3
1874.........	38	35	23	17	0.8
1875.........	44	59	18	17	0.1

Ces chiffres indiquent l'importance des transports que nous perdrons, s'il n'est promptement apporté remède à la situation actuelle. Déjà nos exportations de grains en Italie sont réduites à des quantités insignifiantes. Si le trafic prenait décidément les voies autrichiennes et allemandes, la Belgique et l'Angleterre elle-même y auraient recours, et il s'en suivrait une diminution très-sensible dans le chiffre de nos affaires, non seulement à Marseille, mais pour toute la France.

III

SUCRE

—

La consommation du sucre en France qui était de 54 millions de kilogrammes en 1827, de 112 millions en 1837, de 132 millions de 1847, de 170 millions en 1857, après avoir atteint 266 millions en 1867, était de 258 millions en 1875.

Les sucres tant indigènes que coloniaux et étrangers rapportaient au Trésor en 1847, 71 millions de francs ; en 1857, 108 millions ; en 1867, 110 millions ; en 1871, 137 millions ; en 1872, 106 millions et en 1873, 170 millions. L'augmentation de ce revenu pour 1873 est due à la perception du droit sur le sucre indigène. La perception totale s'est élevée à 178 millions en 1875.

La production du sucre indigène a triplé depuis 20 ans.

La moyenne annuelle du produit des cinq années de 1847 à 1851 donne 26 millions, tandis que de 1869 à 1873, la moyenne a été de 73 millions. L'accroissement n'est pas dans la même proportion pour les droits d'entrée. La moyenne calculée pour les mêmes périodes que ci-dessus donne 40 millions par an pour la première et 52 millions pour la dernière.

Le Trésor, en somme, voit cette branche de ses revenus se développer. Les intérêts du fisc sont sauvegardés et c'est sur ce point d'abord que se portent les préoccupations du législateur.

Nous avons à examiner si la vigilance de l'Etat pour accroître ses recouvrements ne s'exerce pas au préjudice des autres intérêts nationaux également en jeu dans cette industrie.

Le public, en voulant le sucre à bon marché, est le premier adversaire des exigences de l'Etat. Mais l'administration a eu constamment le soin de faire en sorte que cet article de consommation ne descendit pas au-dessous d'un certain prix. Les 100 kilog. se vendaient fr. 120 en 1838, 118 en 1839, 149 en 1840, 115 en 1841 ; nous les trouvons à 125 et 130 en 1862 et 1863, et à 155 en 1873. Cette augmentation constante, plus forte que ne l'est en sens contraire, la moins value de l'argent, paraît être le résultat des dispositions variables et toujours menaçantes par leur instabilité même plutôt que par leur réelle application, qui régissent l'importation, la fabrication et le raffinage du sucre.

Une diminution de prix même légère serait le désidératum universel. Mais alors ce serait une diminution dans la taxe et dans le revenu. Or, l'administration n'est pas encore pénétrée du principe économique dont chaque jour démontre la justesse, et que le grand commerce commence à appliquer avec succès : l'activité de la vente provoquée par une réduction de prix ou de droits, produisant sur l'ensemble un bénéfice plus considérable.

Il semblerait d'après ce principe qu'il n'y aurait qu'à encourager la culture de la betterave, qu'à favoriser l'importation des sucres bruts et qu'à dégrever les droits sur la fabrication ou la consommation.

C'est alors que se trouvent en concurrence l'intérêt des colonies et celui des fabricants indigènes. Mais d'un autre côté ces intérêts ne seraient bientôt plus en opposition, la lutte que les colonies ont commencée, il y a quarante ans, contre la production indigène trouverait aisément une solution conforme à tous les intérêts si l'industrie

7.

française n'avait pas des rivales redoutables. Il en serait de même de la concurrence qui a existé anciennement entre l'importation des sucres coloniaux et celle des sucres étrangers.

C'est ainsi que l'avait compris le legislateur de 1860 qui cependant avait placé les colonies et les raffineries établies aux ports de mer dans une situation désavantageuse qu'ont successivement modifiée diverses dispositions réglant les conditions d'arrivée en France des sucres d'origine étrangère.

La difficulté actuelle porte principalement sur la question de l'exportation. Tous les gouvernements favorisent le raffinage et la fabrication du sucre, et comme l'encouragement à l'exportation a été regardé jusqu'à présent comme le meilleur ou le seul moyen de concilier les intérêts du fisc avec l'abondance de la production, ils n'ont rien trouvé de mieux que d'accorder des primes aux sucres expédiés à l'étranger. De là, une concurrence désastreuse à laquelle les quatre principaux Etats producteurs du sucre, la France, la Belgique, la Hollande et l'Angleterre, ont jugé nécessaire de mettre un terme dans l'intérêt commun.

C'est dans ce but qu'avait été conclue la convention de 1864. On voulait faire disparaître autant que possible les primes soit directes soit indirectes que la législation des pays contractants pouvait attribuer à la raffinerie. La circulation des sucres d'un pays dans l'autre était réglée d'après des conditions de taxes inégales, il est vrai, quant à leur qualité et à leur mode de perception, mais basées sur le rendement légal des sucres, rendement établi d'après des types de nuances dont se servait la Hollande pour son commerce.

Depuis lors, les fabricants se sont ingéniés à obtenir des produits qui correspondissent comme nuance à la classe la moins imposée et qui fussent cependant très-riches en sucre. Il a été reconnu que le Trésor perdait ainsi une partie de ses droits et que la convention de 1864 n'avait pas atteint son but. Une nouvelle entente devint nécessaire.

Les quatre puissances avaient combiné un nouvel arrangement. La France devait mettre en vigueur le système de l'exercice dans les raffineries de sucre. La Hollande devait pratiquer le même système, mais d'après ses usages particuliers. La Belgique adoptait quelques modifications dans la classification des types et la fixation des drawbachs. L'Angleterre s'engageait seulement à appliquer le système de l'exercice dans le cas improbable où elle établirait des droits sur les sucres.

Les Chambres Hollandaises ayant refusé de ratifier cette convention, elle est restée à l'état de projet. Plusieurs Chambres de Commerce, notamment celles des ports, en avaient déjà signalé les inconvénients, spécialement l'inégalité des conditions faites aux parties contractantes, le refus de la Belgique de se soumettre à l'exercice imposé à la France et à la Hollande, et la liberté que gardait l'Angleterre en face des engagements pris par les trois autres puissances.

Le grief le plus sérieux était le régime même de l'exercice tel qu'il était déterminé par un règlement déjà préparé et publié par l'administration française. Cette surveillance permanente du service des contributions indirectes, ces prescriptions minutieuses relatives aux dispositions des locaux, cette tenue d'écritures à l'entrée et à la sortie, ces déclarations multiples, ces vérifications et inventaires souvent renouvelés auraient constitué un ensemble de mesures gênantes, nécessitant des dépenses de temps et d'argent. Leur moindre défaut eut été de n'être pas populaires. A quelles vexations, ce système n'exposait-il pas, dans des circonstances données, l'industriel le plus honorable et le moins disposé à frauder les intérêts du Trésor ?

La question reste pendante et pour la résoudre deux systèmes ont été indiqués. Les raffineurs proposent d'adopter pour la fixation des droits la règle, qui s'est établie dans le commerce, de vendre les sucres au degré, d'après l'analyse chimique. Un chimiste chargé d'analyser les échantillons serait attaché à chaque administration des douanes de nos grands ports. C'est là un moyen reconnu pratique et qui serait efficace.

Un autre système consisterait à établir un droit unique à l'entrée, un rendement unique à l'exportation des raffinés. Un droit modéré activerait sans aucun doute la consommation.

Il semble que l'on devrait se préoccuper d'abord de la consommation et que les faveurs à accorder à l'exportation ne devraient passer qu'en seconde ligne.

La consommation annuelle est aujourd'hui en France de 8 kil. 820 gram. par habitant ; elle pourrait facilement s'accroître. On y arriverait incontestablement en diminuant le prix de revient au détail. La vente à l'intérieur serait plus active et le Trésor y gagnerait.

Il y aurait un traité complet à faire sur les conditions de fabrication et de production dans les divers Etats. Une étude approfondie de tout ce qui s'est pratiqué depuis le commencement du siècle, des règlementations qui se sont succédé, des ressources actuelles de tous les pays aurait peut-être pour conclusion de démontrer que la liberté d'importation et d'exportation, et toute latitude pour la raffinerie et la fabrication ne produiraient pas des résultats plus défavorables que les lois adoptées depuis vingt et trente ans.

Ce qui est généralement demandé par les raffineurs et les fabricants, c'est que le gouvernement se préoccupe d'assurer à des intérêts qui sont considérables une plus grande et plus longue stabilité légale. Il est on ne peut plus fâcheux de voir modifier tous les quatre ou cinq ans la législation des sucres. On a même fait remarquer qu à chaque modification, nos concurrents étrangers recueillent quelque bénéfice.

Depuis le régime établi par le décret du 27 mars 1852, nous avons eu en France pour les modifier, les lois du 23 mai 1860, du 2 juillet 1862, du 7 mai 1864, du 8 juillet 1871, du 22 janvier 1872 et du 30 décembre 1873.

Les résultats de ces diverses réglementations tant pour la France en général que pour Marseille spécialement, sont présentés dans le tableau ci-contre.

SUCRES.

Quantités en millions de kilogs.

ANNÉES	IMPORTÉS EN FRANCE des Colonies françaises	des autres pays	Fabriqués de production indigène	IMPORTÉS A MARSEILLE des Colonies	d'autres pays	Consommés en France	Exportés BRUTS de Marseille	Exportés RAFFINÉS de Marseille	Exportés RAFFINÉS de toute la France	PRIX à Paris par 100 k. Prix moyen
1827	59	0.9	4	»	»	54	»	»	»	120
1836	66	1	48	»	»	96	»	»	»	125
1846	78	15	60	»	»	128	»	»	»	125
1856	93	32	94	»	16	167	»	26	35	140
1857	84	51	111	»	18	170	»	24	34	135
1858	116	39	158	»	20	200	»	37	56	130
1859	93	59	131	»	24	185	»	35	53	»
1860	115	46	108	»	26	198	»	30	51	120
1861	113	85	140	28	33	235	»	35	52	125
1862	104	109	161	26	71	244	»	47	79	125
1863	127	112	142	36	48	253	2.5	58	103	130
1864	80	134	135	14	40	207	3.8	56	111	140
1865	84	134	209	17	79	237	8.2	74	138	140
1866	100	82	246	19	20	268	7.3	58	111	135
1867	99	78	236	18	24	266	2.9	45	109	130
1868	85	105	238	18	37	266	3.4	42	102	140
1869	86	115	242	20	48	267	10.4	47	121	170
1870	94	95	277	28	48	243	3.8	44	125	180
1871	77	79	336	13	22	287	3.9	30	98	160
1872	75	90	375	19	39	185	6.9	45	178	155
1873	80	95	415	17	29	251	6.1	47	194	151
1874	80	78	431	17	29	234	6.3	56	185	150
1875	92	111	473	24	26	258	6.2	52	215	145

Depuis 1860 l'importation des sucres coloniaux a dimi
nué d'un quart en France et presque de moitié à Marseille. L'introduction des sucres étrangers a aussi diminué,
mais dans une proportion bien moins sensible.

Voici comme termes de comparaison avec ces impor-
portations, les quantités de sucres bruts indigènes arrivées à Marseille par nos gares :

1864........	18.000.000 kilog.
1865..........	18.000.000 »
1866...	28.000.000 »
1867..........	22.000 000 »
1868..........	6.000.000 »
1869..........	7.000.000 »
1870..........	5.000.000 »
1871..........	15.000.000 »
1872..........	28.000.000 »
1873..........	25.000.000 »
1874..........	34.000.000 »
1875..........	27.000.000 »

La consommation générale qui s'était accrue de près
de 90 0/0 de 1840 à 1860 s'est augmentée de 25 0/0 depuis
1860.

Depuis 1852, d'après les moyennes des cinq premières
et des cinq dernières années, l'exportation des sucres
raffinés a augmenté pour Marseille de 110 0/0, tandis que
pour toute la France, elle augmentait de 397 0/0.

Noire ville n'a donc pas eu sa part normale dans la
progression de la fabrication et de l'exportation. Les
principes suivis par nos législateurs depuis 1860 ont été
désastreux pour l'industrie de la raffinerie et le commerce
des sucres à Marseille. Aussi au lieu de cinq raffineries
que nous avions en 1850 et en 1860, n'en avons-nons que
deux actuellement.

Il est utile de comparer les exportations de sucre raffiné de France dans les pays avec lesquels nous avons eu
des traités de commerce.

Valeurs en millions de francs.

	Angleterre.	Belgique.	Allemagne.	Suisse.	Italie.
1862.........	4	»	»	5	12
1863........	6	1	0.4	6	19
1864........	11	0.2	0.4	6	22
1865........	11	1	0.3	7	28
1866........	7	1	»	5	20
1867........	13	1	»	6	9
1868........	13	1	»	7	10
1869........	20	1	»	6	11
1870........	24	8	»	6	8
1871........	19	24	3.8	3	6
1872........	36	19	12.8	8	11
1873........	44	4	9.5	9	8
1874........	53	14	10	10	11
1875........	66	10	11	11	8

Ainsi, tandis que les exportations de sucre raffiné augmentent de France en Angleterre, en Belgique, en Allemagne et en Suisse, elles diminuent en Italie. C'est notre
production marseillaise qui est spécialement atteinte dans
la réduction du chiffre des envois pour ce dernier pays.
Il s'est établi des raffineries en Italie, notamment aux environs de Gênes et nous avons de ce côté une concurrence
sérieuse à redouter.

C'est ce qui ressort encore plus clairement du tableau
ci-contre, présentant, en millions de kilogrammes, les
exportations de Marseille pour les points principaux du
littoral de la Méditerranée.

Quantités exprimées en mille tonnes.

SUCRES RAFFINÉS.

EXPÉDIÉS DE MARSEILLE POUR

ANNÉES	L'ITALIE	L'ALGÉRIE	L'ESPAGNE	L'AUTRICHE	LA TURQUIE l'Égypte et les États barbaresques	LA GRÈCE	LA RUSSIE	par LES GARES
1862	17	4	0.1	1.8	17	2.8	»	»
1863	25	4	0.6	4.3	16	2.7	»	»
1864	23	4	0.4	2	17	3	»	6
1865	30	5	0.06	1.8	22	3.9	»	3
1866	24	5	0.02	1.7	17	3	2	2
1867	11	5	0.04	0.1	19	2.8	2	1
1868	11	5	0.08	1.4	18	1.6	1	6
1869	11	5	0.5	1.2	21	3.4	1	9
1870	9	6	1	0.06	15	2.8	1	9
1871	4	5	1	»	11	1.7	1	9
1872	11	6	1	0.9	16	2.4	2	6
1873	11	7	2	0.1	19	3.1	3	9
1874	13	7	1	»	22	3	5	10
1875	13	7	2.6	0.2	20	3.5	5	15

D'une moyenne de 26.000.000 kilogr., nos envois en Italie sont descendus à 9.000.000.

Nos expéditions en Autriche sont devenues insignifiantes. Nous fournissons très-peu à la consommation espagnole: les quantités ont toutefois une tendance à augmenter chaque année.

Une tendance analogue se manifeste dans nos envois en Russie. Ce débouché peut prendre beaucoup d'importance,

La Grèce, la Turquie et l'Egypte continuent à recevoir tout leur sucre de Marseille. Les quantités augmentent d'une manière peu sensible. Nous avons à craindre que la Turquie ne s'approvisionne par l'Autriche, auprès des pays étrangers, à cause de la facilité de transport qu'offrent la navigation du Danube et les chemins de fer allemands.

Nous alimentons exclusivement la consommation de de l'Algérie qui s'accroit d'année en année ; et nos envois par les gares sont également en voie de progression.

Jusqu'à présent, nos expéditions de sucre dans l'Asie Méridionale n'ont pas été considérables. Elles sont susceptibles de recevoir de ce côté beaucoup plus d'extension.

En résumé, il s'est produit pendant les dernières années un mouvement considérable dans les exportations de sucre raffiné de France pour les pays du Nord. Pour les contrées du littoral Méditerranéen alimenté par Marseille, l'augmentation est loin d'avoir suivi la même proportion.

Si l'on entre en pourparlers pour de nouveaux accords avec les puissances qui avaient signé la Convention de 1864, il est donc nécessaire que l'on tienne compte de cette différence et que l'Italie pas plus que l'Allemagne ne restent en dehors des arrangements à intervenir.

Le département des Bouches-du-Rhône tient le premier

rang après celui de la Seine dans la production du sucre
des raffineries. Cette production s'est élevée en 1874 à
75.000 tonnes. Cette industrie mérite donc, par son importance, par les capitaux qui y sont intéressés, et par le
nombre de personnes auxquelles elle procure du travail,
toute la sollicitude du gouvernement.

IV

VINS

—

Dès l'application du système de libre-échange, le commerce marseillais se mettait en mesure d'exporter ses vins sur l'Angleterre. Les tentatives des premières années eurent peu de succès : les vins expédiés n'etaient pas d'une qualité qui pût les faire apprécier, et d'autre part les brasseurs anglais, pour maintenir à leurs produits la faveur de la consommation locale, avaient amélioré leur fabrication et baissé leurs prix.

Le chiffre des exportations du port de Marseille en Angleterre était de 5,000 hectolitres en 1863 ; il était doublé en 1864, mais, depuis lors, il n'a fait que diminuer. En 1872, il n'atteignait pas 2,000 hectolitres, et en 1874, il etait même inférieur à 1,000 hectolitres.

Les principaux débouchés pour les vins expédiés de notre port sont l'Egypte, les Etats-Unis, le Brésil, la Turquie, l'Algérie et les colonies. Depuis quelques années, l'Amerique du Sud et les colonies nous demandent des quantités de plus en plus considérables.

Le tableau ci-contre indique la production en France, ainsi que l'importation et l'exportation du vin depuis dix ans, tant pour l'ensemble de la France que pour Marseille en particulier.

VINS

Quantités en mille hectolitres.

ANNÉES	PRODUCTION en FRANCE	pour TOUTE LA FRANCE		PAR MARSEILLE seulement	
		Importation	Exportation	Importation	Exportation
1847	54.000	3	1.400	»	»
1857	35.000	620	1.100	»	»
1860	39.000	200	2.000	18	170
1861	29.000	251	1.800	5	170
1862	37.000	121	1.900	5	200
1863	51.000	103	2.000	10	240
1864	50.000	120	2.300	13	220
1865	68.000	99	2.800	13	290
1866	63.000	81	3.200	15	400
1867	39 000	203	2.600	18	260
1868	52.000	395	2.800	38	320
1869	70.000	378	3.000	53	400
1870	53.000	126	2.800	20	300
1871	56.000	147	3.300	20	340
1872	50.000	518	3.300	76	370
1873	35.000	643	4.000	59	340
1874	63.000	680	3.200	78	320
1875	83.000	291	3.700	41	323

Les exportations de vins pour l'Algérie, du port de Cette, comparées avec celles du port de Marseille, sont résumées dans le tableau suivant, par mille hectolitres.

	Cette.	Marseille.
1865........	305	15.9
1866........	368	9.7
1867........	315	9
1868........	322	18
1869........	303	10.2
1870........	320	9.3
1871........	357	6.7
1872........	309	6.9
1873........	226	7.6
1874........	250	4.5

Nos envois pour cette destination ont donc diminué, et il en est de même de ceux de Cette, vis-à-vis desquels les nôtres ne sont que dans une très-minime proportion.

La loi de notre siècle, en vertu de laquelle les débouchés attirent les affaires et les affaires multiplient les debouchés, la loi qu'on peut appeler des agglomerations, puisqu'elle constate l'accroissement de l'activité par celui de la population et celui de la population par celui-là même de l'activité, en viendra aussi à faire reconnaître que les grandes expéditions ont avantage à se faire par les grands ports.

Les petits ports de la Méditerranée, les uns par la vapeur, comme ceux d'Agde, de Cette, de Nice, les autres par la voile, comme les Martigues, Arles, Barcarès, La Nouvelle, etc., n'ont pas d'intérêt plus direct que d'être les succursales du port de leur métropole sur la Méditerranée. Ils auront tout avantage à se rattacher à lui pour communiquer avec ces contrées lointaines où Marseille a le souci et le devoir d'entretenir des relations sûres, suivies, en même temps qu'elle possède les meilleures chances pour les rendre fructueuses, réellement profitables. C'est ainsi qu'ils aideront notre port dans sa lutte contre les grands ports italiens et anglais. Le petit cabotage, suppléant à l'insuffisance des chemins de fer, doit être une partie de l'aliment de la grande navigation dont toute la France a besoin et pour laquelle elle a le droit de compter sur tous les concours.

Les importations des liqueurs et des vins d'Italie à Marseille ou même en Amérique par Marseille, Cette et Bordeaux, ont pris un certain développement depuis quelques années. Il n'est pas inutile de rappeler que la France a reçu en totalité 680,000 hectolitres de vin en 1874. La majeure partie provenait d'Italie. il y aura là le sujet d'une préoccupation pour les négociateurs du futur traité de commerce.

Il y a lieu aussi de mentionner les essais de culture de la vigne tentés en Algérie. Les résultats ont paru encourageants aux propriétaires ; cette culture prend de jour en jour plus d'importance. Depuis quelques années, Marseille reçoit une certaine quantité de vins, récoltés en Algérie, et qui ont leur destination spéciale dans l'intérieur de la France.

Les exportations d'eau-de-vie par notre port sont moins importantes aujourd'hui qu'elles ne l'étaient il y a dix ans. Les expéditions se totalisent par des quantités variant autour de 20,000 hectolitres. Les exportations totales de la France en eau-de-vie, alcool, etc., se sont élevées, en 1874, à 5,014,000 hectolitres. Il suffit de mentionner ces chiffres pour indiquer ce que notre place pourrait gagner comme importance de trafic en ce qui concerne ces divers articles.

V.

CAFÉS

—

Quantités en millions de kilogrammes.

	Importés en France.	Exportés de France.	Consommés en France.	Importés à Marseille.
1859.....	49.7	18.8	30	11
1860.....	64.6	21.5	34	20
1861.....	64.3	27.6	37	15
1862	63.8	19.3	37	14
1863.....	65.4	20 2	39	13
1864.....	54.1	23.0	40	15
1865.....	73.8	25.4	43	17
1866.....	67.6	25.5	44	12
1867.....	78.5	30.7	47	19
1868.....	91.6	29.1	52	16
1869.....	84.5	31.0	50	18
1870.....	70.0	23.2	76	15
1871.....	59.4	18.6	40	14
1872.....	41.4	18.8	16	10
1873.....	77.8	21.5	44	20
1874.....	64.8	28.0	38	20
1875.....	91.2	32.0	48	24

Comme on le voit par le tableau qui précède, Marseille reçoit une quantité de cafés variant entre le tiers et le quart de tout ce qui alimente à la fois en France le commerce général et la consommation. La proportion de nos arrivages sur l'ensemble a été plus forte avant 1865 qu'elle n'a été depuis. On peut en trouver la cause dans l'établissement de lignes directes de navigation entre d'autres ports français et l'Amérique.

De 1858 à 1863, les quantités de cafés arrivées au Havre avaient presque triplé. Chez nous, elles étaient à peu près stationnaires ; aussi, le prix des cafés à l'entrepôt de Marseille avait augmenté de 50 0/0. Notre ville, à cette époque, avait perdu le transport sur Paris des cafés Moka. Cette sorte arrivait à notre capitale par Londres et par le Havre. Il en était de même pour l'Italie. En 1864, on constatait que cette branche de commerce était en décroissance, non-seulement pour Marseille, mais aussi pour toute la France.

Jusqu'alors, le café avait été, comme le sucre, la monnaie avec laquelle on payait exclusivement, dans le Brésil, les produits de notre sol ou de notre industrie nationale, et cette même monnaie nous servait, une seconde fois, pour payer, dans le Levant, les riches cargaisons de soies, de cocons, cotons, laines, huiles et blés, etc., que nous en recevions. En 1860, Marseille recevait 13,934 tonnes de café du Brésil. Les provenances de ce pays ont subi diverses variations ; en 1865, elles n'étaient guère que de la moitié ; elles se sont relevées depuis lors. En 1874, nous trouvons le chiffre de 10,000 tonnes. Les communications télégraphiques établies depuis deux ans avec ce pays, permettant de demander et de recevoir en trente jours ses produits, contribueront à faciliter de plus en plus cette branche de commerce et à activer les arrivages aux moments opportuns.

L'année 1867 avait vu se produire une baisse notable sur le prix des cafés ; depuis, la hausse s'est faite et s'est accentuée, notamment en 1871. A la fin de cette même année, notre stock étant presque nul, nos négociants durent avoir recours aux marchés du Havre et de Bordeaux. Même insuffisance en 1872. L'année suivante, la production continue à n'être pas en rapport avec l'accroissement de la consommation, et le mouvement de hausse se poursuit jusque vers la fin de l'année 1874.

On peut considérer désormais la place de New-York comme le marché régulateur du prix des cafés.

Le Brésil et les Indes sont les pays qui nous en fournissent les plus grandes quantités. Il y a lieu d'espérer que nous recevrons de plus en plus du Moka. Les relations directes que nous avons avec Suez permettent d'y compter. La Compagnie des Messageries Maritimes, avec ses services actuels, ne suffit plus aux expéditions du littoral asiatique. Il est à désirer que cette Compagnie augmente ses services sur Aden, afin que les négociants de ces régions et leurs correspondants français ne soient pas obligés d'avoir recours à des Compagnies étrangères.

VI.

HUILES

HUILES D'OLIVES

Par mille tonnes

	Importations entrées en France	Exportations de France	Importations à Marseille
1862.......	26	6	20.5
1863.......	22	8	16.8
1864.......	25	9	14.8
1865.......	30	10	10.5
1866.......	30	8	14.5
1867.......	24	7	10
1868.......	18	5	12
1869.......	40	7	17
1870.......	15	5	10
1871.......	26	6	22
1872.......	21	8	16
1873.......	37	8	17
1874.......	23	7	15
1875.......	32	8	22

On voit que notre place a toujours fait plus du tiers et souvent plus de la moitié du commerce des huiles d'olives de toute la France. Toutefois le chiffre de l'importation n'est pas généralement plus élevé aujourd'hui qu'il y a 15 ou 20 ans. On peut même dire qu'il est plus faible.

Les acheteurs s'approvisionnent directement dans les pays mêmes de productions : en Provence, en Calabre, à Nice, à Tunis ou en Algérie. Malgré l'abaissement des droits de douanes de 6 francs à 3 francs les 100 kilog. en 1865, cette mesure n'a pas contribué tout d'abord à augmenter les importations. Les arrivages annuels de cette denrée sur notre place dépendent en premier lieu de l'abondance de la récolte et ensuite de l'activité du travail de la savonnerie qui l'emploie pour sa fabrication.

Notre place expédie environ 4 millions de kilogrammes d'huile d'olive en moyenne par année.

Les exportations se font dans l'intérieur de la France, aux Colonies, sur la Suisse et sur l'Allemagne. Elles étaient d'environ deux millions de kilog. en 1860 ; elles se sont augmentées graduellement jusqu'au chiffre de 4 millions de kilog. en 1874.

La diminution progressive des importations et arrivages par terre d'huiles d'olives a été corrélative de l'accroissement qu'ont pris nos huileries et de l'abondance de plus en plus considérable des graines oléagineuses sur notre place.

HUILES DE GRAINES

Quantités en mille tonnes

	Importées en France	Exportées de France	Exportées de Marseille	
			Par chem. de fer	A l'étranger
1860.......	17	15	14	»
1861.......	14	9	14	»
1862.......	12	12	14	1
1863.......	8	15	14	2
1864.......	11	15	11	4
1865.......	17	16	13	3
1866.......	16	19	13	4
1867.......	8	14	14	7
1868.......	14	19	11	10
1869.......	10	15	16	7
1870.......	9	12	17	9
1871.......	9	11	25	3
1872.......	5	16	34	18 (1)
1873.......	5	12	»	4
1874.......	16	17	»	6
1875.......	10	19	»	5.8

Les traités de commerce conclus, il y a dix et douze ans, ne paraissent pas avoir déterminé un accroissement sensible dans nos exportations d'huile à l'étranger. Pour ce qui concerne l'Italie, notamment le pays qui devrait recevoir le plus de Marseille, nos envois d'huiles de graines ont été relativement insignifiants ; en effet, sauf les années 1870 où ils ont valu 300.000 francs, 1871 où ils ont été de 400.000 francs et 1873 où ils se sont élevés à

(1) Ces deux chiffres sont reproduits ici tels qu'ils sont donnés par les états de situation de la Chambre de Commerce.

un million, les relevés de la Douane (Annales du Commerce extérieur) ne les jugent pas assez importants pour être mentionnés. Il faut noter cependant que cette branche d'exportation a atteint le chiffre de 1.800.000 francs en 1875.

L'Italie a construit récemment beaucoup d'huileries, et à moins d'avantages particuliers que nous assurerait le futur traité de commerce, il ne faut pas compter sur ce pays pour nos exportations ; il y aurait lieu plutôt de craindre jusqu'à un certain point la concurrence qui en peut résulter.

Mais Marseille a d'autres débouchés : nous avons à alimenter d'abord nos fabriques de savons et ensuite l'intérieur de la France et l'étranger. La savonnerie marseillaise consomme un tiers environ, en moyenne, de notre production. C'est sur l'Algérie que nous dirigeons la plus grande partie du surplus. L'Autriche, la Russie, l'Angleterre nous en demandent aussi parfois des quantités importantes.

La fabrication de l'huile tient désormais une des premières places dans l'industrie marseillaise.

Il n'y avait au commencement de ce siècle dans notre ville qu'une dizaine de moulins à huiles de forme primitive, servant seulement à la trituration des olives. On y comptait seize fabriques à huile en 1850, 33 en 1860 ; le nombre est actuellement de 42 pour l'huile de graine, dont 33 fonctionnent au moyen de la vapeur, 6 sous l'action de l'eau et 3 à la fois au moyen de l'eau et de la vapeur.

Ce sont les deux grands faits commerciaux qui se sont produits en 1869, l'assimilation des pavillons et le percement de l'isthme de Suez qui, en créant des facilités nouvelles et en permettant d'augmenter encore le chiffre

considérable de nos importations de graines, ont donné
un si grand développement à cette industrie dans notre
ville.

La quantité d'huile produite à Marseille a toujours été
de beaucoup supérieure aux importations de toute la
France. Quant aux exportations, nous manquons des éléments nécessaires pour en établir les chiffres exacts,
attendu qu'une bonne partie livrée aux gares à Marseille est destinée aux pays du nord de l'Europe. Mais
on remarque facilement par les données du tableau ci-
contre que nos fabriques contribuent à alimenter la plus
grosse part sinon la totalité des envois français à l'é-
tranger.

D'ailleurs Nice qui fabrique aussi une certaine quantité
d'huiles envoie à Marseille, pour être de là réexpédiée à
l'étranger, la majeure partie de ses produits.

En présence de la nécessité pour le gouvernement de
recourir à de nouveaux impôts afin d'équilibrer le budget,
les fabricants d'huile avaient craint d'abord l'application
d'un droit de douane sur les graines importées. C'est le
droit d'accise qui les a frappés.

Cette taxe n'est perçue que dans les villes de 4,000 habitants au moins et d'après un tarif gradué suivant l'importance de la population.

Il en résulte au profit des populations rurales une
différence que rien ne justifie.

Cet impôt est de fr. 15 par 100 kilos, soit le 1/5 environ
de la valeur du produit, ce qui est énorme. Aussi la contrebande qui procure un gain considérable est-elle des
plus actives. Les moyens employés pour la réprimer ont,
pour effet, comme il arrive toujours, de gêner le commerce loyal et la grande industrie. De plus la distinction
entre les huiles concrètes exemptes d'impôts et les huiles
non-concrètes qui sont taxées, est des plus difficiles à
établir, même pour des hommes du métier. Les chances

de fraude sont plus considérables pour cet exercice que pour tout autre.

La somme de cinq à six millions que l'Etat retire de cette taxe ne semble pas en rapport avec les très-graves inconvénients qui résultent de son application.

Les fabricants ont, au mois d'avril dernier, adressé une demande au Président de la République à l'effet d'être dégrevés de cet impôt. La Chambre de Commerce a appuyé cette pétition de son avis favorable et il y a tout lieu d'espérer qu'il y sera fait droit au moins dans une certaine mesure.

La Commission du budget a rejeté, pour cette année, tout dégrèvement sur cet article. Mais une réclamation aussi fondée, appuyée par tout ce que notre ville compte d'influences, ne peut manquer d'être prise en considération.

Nous avons réuni dans le tableau ci-contre les indications concernant le commerce des graines oléagineuses, tant pour Marseille que pour toute la France.

GRAINES OLÉAGINEUSES

Quantités en millions de kilogr.

ANNÉES	Importées en France	Exportées en France	Importées à Marseille	Livrées à la trituration à Marseille	Tourteaux produits à Marseille
1853	79	»	70	»	»
1859	140	11.0	106	96	»
1860	134	6.5	109	114	»
1861	168	9.5	103	106	»
1862	156	14.3	118	117	68
1863	149	15.9	103	107	64
1864	201	11.6	116	104	72
1865	211	15.3	137	127	84
1866	169	15.0	106	130	71
1867	216	14.1	140	130	89
1868	240	11.1	170	148	106
1869	258	14.6	166	173	102
1870	229	18.4	184	181	115
1871	298	17.9	173	165	111
1872	259	13.6	167	176	116
1873	328	12.7	191	196	122
1874	311	17.0	207	158	127
1875	393	20.0	222	195	136

8.

Les chiffres de ce tableau montrent que c'est par Marseille qu'arrivent à peu près les deux tiers des graines grasses entrant en France.

C'est vers 1835 qu'eurent lieu à Marseille les premières importations de graines oléagineuses. Cette branche de commerce a pris d'année en année des proportions qui ont certainement dépassé les plus larges prévisions des premiers importateurs. L'abondance de ces graines que nous envoie surtout la côte d'Afrique et le Levant a souvent contrebalancé dans l'intérieur les effets pouvant resulter des hauts prix des colzas, et la pénurie des récoltes d'olives.

Les arachides forment actuellement la plus forte partie de ces importations.

Les arrivages de sésame du Levant qui étaient si importants avant 1860, avaient à peu près diminué de moitié en 1867. Ils se sont relevés depuis pour diminuer encore dans une proportion considérable en 1874. Les quantités de sésame de l'Inde et d'arachides arrivées à Marseille ont plus que doublé depuis dix ans. Quant aux graines de coton, elles ont presque décuplé ; les colzas et les ravisons ont aussi augmenté dans une forte proportion.

Les graines oléagineuses nous sont fournies par le Midi de l'Europe, l'Asie et l'Afrique. Les graines de lin nous viennent de Russie ; la diversité de ces provenances garantit une moyenne de récolte annuelle pouvant toujours alimenter le travail de nos fabriques. Quant aux débouchés, ils sont illimités. L'avenir de cette industrie paraît donc assuré ; elle attend le dégrèvement de la taxe qui frappe ses productions, taxe qui la ruine pour enrichir les huileries d'Italie.

Les tourteaux de lin ont toujours eu un débouché considérable en Angleterre, où ils sont employés à la nourriture des bestiaux. Leur prix est de 21 à 24 fr. 50 les 100 kilog.

Celui des tourteaux d'arachides qui peuvent être employés au même usage est de 10 à 15 fr. Il nous paraît que l'agriculture n'a pas, jusqu'à présont utilisé cette denrée autant qu'elle l'aurait pu. Son emploi ne peut manquer d'être de plus en plus connu, car il est hors de doute qu'i est avantageux. Il y a lieu d'esperer que cet article sera demandé en France plus qu'il ne l'a été. Peut-être un abaissement de tarifs des chemins de fer en favorisant cette branche de trafic, tout en augmentant la recette du transporteur, serait-il éminemment utile aux intérêts de l'agriculture et de notre commerce. Il y a là une ressource à exploiter pour l'avenir.

VII

SAVON

—

Quantités par mille tonnes.

	Exportations de France.	Fabrication à Marseille.
1859..........	9.4	60
1860..........	8.0	58
1861..........	9.1	55
1862..........	9.5	50
1863..........	11.0	48
1864..........	10.6	45
1865..........	9.8	43
1866..........	9.7	44
1867..........	9.8	55
1868..........	14.3	60
1869..........	14.7	70
1870..........	11.3	70
1871..........	12.7	55
1872..........	15.2	48
1873..........	13.4	50
1874..........	13.7	72
1875..........	13.8	80

Les exportations de savon de notre place par mer étaient de 6 millions de kilos en moyenne, de 1860 à 1865. La moyenne des cinq dernières années est de 8 millions.

L'Algérie, les Etats-Unis, l'île Maurice et la Réunion sont les contrées qui nous demandent le plus de savon.

....

Nous avions, en 1850, 39 usines en activité ; en 1860, 48 ; nous en comptons actuellement 99, occupant 902 ouvriers et employant des moteurs à vapeur d'une force totale de 731 chevaux. Néanmoins cette branche d'industrie si ancienne à Marseille rencontre aujourd'hui des difficultés qui compromettent singulièrement son avenir.

Dès 1862, la Chambre de Commerce signalait l'état d'infériorité dans laquelle se trouve la fabrication marseillaise, par suite du droit de douane sur les huiles et du droit d'octroi dont la ville les frappe à son tour. Elle faisait remarquer que les usines rivales, introduisant non-seulement des matières exemptes de droit de douane, mais aussi des corps inertes dans leur fabrication, produisaient et livraient à plus bas prix des savons de qualité inférieure, il est vrai, mais qui n'en supplantaient pas moins ceux dits de Marseille, dont la réputation est ancienne et méritée. Le malaise de cette industrie et les causes qui l'occasionnent etaient rappelées les années suivantes. Les fabricants obtinrent d'abord la livraison en franchise des sels employés directement par eux pour la savonnerie. En 1866, le droit de douane sur les huiles de toute provenance était réduit de 6 a 3 francs. Mais le droit d'octroi a été maintenu et les fabricants ont continué à faire entendre leurs plaintes.

Ces plaintes sont devenues particulièrement vives depuis l'application de la loi de 1873 qui soumet à l'exercice la fabrication des savons.

Nos législateurs, préoccupés de la nécessité de combler les vides budgétaires, imaginèrent d'imposer la savonnerie dont ils supposaient sans doute les bénéfices considérables. Les représentants de cette industrie, appelés à fournir leurs observations, ne laissèrent pas ignorer au gouvernement les inconvenients qui résulteraient de cette taxe. Mais il fallait se soumettre à la nécessité. Ils acceptèrent de tenter l'expérience ; ils demandaient seulement un droit de 3 francs par 100 kil. La Commission l'a fixé à 5 francs.

Le résultat de l'expérience n'a pas été favorable au maintien du droit d'accise. L'administration du fisc avait calculé les recettes probables qui en résulteraient sur une production totale de 240 millions, soit, en défalquant le savon livré à l'exportation ou à l'industrie, une quantité de 215 millions de kilog. C'était 10 millions qui devaient entrer dans les caisses de l'Etat. Or, en 1874, le rendement n'a été que de 5,333,000 fr., c'est-à-dire qu'on a atteint la moitié de la production imposable. En 1875, le résultat a été le même.

La fabrication qui échappe à la taxe fait une heureuse concurrence à celle qui est frappée. Tout l'avantage d'ailleurs est du côté de la première, car elle peut employer soit des huiles non assujetties à l'impôt, soit des corps gras de qualité inférieure, la savonnerie loyale est donc écrasée. Persévér dans cette voie, c'est offrir en prime à la fraude toute la qualité de la recette obtenue.

Maintenant, le fisc est-il incapable d'atteindre les produits dont il n'est pas parvenu jusqu'à présent à constater l'existence? A-t-il usé de tous les procédés possibles de contrôle, de surveillance et de recherches? Nous croyons qu'il ne peut pas faire plus qu'il n'a fait. Sa réglementation a été excessive, minutieuse et gênante pour les usiniers qui ont cessé d'être maîtres chez eux, tout en ayant en apparence conservé leur liberté. C'est ainsi que s'ils ont à modifier la proportion du corps gras qui entre dans une cuite de savon, ils ne le peuvent pas sans l'intervention de l'agent du Trésor et ils doivent attendre sa présence pour continuer leurs opérations.

Le régime inquisitorial de l'administration des contributions indirectes enlève à un fabricant tout l'avantage qui résulterait pour lui de la découverte de quelques nouveaux procédés, ce secret n'étant plus possible.

C'est ainsi que la grande fabrication subit seule les deux inconvénients de l'accise : la taxe et la réglementation, tandis que tout le profit est pour la fabrication clandestine.

Il y a trente ans, la même taxe existait en Angleterre sur les savons. Elle a dû être supprimée ; cette industrie était en pleine décadence et sur le point de disparaître.

L'expérience aura sans doute chez nous le même résultat.

Une délibération de la Chambre de Commerce, prise en vue de demander que cet impôt soit aboli, a été transmise par les fabricants au Président de la République, et il y a tout lieu de croire qu'il y sera donné une suite favorable. Il serait au moins de toute nécessité que le décret du 8 janvier fût revu et corrigé, et que l'expérience acquise servit à le modifier dans le sens libéral, en attendant qu'une réforme générale débarrasse de cette réglementation défectueuse une industrie essentiellement locale.

VIII

SUIF BRUT ET SAINDOUX

Par mille tonnes.

	Importations en France.	Exportations de France.	Importations par Marseille.
1859.........	2.4	3.2	»
1860.........	4.5	3.7	»
1861.........	10.7	3.6	1
1862.........	35.7	6.4	7
1863.........	42.0	7.3	17
1864.........	26.1	5.4	10
1865.........	17.2	5.0	6
1866.........	21.5	5.3	5
1867.........	38.4	9.3	11
1868.........	30.0	16.0	10
1869.........	37.9	13.3	7
1870.........	32.5	12.7	7
1871.........	40.0	4.7	9.3
1872.........	46.6	6.2	9.3
1873.........	36.4	8.1	10.9
1874.........	21.4	8.6	5.5
1875.........	15.4	19.7	3

Pendant la guerre d'Amérique, les producteurs de saindoux trouvant fermé le débouché qu'ils avaient auparavant dans ce pays, ont commencé à faire de fortes expéditions sur notre marché. La savonnerie a pu, dés lors, les employer, ce qu'elle n'avait pas été à même de faire depuis 1846 à cause de l'élevation des prix. La stéarinerie des provinces méridionales de la France en fait également un grand usage.

C'est de Russie, d'Italie, des Etats-Unis, de la Plata que nous recevons les plus grandes quantités de graisse.

Les quantités consommées à Marseille sont en raison inverse de l'abondance des récoltes des huiles d'olive qu'on emploie de préférence dans la fabrication des savons, car ce n'est qu'à défaut de cette dernière qu'on utilise les graisses.

Cette consommation a été la suivante, pendant les cinq dernières années :

1871	142.059 kil.
1872	908.749
1873	591.944
1874	371.806
1875	111.631

Les exportations de cet article ont été en moyenne pendant ces dernieres années d'environ un million de kilogrammes. En 1874, nous avons expédié 1,353,000 kilogrammes.

Les arrivages dans notre port forment moins du quart des importations totales en France. Nous pourrions en recevoir bien davantage, surtout si les fabriques de savon et les stéarineries de l'Italie venaient à nous demander des approvisionnements. Seulement, jusqu'à ces dernières années, l'Italie nous a envoyé des graisses plntôt que d'en recevoir de nous.

PEAUX BRUTES ET PELLETERIES.

Quantités exprimées par mille tonnes

	Importées en France.	Exportées de France.	Importées à Marseille.
1859..........	36	12.2	7.000 T
1860..........	46	10.9	14.000
1861..........	40	9.2	13.000
1862..........	34	9.7	8.934
1863..........	48	13.0	12.551
1864...........	46	11.8	11.288
1865...........	49	11.8	12.465
1866..........	50	13.1	12.960
1867..........	60	16.2	15.687
1868..........	61	12.2	16.675
1869..........	65	15.5	15.114
1870	54	20.0	16.716
1871..........	36	21.6	12.312
1872..........	58	18.8	19.962
1873.....	64	16.9	18.225
1874..........	71	21.0	19.586
1875..........	78	19.0	19.852

Les chiffres du commerce spécial pour l'ensemble de la France sont de beaucoup inférieurs dans le principe à ceux du commerce général, notamment en ce qui concerne l'exportation, et tendent à s'en rapprocher pendant les dernières années. Ce qui indique que les peaux brutes et pelleteries expédiées à l'étranger sont en plus grande quantité que précédemment, des produits français ou francisés.

Les importations de cuirs sur notre place avaient atteint leur maximum en 1857. Elles avaient doublé depuis dix ans et se totalisaient par un chiffre de 997,739 cuirs.

A partir de 1858 les quantités ont baissé graduellement. Les négociants en cuirs établis à Paris, ont trouvé plus de convenance à faire arriver dans les ports du Hâvre et d'Anvers les marchandises qu'auparavant ils recevaient à Marseille. A l'avantage de les avoir sous la main, s'ajoutait pour eux la facilité de les réaliser dans un centre de consommation de très-grande importance.

• En même temps, Gênes et Livourne ont fait une concurrence heureuse à nos réexportations pour l'Italie Méridionale et la Grèce. Les expéditions de la Plata pour Gênes étaient beaucoup plus importantes que pour Marseille en 1867.

C'est toujours de la Plata que nous sont venues les plus grandes quantités de cuirs et de peaux de moutons.

Les peaux de chèvres nous viennent principalement du Maroc et de l'Algérie.

Il nous arrive depuis quelque temps des peaux de chèvres tannées dans les Indes, connues sous le nom de peaux de chèvres anglaises qui nous font une concurrence regrettable. Les matières premières et la main-d'œuvre étant à vils prix aux Indes, tandis qu'elles se paient très-cher en France, ces peaux sont vendues à un bon marché qui leur attire des acheteurs malgré la supériorité du tannage français.

C'est pour lutter contre cette concurrence que la Chambre de Commerce demande le dégrèvement du droit de fr. 3 pour 0/0 kilog. que paient les peaux brutes importées pour notre fabrication.

La France a expédié en Espagne pour 3.600.000 francs de peaux brutes et pour 3.200.000 francs de peaux préparées en 1875. L'exportation en Italie a été, la même année, de 6.200.000 francs en peaux brutes et de 6.500.000 en peaux préparées.

La tannerie était autrefois florissante à Marseille. En 1848, le nombre des tanneries était de 44 occupant

1070 ouvriers. En 1862, ces chiffres étaient réduits à 41 fabriques et 650 ouvriers. On compte aujourd'hui plus de 60 tanneurs, corroyeurs ou mégissiers. Le nombre des ouvriers dépasse 3,000.

Ces fabriques ont à soutenir la concurrence de celles créées récemment dans le département du Var et surtout en Italie où les conditions de main d'œuvre sont plus favorables.

La tannerie de notre ville reçoit du département du Var les écorces de chêne-vert dont elle a besoin. Ces écorces d'une qualité supérieure donnent beaucoup de poids au cuir. Le sumac nécessaire pour la fabrication des maroquins et des peaux de moutons est importé de Sicile.

C'est par Marseille aussi que se transbordent les expéditions de cette île pour le Midi de la France.

Marseille qui avait reçu en 1874, 19,000 tonnes de peaux brutes a expédié la même année 2154 tonnes de peaux ouvrées.

IX

LAINES.

Quantités exprimées par milles tonnes

	Importations en France	Exportations de France	Importations à Marseille	Importations à Marseille		
				du Levant	d'Algérie	d'Amérique
1861..	55	7.1	13.0	6	3.9	»
1862..	49	12.8	13.3	4.9	2.3	»
1863..	64	11.6	17.9	7.9	3.8	»
1864..	62	13.1	18.8	8	4	»
1865..	73	8.8	17.3	7	5	»
1866..	86	11.2	22.8	11	2	0.2
1867..	94	15.0	17.3	7	4	0.5
1868..	115	13 3	20.5	6	5	0.7
1869..	108	18.1	13.6	5	3	0.5
1870..	88	27.2	4.6	6	2	0.5
1871..	102	30.3	16.0	7	3	0.2
1372..	110	24.6	24.7	8	6	0.6
1873..	122	21.2	22.5	9	5	0.6
1874..	121	27.0	21.0	9	4	»
1875..	130	24.4	23.9	8	6	»

Pour cet article, les chiffres du commerce spécial sont à
peu près les mêmes que ceux du commerce général surtout pour les importations, ce qui prouve que, à peu près,
toutes les laines qui nous arrivent entrent dans la consommation. De notre port les achats se font surtout pour
Roubaix et Turcoing. Des parties de plus en plus considérables ne sont que de passage dans notre ville et vont

directement du quai à la gare sans s'arrêter à notre marché. Les envois pour le Nord auraient acquis une véritable importance si dès 1863 les prix de transport par chemins de fer avaient été un peu plus réduits. Mais la Chambre de commerce a dû solliciter pour cet article une diminution de tarifs qu'elle a obtenus seulement en 1865, alors que le courant s'était établi par Bordeaux et le Nord. Toutefois, les réductions consenties alors sur l'ensemble de nos réseaux ont été des plus avantageuses au commerce français. Les arrivages ont depuis lors augmenté sensiblement au Hàvre et à Bordeaux en même temps qu'à Marseille.

Les quantités débarquées à Marseille n'ont pas subi un accroissement proportionnel à celui du total des importations. En effet, nos importations qui formaient il y a 15 ans les 2/7 des importations totales de la France, n'en sont plus que le 1/7 pendant les dernières années, soit une diminution de 50 0/0 dans le port de Marseille pour l'approvisionnement de la France.

Ce sont les ports du Hàvre et de Bordeaux qui ont le plus profité, du développement général du commerce des laines. Anvers en reçoit toutefois des quantités bien autrement considérables, et nos ports français ont encore beaucoup à faire pour atteindre l'importance des marchés belges et anglais.

Nous recevions en 1860 de Tunis 1000 tonnes de laines et à peu près, le double du Maroc; il en a été de même pendant quelques années. Depuis lors, les expéditions de Tunis ont diminué à peu près constamment; elles sont d'une qualité inférieure et se dirigent maintenant sur l'Italie.

Les quantités reçues du Maroc sont à peu près les mêmes. Les laines de Géorgie sont celles qui sont le plus recherchées sur notre place et c'est là qu'elles trouvent l'écoulement le plus avantageux.

Les laines d'Amérique ont commencé à être expédiées à Marseille en 1866 ; les quantités ne se sont pas accrues depuis lors.

C'est en 1870 pour la première fois que nous en avons reçu de l'Inde ; mais malgré les espérances qu'avait fait concevoir la nouvelle voie par Suez, les expéditions de ce pays ont été jusqu'à present insignifiantes.

Les expéditions de l'Algérie ont sensiblement fléchi à partir de 1867, à cause de la mortalité qui a frappé l'espèce ovine dans ce pays. La province de Constantine surtout a particulièrement souffert dans cette branche de production. Mais la diminution a eu une autre cause pendant ces dernières années. Les paquebots à vapeur qui ont leur port d'attache à Dunkerque et au Hâvre, viennent sur notre littoral africain et au Maroc embarquer des laines directement pour le Nord. Il y a là une tendance qui devrait préoccuper sérieusement le commerce et la navigation marseillaise (¹).

(¹) Les compagnies de chemins de fer d'accord avec les Compagnies de Navigation ont, en 1877, établi un tarif réduit, n° 402, qui, n'étant applicable qu'aux laines de l'Algérie livrées immédiatement à la gare maritime, donne un certain fret aux vapeurs, mais n'alimente pas le commerce proprement dit de Marseille.

X

COTONS

—

Quantités exprimées par mille tonnes.

	Importées en France	Exportées de France	Importées à Marseille
1859..........	91	20	6
1860..........	139	23	6
1861..........	128	17	8
1862..........	46	17	10
1863..........	64	19	1
1864..........	78	22	28
1865..........	90	20	33
1866..........	133	34	21
1867..........	106	31	18
1868..........	129	28	22
1869..........	132	36	23
1870..........	106	45	16
1871..........	116	16	15
1872..........	114	31	19
1873........	94	39	20
1874..........	141	47	24
1875..........	143	42	22

Dans les relevés de la douane pour l'ensemble de la France, le commerce spécial, insignifiant en 1859, s'accroît ensuite d'année en année, ce qui indique des livraisons de plus en plus considérables faites à l'industrie.

Le commerce du coton avait, il y a trente ans, une certaine importance sur notre place où se concentrait la plus grande partie des cotons d'Egypte. La guerre d'Amérique ayant développé la production du Levant, a ranimé à Marseille cette branche de trafic. Pendant les quelques années qui suivirent, les bateaux à vapeurs furent insuffisants pour transporter les cotons que la Syrie, l'Egypte et l'Asie-Mineure avaient à nous expédier. Les frets devinrent très-élevés.

Le Levant nous avait envoyé près de 2,000 tonnes en 1860; il nous en expédiait 5,000 en 1862. Voici quels ont été les envois du Levant, de l'Algérie et de l'Inde depuis 1867 :

Quantités exprimées par mille tonnes.

	IMPORTATION A MARSEILLE		
	du Levant	de l'Algérie	de l'Inde
1867..........	11	0.1	0.9
1868..........	16	0.1	0.9
1869..........	18	0.2	1.9
1870..........	7	0.1	2.
1871..........	9	0.2	1.5
1872..........	10	0.2	1.
1873..........	15	0.6	0.8
1874..........	10	0.1	3.

En 1865, l'Algérie nous fournit 4,000 balles. La quantité fut encore augmentée en 1866, mais la qualité était inférieure. Depuis lors, les envois de cette colonie ont continué à baisser.

A partir de 1867 les expéditions d'Amérique ayant repris leur régularité, les importations par Marseille ont diminué, bien que la consommation générale eut doublé en Angleterre et en France.

Gênes et Barcelonne, à diverses reprises, ont essayé de faire des demandes directes aux pays producteurs. Notre

9

place reste néanmoins l'intermédiaire, soit comme marché, soit comme point de transbordement, entre les cotons que l'Egypte, la Syrie et tout le Levant fournîssent à l'Espagne et à l'Italie.

Les expéditions de l'Inde n'ont pas donné jusqu'à ce jour les résultats qu'on en avait espérés. Ils ont cependant dépassé 21,000 balles en 1874. Mais les quantités qui se dirigent de ce pays sur l'Angletere sont bien autrement considérables.

Il y a quelque chose à faire pour déterminer sur notre place des arrivages plus importants.

Le département des Bouches-du-Rhône compte 5 filatures de coton et 2 de laine occupant 73 ouvriers et mettant en mouvement 3,830 broches.

Il est bon de signaler que les exportations de tissus de coton de France en Italiequi étaient de 11 millions de francs en 1863, et de 12 millions en 1865, n'étaient plus que de 6 millions en 1872 et de 5 millions en 1873.

Nos exportations de coton en laine pour le même pays sont moins fortes actuellement qu'en 1869, où elles ont atteint 4,600,000 francs.

Nos exportations de coton en laine pour l'Espagn ont été de 8 millions en 1874, et de 3 millions en 1875.

Nos exportations de tissus de coton pour le même pays se sont constamment accrues depuis 1867. Elles ont eu une valeur de 5 millions en 1875.

SOIE.

ANNÉES	IMPORTÉE en FRANCE	EXPORTÉE de FRANCE	ARRIVÉE A MARSEILLE AU TOTAL	DE L'ASIE spécialement: CHINE, JAPON, BENGALE	VENDUE à MARSEILLE	ARRIVÉS en cocons A MARSEILLE
1861	7.000 tonnes	2.800 tonnes	2.600 tonnes	18 mille balles	8 mille balles	5 mille balles	640 tonnes
1862	7.800 »	3.300 »	2.700 »	19 »	12 »	6 »	720 »
1863	8.500 »	3.700 »	2.900 »	24 »	16 »	7 »	740 »
1864	7.300 »	3.300 »	2.300 »	23 »	10 »	7 »	740 »
1865	8.000 »	3.800 »	2.800 »	39 »	30 »	9 »	540 »
1866	7.600 »	3.400 »	3.400 »	26 »	20 »	7 »	660 »
1867	8.600 »	3.100 »	3.300 »	28 »	20 »	4 »	740 »
1868	9.500 »	3.900 »	4.300 »	40 »	28 »	4 »	570 »
1869	9.200 »	3.700 »	3.400 »	27 »	32 »	3 »	860 »
1870	7.000 »	3.800 »	2.700 »	32 »	21 »	2 »	790 »
1871	9.100 »	2.500 »	3.300 »	24 »	25 »	1 »	400 »
1872	10.900 »	4.900 »	4.800 »	23 »	20 »	4 »	1.000 »
1873	10.500 »	4.800 »	5.100 »	32 »	28 »	2 »	1.100 »
1874	12.200 »	4.500 »	6.000 »	58 »	51 »	5 »	1.300 »
1875	12.900 »	6.300 »	5.800 »	56 »	52 »	4 »	1.000 »

XI

SOIES

—

Le tableau ci-contre donne les principales indications concernant le mouvement du trafic des soies, tant en France qu'à Marseille, depuis 1860.

Le commerce spécial a suivi la même progression que le commerce général pour l'ensemble de la France.

Dès l'année 1862, la Chambre de Commerce de Marseille déclarait que l'une des conséquences du traité avec l'Angleterre en ouvrant un vaste débouché à nos produits, avait sauvé notre fabrication de la ruine. Mais vers 1866, notre marché commençait à perdre de son importance.

Marseille comme port d'arrivée, voisin de l'Espagne, de l'Italie, de la Grèce, de la Turquie d'Europe et d'Asie, de la Perse, est dans une situation privilégiée qui devrait lui donner un marché de vente plus important qu'il n'est actuellement. Les soies de la Chine et du Japon qui pourraient, dans des conditions données, y être vendues plus économiquement que partout ailleurs, ne font que traverser son territoire. Les acheteurs seraient attirés sur notre place, s'ils y trouvaient des ventes aux enchères publiques périodiques, comme il s'en trouve à Lyon et dans d'autres villes.

Les ventes sur notre place qui comprenaient autrefois le tiers des arrivages, en sont aujourd'hui à peine le dixième. Jusqu'en 1874, la Suisse et le nord de l'Italie qui achetaient des quantités considérables de soie et surtout de soie de Chine, allaient les chercher à Londres, après qu'elles avaient passé par Marseille. Il y a là une anomalie que nos commerçants ont fait disparaître en partie. Le marché de Lyon a pris de l'importance ; il reçoit directement de l'Asie et par notre ville ses approvisionnements et peut offrir des avantages aux acheteurs suisses et même italiens.

Les quantités de cocons arrivées ont graduellement augmentée d'année en année. Toutefois, un déplacement se produit à notre détriment, pour cet article. Les filateurs de Milan ayant une main-d'œuvre à meilleur marché, font venir par Marseille une grande partie de leurs cocons, de sorte que nous ne les avons qu'en transit.

Les éducateurs italiens s'imposent de très-grands sacrifices pour se procurer les meilleurs grains de vers à soie. La plus grande partie des cocons arrivant du Japon, dont le total est de 1,500,000 à 2 millions, se dirige sur l'Italie. Les 2/3 à peu près prennent cette voie, et il ne s'en distribue en France qu'un 1/3. Ces quantités ont toujours été insuffisantes. L'établissement de maisons françaises au Japon, et les relations qui en résultent, en se multipliant, permettront à nos acheteurs de se rendre compte des meilleures conditions dans lesquelles peuvent se faire leurs approvisionnements. Nos éducateurs ont d'ailleurs commencé depuis quelques années à aller acheter eux-mêmes leurs graines au pays de production, de sorte que le dépôt tend à quitter Marseille.

Le département des Bouches-du-Rhône compte 7 fileries de cocons, 15 moulineries de soie grège et un établissement mixte occupant ensemble 586 ouvriers y compris les femmes et les enfants.

XII

HOUILLE

—

	POUR TOUTE LA FRANCE Millions de tonnes.			POUR MARSEILLE Mille tonnes.			
	Impor- tation.	Produc- tion.	Consom- mation.	Importation de charbons français.	Importation de charbons étrangers.	Exportation totale de Marseille.	Expor- tation pour l'Algérie.
1847	2.1	5	12.8	»	»	»	»
1856	3.9	7	13.1	»	»	»	»
1857	4.2	7	13.1	192	86	»	»
1858	4,5	7	12.8	194	84	»	»
1859	5.4	7.4	13.2	225	83	»	»
1860	5.7	8.3	14.2	345	46	»	»
1861	5 4	9.4	15.4	415	25	»	»
1862	5.7	10.2	16.2	461	25	»	»
1863	5.6	10.7	16.5	556	31	»	»
1864	6.2	11.2	17.4	551	57	»	»
1865	6.8	11.6	18.5	561	21	»	»
1866	7.8	12.2	20.0	570	19	»	»
1867	7.6	12.7	20.1	621	18	138	2
1868	7.6	13.2	20.9	756	52	155	4
1869	7.6	13.4	21.4	672	35	179	2
1870	6 0	13.3	18 8	627	81	182	7
1871	5.7	13.2	18.8	652	38	88	1
1872	7.3	15.8	22.9	811	39	100	2
1873	7.6	17	24.8	727	86	112	5
1874	7.6	16.9	23.5	672	74	231	13
1875	7.9	16.9	24.5	640	50	175	8

Les charbons arrivant à Marseille étaient pour la plus grande partie, jusqu'en 1864 ou 1865, destinés à la marine à vapeur ou à la consommation locale. C'est seulement dans le cours des années suivantes que notre place a commencé à devenir un centre d'approvisionnement. On voit par le tableau qui précède tout le développement que ces exportations ont pris peu à peu pour arriver aux chiffres de 231 mille tonnes en 1874 et de 175 mille tonnes en 1875, égaux à peu près à la totalité de tout ce que recevait et consommait Marseille avant 1860.

Ce fait témoigne de l'activité des opérations industrielles et de la navigation à vapeur dans la Méditerranée et en même temps de l'importance du rôle de plus en plus prépondérant que Marseille y acquiert comme point central et comme marché.

C'est en Italie, en Russie et en Turquie que s'expédient de notre ville les plus grandes quantités de charbons. L'Algérie en reçoit aussi des envois de plus en plus considérables.

Toutefois l'Angleterre fait des efforts inouis pour approvisionner directement sans notre intermédiaire les pays de consommation. Elle dirige sans cesse des voiliers et des vapeurs chargés de charbon sur Oran, Alger et Bône; ses compagnies houillères ont des représentants à Civita-Vecchia, à Livourne et Gênes ; il en est de même dans les ports du Levant. Les compagnies françaises auraient quelque chose à faire en vue d'affranchir notre pays de ce que nous payons à l'Angleterre pour ce combustible.

On avait espéré il y a quelques quinze ou vingt ans que l'on finirait par découvrir quelques mines de houille dans le département des Bouches-du-Rhône. Jusqu'à présent, il n'y a d'exploité que des gisements de lignite ayant fourni 340,000 tonnes, en 1875.

Dans le cours de la même année, le département du Gard a fourni 1,643,000 tonnes de houille, celui du Var

4,200, celui des Basses-Alpes 23,000, celui de l'Hérault 268,000, et celui de l'Ardèche 14,000 : soit, pour l'ensemble des départements les plus méridionaux, près de 2,000,000 tonnes.

Il nous suffit d'indiquer ces quantités laissant à de plus compétents le soin d'apprécier dans quelle mesure la région Méditéranéenne pourrait, en développant sa production, alimenter la place de Marseille et l'exportation. Nous ne parlons pas des bassins du centre qui pourraient de leur côté fournir un large appoint à la consommation et aux expéditions de notre port. Si les compagnies de chemins de fer se mettaient à un point de vue qui favoriserait, croyons-nous, leurs véritables intérêts en même temps que ceux du pays, elles consentiraient à fixer pour ces transports, un tarif réellement réduit qui permettrait de les rendre à Marseille, à un prix à peu près égal à celui des charbons anglais.

Nous citons ici pour mémoire les départements qu u fournissent le plus de ce combustible en France.

Allier	1,042,000 tonnes
Loire	3,180,000 »
Nord	3,381,000 »
Pas-de-Calais	3,241,000 »
Saône-et-Loire	1,145,000 »

GROUPS, VALEURS
ESPÈCES MONNAYÉES & LINGOTS

Quantités exprimées en millions de francs.

ANNÉES	IMPOR-TATION en France	EXPOR-TATION de France	IMPOR-TATION à Marseille	EXPOR-TATION de Marseille	EFFETS escomptés à Marseille	TAUX moyens de l'escompte
1861	422	503	160	132	403	5.50
1862	576	494	75	267	334	3.75
1863	597	653	58	266	475	4.65
1864	814	732	137	428	606	6.50
1865	679	506	229	103	580	3.65
1866	1.096	622	202	245	485	3.65
1867	863	281	106	109	347	2.70
1868	715	393	69	240	540	2.50
1869	715	359	105	175	547	2.50
1870	448	302	141	89	563	4 »
1871	317	506	64	87	430	5.70
1872	395	345	43	59	734	5.15
1873	631	559	84	57	976	5.15
1874	952	159	86	92	851	4 »
1875	228	219	149	71	566	3 »

9.

XIII

GROUPS ET VALEURS

———

Les chiffres indiqués dans le tableau ci-contre pour ce qui concerne les importations et exportations de valeurs sur notre place ne sont qu'approximatifs. Ils constatent néanmoins un mouvement d'espèces très-accentué à Marseille, il y a dix ans, en même temps qu'une augmentation dans le même sens était très-sensible pour toute la France. Les cinq dernières années ont donné lieu à des échanges moins importants pour cette branche de commerce.

L'importation dépasse l'exportation pour l'ensemble de la France; c'est le contraire à Marseille. On peut attribuer cette différence aux exportations qui se font par notre port pour le Levant, l'Egypte, l'Asie et l'Algérie. Les pays avec lesquels les relations commerciales sont en voie de développement et où nos nationaux, voyageurs, employés ou immigrants se portent en plus grand nombre, sont ceux où généralement nous envoyons le plus d'espèces monnayées. Ceux avec lesquels nous sommes depuis longtemps en relations d'affaires continues, au contraire, nous en envoient : telles sont l'Italie, la Tunisie et l'Espagne.

Le montant des effets escomptés sur notre place indi-que une progression croissante à peu près régulière. Le chiffre d'affaires a plus que doublé depuis 14 ans.

C'est en 1842, que deux agents de change existant alors à Marseille, prirent l'initiative de quelques affaires d'entremise dont les éléments leur furent fournis par les actions de la Banque de Marseille et celles du chemin de fer de Marseille à Avignon.

La création des actions de chemins de fer et d'une foule d'actions industrielles, telles que celles de la Grand-Combe et des Compagnies de navigation apporta un élément considérable de transactions. Un parquet fut établi à Marseille en 1866 et l'année suivante, le nombre des agents de change fut porté à 20.

Les valeurs industrielles, en se multipliant de plus en plus, les emprunts des villes et du gouvernement, en même temps que les rentes étrangères développèrent bientôt un mouvement considérable d'operations de Bourse. Les transactions opérées par notre parquet présentent de nombreuses affaires au comptant sur les bonnes valeurs de placement, notamment sur les grandes lignes de chemin de fer français, sur les emprunts de la Ville de Marseille, et sur les actions et obligations de quelques grandes industries locales, mais beaucoup moins d'animation sur les affaires à terme et de spéculation. La remarquable fermeté que notre parquet a montrée pendant la crise, occasionnée par les événements de 1870, lui a procuré un sérieux contingent d'affaires internationales qui étaient détournées de leur centre habituel par l'investissement de Paris. Un grand nombre de places étrangères lui ont confié des ordres. Il s'est ainsi établi entre notre ville et plusieurs autres places françaises et étrangères un courant de relations qui a perdu de son importance depuis lors, mais n'a pas disparu complètement.

La Compagnie des agents de change a vu ses opérations atteindre une ampleur de plus en plus grande : la marche des affaires s'est toujours effectuée avec la plus parfaite régularité. Les valeurs locales et celles qui intéressent les

régions méridionales sont, avec la rente française, les
obligations de la Ville de Paris et les titres de la Compagnie P.-L.-M., celles qui donnent lieu généralement aux
transactions du parquet de notre ville.

XIV

ARTICLES DIVERS

CACAOS

Les cacaos ont une certaine part dans les importations de notre place, Nous en avions reçu 494 tonnes en 1865 ; depuis lors, les quantités ont diminué. Le chiffre de 1875 n'est que de 351 tonnes. La majeure partie de ces arrivages vient des entrepôts français ou étrangers.

L'importation en France de cet article a doublé depuis dix ans. Elle est actuellement d'environ 10 millions de kilogrammes au commerce général. Le commerce spécial a donné 7,499,000 kilog. en 1874. L'exportation a été de 2,511,000 kilog.

Notre place pourrait, pour cet article, donner lieu à un mouvement de trafic bien plus important qu'il n'est actuellement.

POIVRE

Il a été reçu en France, en 1873, 4,177 tonnes de poivres et piment, dont 1,798 pour la consommation. En 1874 le total a été de 3,641,537 kilos importés et 1,561,551 kilos exportés.

Sur cette quantité, il en est arrivé par Marseille 2,029 tonnes. Ce chiffre qui avait été dépassé en 1873 est beaucoup plus élevé que ceux des années antérieures. Les

ımportations de 1875 ont dépassé de 1,200 tonnes celles
de 1874.

Les importations se sont beaucoup accrues depuis
l'ouverture du canal de Suez. Elles pourraient être plus
considérables si, comme pour les cafés, les moyens de
transport n'étaient insuffisants.

THÉ

Les arrivages de thé à Marseille deviennent d'année en
année plus importants. Avant 1860, nous en recevions
moins d'une tonne par an ; en 1866, nous en recevions
229 tonnes. En 1874, la quantité a été de 3,960 tonnes.

Il en a été importé pour toute la France 4,232,830 kilog.
On voit donc que c'est presque exclusivement par notre
port que se fait le commerce de cette denrée.

Mais sur cette quantité, il n'en a été mis à la consommation que 282,005 kilog.; 4,021,913 kilog. ont été exportés
par le commerce général. Cette exportation représente à
peu près ce que les bateaux des Messageries Maritimes
apportent de l'Asie et transbordent à Marseille directement pour Londres. En effet, ce qui est sorti de France
par notre port se totalise par 39,105 quintaux métriques.

En 1875, nous avons reçu 3,077 tonnes, sur lesquelles
2,968 tonnes ont été réexpédiées.

RIZ

La moyenne des importations de riz à Marseille est
d'environ 10,000 tonnes. Ce chiffre a été dépassé en 1872
et en 1874 ; mais en 1874, le total des arrivages a été de
8,500 tonnes ; il a été de 8,000 tonnes en 1875. La plus
grande partie de ces riz nous vient du Piémont. L'Inde

nous en envoie depuis deux années en assez grande quantité.

La valeur totale des expéditions de riz de l'Italie en France varie entre six et huit millions. Notre port n'en reçoit guère plus du tiers.

Le total des arrivages en France a été en 1874 de 53 mille tonnes au commerce général et de 44 mille tonnes au commun spécial. Il a été expédié par contre 12,300 tonnes dont 3,600 étaient des produits francisés.

Des quantités qui entrent par Marseille, la moitié à peu près passe dans l'intérieur de la France, un quart environ est exporté dans le Levant et le surplus est absorbé par la consommation locale.

Une usine à glacer les riz établie à Marseille livre au commerce jusqu'à 2,000 tonnes de riz par année.

LÉGUMES, FRUITS, etc.

'Notre ville reçoit chaque année des haricots des provinces du Danube, de Trébizonde et de l'Italie méridionale. Les quantités varient selon l'abondance des récoltes : elles ont formé un total de 3,500 tonnes en 1875.

Le Maroc et la Sardaigne nous expédient régulièrement des lentilles et des pois-chiches. L'ensemble des arrivages pour ces deux articles a été de 500 tonnes. Il est entré en France, en 1873, 36,719,000 k. de légumes secs. Cet article est admis à peu près en entier à la consommation ; les exportations sont de 20,000 tonnes.

Les légumes verts nous arrivent d'Afrique, notamment d'Alger, pendant les mois d'hiver, par quantités considérables. Ils forment, à cette saison, un des principaux aliments de fret des paquebots. La moyenne de ces importations de notre colonie peut être évaluée à 20,000 tonnes.

L'Espagne, l'Algérie, l'Italie nous font des envois d'oranges, de citrons, etc., qui deviennent chaque année plus importants.

L'Italie méridionale et le littoral algérien nous envoient les plus fortes parties de figues.

Le commerce des fruits frais a pris un grand développement depuis la création des lignes régulières de bateaux à vapeur à marche rapide. En 1860, la France en recevait 28,811 tonnes ; en 1873, le total était de 74,274 tonnes. L'Espagne, à elle seule, nous en a envoyé 34,000 tonnes. Il nous en est arrivé d'Italie pour une valeur de 5 millions 300,000 francs.

Il se fait dans notre ville un commerce de graines d'alpiste et de millet dont l'ensemble varie annuellement entre 2,000 et 3,000 tonnes.

Les exportations de pommes de terre ont pris, depuis ces dernières années, sur notre place, une importance qui tend à s'accroître. C'est surtout l'Algérie qui nous en demande.

Par contre, l'Italie en a prohibé l'entrée sur son territoire.

Marseille a exporté 18,829 tonnes de pommes de terre en 1875.

Pour toute la France, en 1874, les importations ont été de 9,700 tonnes, les exportations se sont élevées à 176,027 tonnes.

CIRE

Il se vend sur la place de Marseille de 200 à 300,000 k. de cire par an. Les arrivages ont été de 286 tonnes en 1874 et de 265 en 1875 ; en 1872, ils avaient été de 472 tonnes. C'est de Mozambique, du Sénégal, de Mogador et de l'Algérie que nous vient cette marchandise. Le Levant nous en fournit aussi une certaine quantité.

Le total de l'importation en France a été de 696,840 k.
en 1874. A peu près tout ce qui se consomme dans l'intérieur de la France entre par notre place. Nous en exportons aussi à l'étranger.

La France fournit de la cire non ouvrée à l'Italie pour
une valeur annuelle d'environ 200,000 francs.

BOIS

Le commerce des bois nous paraît susceptible de recevoir quelque développement à Marseille. Les bois du
Nord, provenant de la Baltique qui ont été vendus à Marseille, en 1874, représentent 40,000 douzaines de plan-
ches et de madriers. L'Adriatique nous envoie des bois
de construction et de menuiserie ; les quantités reçues en
1875 ont été de 8,000 stères environ. Nous en recevons
de la même provenance des douelles ; les arrivages pour
cet article se sont élevés à 7,000,000 pièces. Les douelles
de chêne d'Amérique nous arrivent en bien moindre
quantité, elles ont plus de valeur. Odessa nous en expedie
également.

La totalité des importations de douelles en France,
celles de chêne comprises, a été :

En 1872........ .. 59.000.000 pièces.
1873......... 44.000.000 —
1874......... 66.000.000 —

Les cinq sixièmes à peu près viennent d'Autriche.
Le port de Cette en a reçu, en 1874, 21,000,000 pièces.

MORUES

Le port de Cette a reçu, en 1873, 4,620 tonnes de morues salées et 3,327 tonnes en 1874.

Marseille en a reçu pour ces mêmes années 5,200 tonnes. Les arrivages n'ont été, en 1875, que de 3,520 tonnes ayant nécessité l'emploi de 31 navires. La plus grande quantité qui ait été importée par notre port depuis 1860, a été de 5,900 tonnes ; elle a eu lieu en 1872. Cette importation avait été effectuée par 47 navires.

C'est en Italie et dans le Levant que se fait la majeure partie de nos exportations. Nous en envoyons aussi en Algérie des quantités de plus en plus importantes ; elles ont été de 400 tonnes en 1874.

Le total des navires français armés pour cette pêche, en 1875, a été de 591, comptant 12,018 hommes d'équipage. Le montant des primes d'armement a été de 567,780 fr. Les morues exportées des lieux de pêche et des ports français forment un total de 7,247 tonnes. Ces exportations s'étaient élevées, en 1859, à plus de 19,000 tonnes.

TABACS

Il se fait à Marseille, pour les tabacs, un commerce d'exportation et de transit qui prend chaque année plus d'importance. C'est l'Amérique, la Grèce, la Turquie qui nous fournissent principalement cette marchandise. L'Allemagne nous en envoie aussi depuis quelques années, mais ces provenances sont aussitôt réexpédiées en Corse et en Afrique où elles se consomment plus particulièrement. L'Inde nous fait aussi quelques expéditions.

Les tabacs d'Algérie sont consommés sur place ou achetés par le gouvernement.

Le marché de Gênes nous fait concurrence pour les tabacs d'Amérique. Autrefois, l'Italie faisait ses approvisionnements sur notre place ; aujourd'hui, elle fait ses commandes directement. Nos exportations pour ce pays, qui avaient une valeur de 300,000 fr. en 1863 et en 1868, n'ont plus été cotés, depuis lors, dans le tableau comparatif des annales du commerce extérieur; elles sont descendues à moins de 100,000 fr.

Les importations totales de la France se sont élevées en 1875, à 22,126,000 kilog. au commerce général, et à 15,607,000 kilog. au commerce de consommation. Marseille a reçu 5,908 tonnes, et exporté 3,485 tonnes.

Le département des Bouches-du-Rhône fournit à la régie chaque année, un peu plus de 100,000 kilog. de tabacs. Sa consommation est évaluée à environ 900,000 kilog.

L'administration a prétendu que le tabac de Provence était d'une qualité inférieure et que cette culture dans notre département donnait lieu à la contrebande; elle a même menacé de la supprimer. Ces reproches ont donné lieu à des répliques assez vives. Notre ville et toute la région seraient intéressées à ce que la culture du tabac fût développée davantage dans les Bouches-du-Rhône comme dans d'autres départements. Il y aurait de plus un intérêt vraiment national à ce que la régie, achetant moins de tabacs étrangers qui coûtent plus cher sans valoir davantage, sauf quelques exceptions bien connues, s'approvisionnât pour de plus grandes quantités en France même.

Les quantités livrées par les planteurs indigènes étaient de 25,453,000 kilog. en 1866; en 1873, elles n'ont été que de 13,887,000 kilog. Elles ont été de 17,801,000 kilog. en 1875.

DROGUERIE ET TEINTURE

Nous recevons régulièrement de Naples des alizaris qui transitent pour Avignon. Les quantités ont été de 6,210 balles en 1875. La Syrie, Smyrne et Chypre nous en envoient aussi quelques centaines de balles.

En 1875, il est entré à Marseille, 11,330 sacs, soit

696 tonnes de cochenille. C'est surtout dans les Etats Barbaresques que nous exportons cet article.

Il nous est arrivé, en 1874, 11,000 tonnes de bois de teinture. La quantité totale reçue en France a été de 51,594 tonnes. Les exportations ont été de 5,500 tonnes.

Les arrivages de safran ont été de 350 caisses. Il en a été importé pour toute la France 71,810 kilog.; sur cette quantité, 22,836 kilog. sont entrés dans la consommation. Il en a été exporté 83,440 kilos. Ce qui arrive à Marseille ne fait guère que transiter à destination de l'Allemagne. Il n'en a été réexpédié par notre port que 31 tonnes.

Les importations de résines, d'essence de thérébentine, de gomme arabique, de dividivi tendent aussi à s'accroître sur notre place.

SEL MARIN

Il y a quelques années, on espérait que les exportations de sel par Marseille pourraient prendre quelques développements si la marine se mettait à l'utiliser comme fret de sortie.

En vue de faciliter cette exportation, un entrepôt spécial a été créé à cet effet dans les docks de Marseille. Jusqu'à présent cette espérance ne s'est pas réalisée.

Il est entré dans notre port, en 1875, 33,453 tonnes de sel, sur lesquelles 20,317 ont été livrées à l'exportation.

Cet article donnait lieu, il y a quinze ans, à un trafic bien plus important. En 1863, par exemple, il nous était arrivé 64,000 tonnes de sel marin ; 25,000 tonnes étaient transbordées et réexportées pour l'Inde, l'Amérique, les Colonies ou les côtes de la Baltique. Nous avons perdu le débouché que nous avions dans les départements du Nord, les salines de l'Est ayant eu par les chemins de fer des facilités de transport qui augmentaient à mesure que notre place et les petits ports du littoral de la Méditerranée trouvaient moins de facilités d'affrètement de navires pour la Manche.

La Chambre de Commerce a plusieurs fois fait remarquer que les traités étaient loin d'être favorables aux sels français ; la Russie par la mer Noire, la Turquie, l'Espagne, l'Italie et l'Autriche prohibent l'entrée de nos sels, tandis que nous recevons les leurs avec un très-faible droit. Cette situation est toute à l'avantage des autres puissances et sans compensation pour nous.

Les marais salants du Midi avaient fourni 341,000 tonnes en 1859. En 1873, la production n'a été que de 218,100 tonnes. Elle a été de 195,965 tonnes en 1875.

Nous avons mentionné les diverses marchandises faisant l'objet d'un trafic suivi sur notre place. Les indications que nous avons données résument les mouvements des échanges et comme elles sont le résultat des comparaisons faites sur les tableaux présentant année par année les chiffres des importations et des exportations, il semble peu utile de reproduire ici en détail ces colonnes de chiffres que la douane publie régulièrement.

Nous signalerons seulement pour compléter nos observations quelques articles dont le commerce ou même le simple transit pourrait être beaucoup plus importants à Marseille, tels que les éponges que nous recevons de Chypre et de Tunis ; les chanvres que l'Italie, notamment Livourne, envoie en Amérique ; les os, drilles et chiffons qui nous viennent de l'Italie et de l'Espagne, les plumes de parure, les beurres et les fromages.

Le tableau ci-contre donne, par quantités exprimées en milles tonnes, les totaux des importations et exportations effectuées à Marseille depuis 1857.

DOUANE DE MARSEILLE

ANNÉES	COMMERCE GÉNÉRAL	
	IMPORTATIONS	EXPORTATIONS
1857	1.054	430
1858	895	506
1859	273	480
1860	697	460
1861	1.016	486
1862	1.050	494
1863	977	674
1864	907	610
1865	958	674
1866	977	693
1867	1.455	766
1868	1.943	982
1869	1.420	858
1870	157	742
1871	1.510	592
1872	1.492	784
1873	1.755	859
1874	1.829	1.007
1875	1.727	827

Notre place est en seconde ligne en France pour le chiffre des importations. Mais pour l'ensemble des exportations, elle est au premier rang, avec un chiffre qui est près du double de celui qui vient ensuite.

———

XV

PRINCIPALES INDUSTRIES

Les indications présentées au sujet de certaines branches de commerce ont donné lieu déjà à quelques développements sur diverses industries. Il a été question de l'huilerie, de la savonnerie, de la tannerie, de la minoterie.

Cette dernière industrie a pris une extension considérable depuis 1861 et 1862. On comptait à cette époque à Marseille 47 minoteries fonctionnant au moyen de 259 jeux de meules.

La suppression de l'échelle mobile en assurant aux minotiers un constant approvisionnement de grains exotiques leur a permis d'établir leur travail dans toutes les conditions de régularité désirables. Dans les années de mauvaise récolte, Marseille a approvisionné de farines les départements du Midi et du Centre et a fait des envois en Bourgogne et en Suisse.

Nos exportations en Corse, en Algérie, en Egypte se sont accrues chaque année; avec l'Italie elles diminuent depuis quelque temps, tandis qu'au contraire, avec l'Espagne, elles ont augmenté en 1873 et en 1874.

L'importance de la fabrication des farines était, il y a quinze ans, d'environ 180,000 tonnes de blé, donnant 135,000 tonnes de farine. Elle absorbait plus de 80 0/0 de totalité du froment importé sur notre place. En 1868, l'exportation par notre port était de 77,000 tonnes, le quart environ de toute la production de notre circonscription. Depuis cette époque, nos envois en Suisse et dans l'intérieur de la France ont diminué.

La Chambre de Commerce faisait remarquer en 1869 que la cherté des moyens de transport opposait une barrière infranchissable à l'écoulement des produits de nos minoteries et favorisait la concurrence étrangère. Pour sortir du cercle limité de ses débouchés, cette industrie réclamait l'amélioration des voies de communication, l'abaissement des prix de transport, le dégrèvement des droits d'octroi sur les charbons et la suppression des taxes de toute nature qui pèsent sur la manipulation de la matière première.

Le désir relatif à une réduction du tarif des farines sur les chemins de fer a été exprimé de nouveau ces dernières années. Pour l'Allemagne et la Belgique, les avantages faits par les chemins de fer allemands ont été une cause d'amoindrissement de nos envois.

L'industrie meunière demande, en outre, des dispositions législatives plus libérales, notamment la décharge des acquits à caution par toutes les zônes. Elle ne s'est développée qu'en vue de la mouture des blés à l'entrepôt et par la pratique la plus large de l'admission temporaire et des acquits à caution, ainsi que par les facilités légales les plus grandes pour l'entrée et la sortie des blés.

On compte actuellement à Marseille environ 120 minoteries garnies de plus de 800 paires de meules pouvant moudre 7,000,000 d'hectolitres de blé par an et par conséquent produire 400,000 tonnes de farine.

Voici quelles ont été les principales exportations de notre place pendant les dernières années.

Quantités exprimées en tonnes.

	Allemagne	Angleterre	Belgique	Suisse	Espagne	Italie	Algérie	TOTAL
871	435	1.243	»	6.014	6.096	»	700	19.872
872	13.281	11.327	3.405	11.165	»	»	»	55.452
873	19.751	56.330	12.286	11.274	1.361	»	952	109.965
874	10.307	2.780	414	7.244	3 885	1.356	1.091	33.407
875	476	109	»	1.543	10.157	899	1.300	24.626

10

Il a été établi récemment à Gênes et aux environs plusieurs minoteries d'une certaine importance qui se préparent à faire aux nôtres la concurrence la plus active.

Il en est de même pour la production des semoules et pâtes alimentaires. On compte dans le seul arrondissement de Gênes 40 fabriques pour ces articles.

Ce n'est guère que depuis une quinzaine d'années que cette industrie s'est introduite à Marseille ; elle s'y est développée très-rapidement. Nos débouchés pour les semoules et les pâtes sont les mêmes que ceux pour les farines.

SOUFRE

En 1850, il y avait quatre raffineurs de soufre à Marseille. On avait espéré un instant que la consommation du soufre prendrait une grande importance dans nos départements du Midi pour combattre les ravages de l'oïdium. De nouvelles raffineries s'étaient établies en 1860. La production était d'environ 10,000 tonnes de soufre sublimé.

Le soufre brut nous vient de la Sicile. Les arrivages diminuent depuis quelque temps : les ports du Midi s'approvisionnent directement. Nous avons reçu 16,207 tonnes en 1875.

Les trois raffineries de Marseille produisent annuellement en moyenne 10,000 tonnes de soufre, sublimé, trituré ou raffiné. Nos exportations de soufre raffiné se font dans le bassin de la Méditerranée et en Amérique.

Les tarifs des chemins de fer nous ferment les marchés du Nord comme débouché pour ces articles.

PRODUITS CHIMIQUES

Il y avait à Marseille en 1850, 30 fabriques de produits chimiques ; en 1860, on en comptait 27. Leur nombre s'élève aujourd'hui à 42.

En 1863, le dégrèvement du sel à fabrique avait amélioré la position de la fabrication des soudes. Mais, dès l'année suivante, le ralentissement général dans le mouvement commercial et la concurrence des produits étrangers avait été préjudiciable à cette industrie. Huit usines avaient été fermées.

La Chambre de Commerce n'a cessé de réclamer des réductions de tarifs sur les chemins de fer pour le transport des matières premières, constituant l'élément indispensable de la fabrication des produits chimiques, tels que les charbons, les pyrites et le soufre. Ces réductions sont de toute nécessité pour permettre à nos fabricants de lutter contre l'envahissement des produits étrangers. En 1867, l'Amérique ayant mis des droits prohibitifs sur les articles de cette nature, l'Angleterre a été obligée de chercher en France et sur nos centres ordinaires de consommation, l'écoulement de ses nombreux produits manufacturés.

Depuis 1871, cette industrie a repris une nouvelle activité, due en partie à la cherté des houilles en Angleterre et en partie aux besoins de la consommation en France. Mais l'expérience des deux dernières années a fait reconnaître que les traités de commerce, en ne ménageant pas, pour les produits à base de sel marin, un droit d'entrée suffisamment compensateur, nous ont rendus tributaires de l'Angleterre. Nous ne pouvons lutter contre les produits de ce pays qu'au prix de sacrifices énormes, quand pour une cause quelconque ils les déversent sur nos marchés. Aussi, cette industrie a-t-elle pendant ces dernières années, donné des résultats peu satisfaisants.

Il existe actuèllement a Marseille 7 fabriques de soude ou de sels de soude, occupant 1800 ouvriers, produisant annuellement 20,000 tonnes de soude et 10,000 tonnes de sel de soude.

BOUGIES STÉARIQUES

En 1858, Marseille possédait trois fabriques de bougies stéariques dont les produits étaient universellement répandus. Le même nombre existe encore aujourd'hui : elles occupent 350 hommes, 200 femmes et 20 enfants. Elles produisent par an 4,000 tonnes d'acide stéarique et 2,800 tonnes d'acide oléique.

ÉTABLISSEMENTS MÉTALLURGIQUES

L'importation des minerais en France a quadruplé depuis 1859. Elle était de 742,544 tonnes de minerai en 1873, de 856,000 tonnes en 1874, et de 880,000 en 1875.

Marseille recevait en 1861 12,000 tonnes de minerai de plomb, 7,500 tonnes en 1862, et 5,000 tonnes en 1863. Le total des autres minerais arrivés à Marseille montait en 1863 à 80,000 tonnes dont 15,000 pour l'intérieur de la France.

En 1871, l'importation des minerais de plomb à Marseille était de 4,190 tonnes ; celle des minerais de fer était de 172,377 tonnes dont 35,459 pour l'usine de Saint-Louis et le reste pour l'intérieur.

Ces quantités ont augmenté en 1872, 1873 et 1874. Dans le cours de la dernière année notre ville a reçu 421,000 tonnes de minerai de fer dont 55,000 pour l'usine de Saint-Louis, 6,677 tonnes de minerai de plomb, 18,700 tonnes de plomb, 809 tonnes de cuivre et 626 tonnes d'étain.

Notre port reçoit plus de la moitié des minerais importés en France. C'est l'Algérie, l'Espagne et l'Italie qui nous les fournissent. L'Algérie a fourni à elle seule en 1872, 252,000 tonnes de minerai de fer. Le plomb nous vient presque exclusivement d'Espagne, et c'est à l'Italie que nous en fournissons le plus. Sur 7,535 tonnes de plomb exportées en divers pays en 1874, nous en avons expédié 4,199 tonnes en Italie.

Le département des Bouches-du-Rhône possède un établissement produisant de la fonte brute ; douze de la fonte moulée de 2ᵐᵉ et 3ᵐᵉ fusion, deux du fer marchand et 4 de l'argent. Ils occupent ensemble 1,075 ouvriers. Le rendement a été en 1874 de 31,845 tonnes de fonte brute, de 4,500 tonnes de fonte moulée, de 980 tonnes de fer marchand, de 14,452 tonnes de plomb et de 22 tonnes et demi d'argent.

Le département des Bouches-du-Rhône possède trois exploitation de lignite et d'anthracite, occupant 1,733 ouvriers employant une force de 1,135 chevaux vapeur et donnant annuellement 358,258 tonnes de produits.

Il y fonctionne douze fabriques de papiers et cartons, où travaillent 311 ouvriers et d'où sortent 1,700 tonnes de marchandises. La facilité de se procurer l'alfa pour remplacer avantageusement les chiffons, ne peut que favoriser le développement de cette industrie.

Il faut mentionner aussi, outre les 7 usines à gaz occupant 209 hommes, une fabrique de porcelaine opaque, 3 fabriques de faïences et 3 fabriques de verres et cristaux. Ces derniers établissements donnent du travail à 546 ouvriers et ont livré 6,100 tonnes de produits en 1864.

Marseille possédait 8 fabriques d'allumettes en 1850, 11 en 1860. Cette industrie était devenue des plus florissantes dans notre ville lors de la création du monopole de cette fabrication au profit de l'Etat.

Les fabriques d'amidons, de bière, de chocolat, de liqueurs. de vermicelles, de vermouths, de tuiles, de bouchons méritent aussi d'être signalées. Mais dans une étude d'ensemble, comme celle-ci, il faut renoncer à tout citer avec détail, autant par l'impossibilité d'être complet et minutieusement exact qu'en raison même des limites du cadre tracé à ces indications.

D'ailleurs, toutes ces entreprises, quel que soit le degré de leur importance, ont leurs principales conditions de prospérité dans la facilité de circulation de la matière première ou du produit fabriqué. Pour toutes, le moyen de transport économique pour l'achat et pour la vente, sur terre et sur mer, est, autant que le bas prix de la main-d'œuvre et la réduction de certaines taxes, nécessaire à leur succès, quelquefois même à leur existence.

Le tableau ci-après donne les produits de la douane de Marseille depuis 1847.

Nous y joignons comme terme de comparaison les moyennes des produits des principales douanes de France depuis 1860.

DOUANE DE MARSEILLE.

ANNÉES	RECETTES	ANNÉES	RECETTES
1847	34.742.000	1862	36.203.000
1848	24.075.000	1863	42.451.000
1849	31.012.000	1864	23.503.000
1850	32.530.000	1865	19.097.000
1851	30.677.000	1866	17.698.000
1852	30.652.000	1867	14.324.000
1853	33.790.000	1868	15.871.000
1854	36.152.000	1869	14.754.000
1855	37.813.000	1870	17.605.000
1856	36.632.000	1871	21.870.000
1857	34.912.000	1872	14.517.000
1858	41.841.000	1873	34.212.000
1859	31.976.000	1874	28.590.000
1860	31.976.000	1875	38.708.000
1861	26.498.000		

MOYENNE DES RECETTES

	DE 1847 à 1859	DE 1860 à 1873
Pour Le Hâvre.......	35.140.000	21.967.000
» Nantes..... ...	19.190.000	22.633.000
» Paris	15.140.000	23.027.000
» Bordeaux	15.030.000	13.430.000
» toute la France.	189.300.000	151.400.000

XVI

LES COURANTS COMMERCIAUX

Notre siècle aura été partagé en deux parties tout-à-fait distinctes, souvent même de tendances opposées, au point de vue économique et commercial.

En 1830 et en 1840, les grains abondaient dans les départements septentrionaux : les vins, les esprits et l'huile d'olive étaient la grande richesse des provinces du Midi. Le Nord avait pour ainsi dire le monopole du lin,. du chanvre, de la houille, du fer, des tourteaux, des produits de l'agriculture. Les oranges, les citrons, les figues et autres fruits méridionaux leur étaient étrangers et peu connus. Le commerce importait par le Nord, le coton, le sucre, le café, le cacao, le bois de teinture, l'acajou, l'indigo. L'Ouest recevait des fers, des houilles, des bois de construction, des denrées coloniales. Les ports du Midi rivalisaient avec ceux du Nord, pour le coton, les huiles, les denrées coloniales et recevaient plus particuliérement les grains du Levant, les laines, les cuirs et peaux, les bois divers, les métaux, le soufre.

Le Nord exportait les rouenneries, les soieries, les articles de Paris. L'Ouest expédiait des vins, des eaux de vie, des fruits. Le Midi répandait dans tout le bassin de la Méditerranée le savon, l'huile, les salaisons, les objets manufacturés.

A partir de 1850 et surtout de 1860 commence une époque de transition. Les guerres de l'empire ont eu ce côté trop méconnu d'avoir donné l'impulsion à un grand mouvement maritime. Quelle n'a pas été l'influence de la guerre de Crimée sur le développement de la flotte commerciale de la Méditerranée ? Nous ne parlons pas des principes de liberté commerciale dont on reconnaît mieux de jour en jour les avantages. Ce couronnement de l'édifice dont Colbert avait posé la première pierre, resté incomplet cependant, était dans la force même des choses. Les hommes d'Etat ne firent que le hâter, au grand avantage des intérêts français.

Cet immense déploiement d'activité intérieure qui a travaillé la France de 1830 à 1850 et qui a eu ensuite pour conséquence inévitable une vaste activité extérieure correspondant à l'emploi usuel de la vapeur sur terre et sur mer, à la facilité des échanges, au percement de l'isthme de Suez, à l'établissement de plusieurs grandes lignes régulières des paquebots-poste, a nécessairement amené des modifications dans les courants commerciaux. Ces modifications ne sont point encore définitives, mais les tendances générales qui en résultent peuvent déjà se déterminer.

Nos ports du Midi reçoivent les céréales, le riz, les légumes, la soie, le thé, les produits asiatiques, les graines oléagineuses, les huiles, le chanvre et les minerais. Leur champ d'importation s'est agrandi de tout le développement de la production algérienne et de la multiplicité de nos relations avec l'Asie, ainsi qu'avec l'Amérique du Sud. Les exportations ont eu leur part de cette progression. Les articles de Paris, les tissus du Nord, les fers du Centre et de l'Est, les soieries de Lyon, les productions de l'industrie du Midi, doivent nous revenir ou nous rester. D'année en année, l'importance de la fabrication française s'accroît en même temps que l'extension des débou-

10.

chés en Algerie, dans le Levant, en Egypte, en Syrie, en
Perse et dans toute l'Asie.

Il faudrait une étude spéciale pour être à même de fixer
dans quelle mesure les ports du Nord participent à cette
transformation.

Mais il paraît possible d'établir comme axiome que la
matière première va du Midi au Nord, et le produit industriel du Nord au Midi. C'est ainsi que nos divers ports,
loin d'être rivaux, sont comme les relais des grandes voies
commerciales desservant non-seulement la France, mais
le monde entier.

Le fret d'arrivée est lourd ou encombrant et suffisamment abondant, à cause de l'activité qui ne cesse de ré-
gner en France par la consommation ou la transformation.

Le fret de sortie, sauf celui qui se cueille sur les côtes,
étant un produit travaillé, manufacturé, porte sur une marchandise plus riche et n'est pas, comme quantité, en proportion avec sa valeur. Il nous manque aux ports de mer
le fret lourd de l'intérieur qui serait suffisamment abondant si les moyens de transports étaient économiques, et
et que fourniraient les houilles, lignites, chaux, ciments,
grès, briques, matériaux, fromages, beurres, tissus,
fer, etc., exploités et expédiés sur une plus grande
échelle.

On doit reconnaître aussi que la célérité des transports,
la régularité des voies est une Jes conditions, non-seulement du succès, mais de l'existence du commerce et de
l'industrie actuelles. La réussite n'est pas assurément au
plus diligent, mais nul ne réussira s'il n'est diligent.

L'occasion ne dure qu'un instant et la promptitude d'un
renseignement assure souvent tout le profit d'une entreprise.

Une troisième loi économique de notre siècle, c'est que
les grands centres de productions et d'échange s'agran-
dissent, tandis que les petits marchés et les intermédiaires

tendent à disparaître. Quelques grandes villes sont en progrès, celles d'une médiocre importance dépérissent. Le fait se généralise non seulement en France, mais dans toute l'Europe et dans le monde même. L'agglomération n'est pas le progrès, loin de là. Mais l'activité nait des groupements et elle arrive à multiplier elle-même ses propres moyens d'action. Le trafic tend, et tendra de plus en plus, à se faire directement entre le pays producteur et celui de la consommation. De là diminution des entrepôts, prépondérance croissante des centres riches par l'abondance des matières premières, ou par l'activité industrielle. Les affaires attirent les affaires, c'est un axiome bien connu, mais dont l'application se fait de jour en jour dans de plus vastes proportions.

L'étude de ces trois lois qui sont pour le monde commercial et industriel ce que sont les lois de Newton pour les grands corps se mouvant dans l'espace, mériteraient d'être précisées et de recevoir une application plus directe aux conditions de ce qu'on appelle le monde des affaires.

Il suffira de remarquer que Marseille, la porte de la France sur tout le littoral méditerranéen et asiatique, c'est-à-dire sur 200,000 kilomètres de côtes, est le point où doivent converger toutes les transactions qui se font dans cet immense rayon. Notre ville centralisant en plus grand nombre les éléments variés capables d'alimenter un vaste foyer d'activité, est admirablement située pour participer à tous les bienfaits du progrès, pour les favoriser et les propager ; elle doit être et s'affirmer de plus en plus comme étant la route entre l'Italie et l'Espagne, entre le Nord et l'Afrique, entre l'Italie et l'Amérique, entre l'Espagne et le Levant, entre le Nord-Ouest de l'Europe et l'Asie.

Nous avons à nous prémunir contre la concurrence de l'industrie et du commerce de l'Italie, à calculer les facilités de traction que le trafic trouve en Italie et en Autri-

che et à prévenir l'envahissement des moyens de transport dont nous menace l'Angleterre.

Pour lutter avantageusement contre ces forces rivales,
toujours à l'éveil et toujours actives, il convient d'étudier
ce qui manque à notre port et en même temps à notre
pays

———————

TROISIÈME PARTIE

—

QUESTIONS DIVERSES

———

Sommaire :

I. — Les transports a l'intérieur.
Chemins de fer et batellerie. — Le rail et la navigation.

II. — Les tarifs et la concurrence
Prix de transports comparés des chemins de fer et des
bateaux. — De Marseille à Paris par chemin de fer
et d'un port d'Afrique à Paris par le Havre. — Les
vapeurs et les chemins de fer étrangers. — Les transitaires commissionnaires expéditeurs.

III. — Le crédit maritime.
Les sociétés de crédit.

IV. — De quelques améliorations ou desiderata.
Ports. — Quais. — Docks. — Bassins de radoub. —
Marché aux bestiaux. — Diverses installations.

V. — Ecoles et hautes études.

VI. — Les formalités administratives et les taxes.
Douanes : droits de quai, de statistique, de timbre, etc.

———

VII. — Les traités de commerce.
Marseille et l'Italie.

VIII. — L'administration sanitaire.
Le décret du 22 février 1876.

IX. — Le courtage.

X. — L'inscription maritime.
Les règlements actuels. — Les vocations maritimes.

XI. — Considérations générales.
L'Angleterre et la France. — Paris et Marseille.

LES TRANSPORTS A L'INTÉRIEUR

L'élément du fret de sortie, pour Marseille, provient d'abord des produits naturels des pays environnants; c'est la plus minime partie de nos envois. Il est ensuite fourni par les produits des fabriques et des manufactures : comme nous l'avons vu, les farines, les sucres, les savons, les huiles, les tourteaux, les produits chimiques, en sont les principaux articles. Les marchandises arrivant d'autres ports, en continuation de voyage, ou en transbordement, apportent un fort contingent aux recettes de la navigation. Tous les ports contribuent à ces réexpéditions, mais particulièrement ceux de Cette, d'Algérie, d'Italie et d'Asie. Les marchandises prises à l'entrepôt sont aussi un des lots des plus importants dans ces exportations. Mais ce sont les gares qui devraient procurer à nos paquebots la part la plus considérable de leur chargement.

C'est ainsi qu'on le comprend partout. Naples, par exemple, envie les conditions dans lesquelles se trouve Gênes qui a, pour alimenter le fret de ses bateaux, les voies ferrées de la Haute-Italie. Combien plus avantageusement que Gênes, Marseille n'est-elle pas placée pour recevoir les produits du continent!

Toutes les exportations de Lyon, de Paris, du Centre, de l'Est et du Nord sur l'Algérie, l'Egypte, le Levant,

l'Asie et l'Afrique devraient être le monopole de notre
ville. Ce serait l'intérêt, non seulement de Marseille mais de
toute la France.

La ligne de Paris-Lyon-Marseille réunissant à Paris les
embranchements de la Normandie, du Nord et de la Belgique, ainsi que les provenances de l'Angleterre ; à Lyon,
celles de Nantes, d'Orléans, de l'Alsace et de la Suisse
devrait concentrer à Marseille tout le commerce de ces
régions avec les contrées méridionales.

En pratique, il est loin d'en être ainsi. Pour ne citer
que les tendances les plus accentuées actuellement du
commerce, les produits anglais vont directement de Londres à Oran, Alger et Stora ; les paquebots anglais relient
directement Dunkerque et Rouen à l'Algérie ; l'Alsace et la
Suisse envoient leurs produits à Trieste ; Paris en vient à
expédier à meilleur compte ses articles à Oran par Rouen ;
Lyon même commence à diriger ses envois sur l'Italie par
le Mont-Cenis. Nous nous plaignons que le fret de sortie
manque, en voilà la cause très-évidente. Mais quelles sont
les raisons qui amènent le commerce à se servir de ces
voies anormales ?

Ces raisons sont bien connues ; c'est que le prix de
transport par nos voies de terre est de beaucoup supérieur
au prix de transport par mer. Depuis longtemps, l'opinion
publique réclame aux administrateurs des chemins de fer
une diminution dans les prix de transport à l'intérieur de
la France.

En 1872, la Chambre de Commerce de Marseille, à la
suite des difficultés occasionnées par l'encombrement des
marchandises, lors de la reprise des affaires après la guerre,
signalait ce qu'il y a d'incomplet dans l'organisation des
chemins de fer, notamment l'insuffisance de leur matériel
et l'exiguité des gares. Il n'est plus resté douteux pour
personne, disait-elle, dans son rapport au Ministre, que
l'absence absolue de concurrence en matière de transport

par chemin de fer, fait au commerce français une situation qui ne peut se prolonger longtemps sans nuire d'une
manière sérieuse à son développement.

Notre Chambre de Commerce, toujours si préoccupée de
ce qui peut augmenter l'importance de notre marché,
étendre notre trafic et activer notre industrie, a présenté au gouvernement depuis quinze ans de nombreuses
réclamations auxquelles il a été fait droit pour la plupart.
Ainsi, elle demandait en 1862 une diminution de tarifs
pour le transport des charbons et pour celui des laines
à destination de Roubaix ; en 1864, elle faisait remarquer que les frais de transport de tourteaux étaient
trop élevés. Nous ne parlons ni des taxes de douane ou
d'octroi dont elle a sollicité et obtenu la réduction, ni de
celles qui frappaient les huiles et les charbons. Aujour-
d'hui ce ne sont pas quelques articles seulement dont il
s'agit d'abaisser le tarif. C'est une réduction générale, un
remaniement presque complet, une mesure d'ensemble
que nos négociants et industriels sont unanimes à regarder comme nécessaire. Notre Chambre n'a pas cessé de
se faire l'interprète de vœux aussi légitimes. L'opinion
publique se prononçant de plus en plus dans ce sens, nous
pouvons espérer qu'on finira par comprendre dans les
sphères gouvernementales qu'il s'agit de donner satisfaction à un intérêt d'ordre général.

La Société pour la Défense du Commerce et de l'Industrie de Marseille faisait ressortir en 1873 les inconvénients de l'impôt sur la petite vitesse venant s'ajouter à
des tarifs déjà trop élevés, et demandait le retrait de cette
taxe. Au mois de juillet, elle adressait aux membres de
l'Assemblée Nationale, une lettre rappelant la nécessité
d'une modification profonde dans la manière dont les
tarifs sont établis, et ensuite dans le taux de ces mêmes
tarifs. Peut-être l'ensemble de cette lettre révélait-il, sous
d'ardentes convictions, des vues de réformes plutôt multi-

ples que suffisamment élaborées. Les réclamants se plai-
gnaient notamment de la complication des tarifs, des différences dans le classement des articles selon les Compagnies,
du défaut de réciprocité des prix entre deux points donnés. On peut ne pas partager toutes les appréciations
énoncées dans cette pétition. Mais il est impossible de
n'être pas frappé de la justesse des observations par lesquelles ils prouvent que le taux actuel des transports pré-
judicie de la manière la plus considérable aux intérêts
généraux du pays. On est surpris, en effet, de voir le chiffre du transit qui s'est accru jusqu'en 1866, diminuer ensuite progressivement. A partir de cette époque, que l'on
considère la valeur des marchandises ayant transité ou
que l'on compare la quantité de tonnes, le résultat constate la même diminution.

Le tableau ci-après présente par mille tonnes les quantités de marchandises étrangères ayant traversé la France
ainsi que celles transportées par la batellerie et par les
chemins de fer.

TRANSPORTS DANS TOUTE LA FRANCE

Quantités exprimées par mille tonnes.

ANNÉES	MARCHANDISES étrangères EN TRANSIT pour toutes destinations	PAR LA NAVIGATION FLUVIALE	PAR LES CHEMINS DE FER
1847	65	880	3 597
1848	35	578	2.921
1849	38	903	3.419
1850	31	1.016	3.271
1851	38	1.421	4.627
1852	78	1.854	5.378
1853	61	2.057	7.173
1854	73	1.738	8.865
1855	76	1.755	10.648
1856	76	1.714	12.865
1857	114	1.675	15.605
1858	129	2.295	17.673
1859	121	2.616	19.948
1860	212	2.630	23.137
1861	163	2.933	27.897
1862	191	3.035	27.297
1863	207	3.096	28.838
1864	271	3.053	31.115
1865	328	3.164	34.019
1866	322	3.474	37.392
1867	320	4.552	38.566
1868	312	4.709	41.973
1869	295	4.051	44.013
1870	211	3 233	»
1871	103	4.034	37.831
1872	224	4.224	53.371
1873	231	4.284	57.481
1874	230	»	56.679
1875	198	»	58.931

La longueur totale des voies fluviales et canaux était de 12.200 kilomètres en 1861, et de 13.400 en 1875. Il y avait en France 1.830 kilomètres de chemins de fer exploités en 1847, 3.073 kil. en 1850, 9.413 en 1860, 17.423 en 1870 et 19.763 en 1875.

Malgré ce développement constant des lignes exploitées et l'augmentation des quantités qu'elles ont servi à transporter, les chiffres représentant le total du transit sont en décroissance depuis les dix dernières années, et cette diminution correspond à un mouvement dans le même sens pour la batellerie fluviale.

C'est en 1865, que la France a transporté le plus de marchandises en transit, c'est-à-dire avant nos communications avec l'Italie par le Mont Cenis et par la Suisse. C'est en 1868, que la batellerie fluviale a pris la plus grande part à la circulation intérieure ; depuis lors, cette part tend à diminuer([1]), tandis que les transports par chemins de fer non-seulement augmentent par une progression régulière, mais se développent dans une proportion beaucoup plus grande que l'extension des voies.

Le chiffre du transit est descendu à ce qu'il était, il y a douze ans ; le chiffre de la batellerie n'a pas constamment augmenté, le chiffre du chemin de fer a plus que doublé.

Mais si les transports par nos rails se sont accrus, ce n'est pas à dire que nos chemins de fer aient donné toute la somme d'utilité qu'ils peuvent produire ; avec des prix bien aménagés, si l'on peut se servir de cette expression, l'ensemble des transports aurait quintuplé, tandis que les tarifs actuels éloignent des voies françaises les envois de l'étranger pour l'étranger et aussi, comme il a été indiqué précédemment, le trafic national. Nos rails, même lorsqu'ils offrent le transport plus direct, le rendent plus couteux.

([1]) Il faut noter que les chiffres publiés en 1877, sont sensiblement plus élevés que ceux des années précédentes.

Ce qui ressort de cette situation, c'est que nos chemins de fer, malgré leur activité, leur puissance d'action ne suffisent pas au développement commercial, tel qu'il s'est développé et se développera encore.

On multiplie les petites lignes qui doivent drainer la marchandise pour les grandes lignes, on étend les réseaux secondaires qui doivent alimenter le réseau principal. Ce n'est pas assez, ce sont certaines grandes lignes elles-mêmes qu'il faut doubler.

En l'état actuel, les grandes compagnies ont sur les lignes de premier ordre plus de marchandises qu'elles n'en demandent, et même qu'elles n'en peuvent transporter. Ce n'est pas de leur propre initiative qu'elles baisseraient leurs tarifs. Quels intérêts, pour un appréciateur superficiel, auraient-elles à le faire? Elles auraient bien plutôt l'idée contraire. Elles raisonnent au point de vue de leur intérêt particulier compris dans le sens le plus étroit. Mais c'est de l'intérêt public, de l'avenir de notre trafic qu'elles devraient aussi se préoccuper.

Il y a une artère de circulation qui est non-seulement nationale, mais européenne; c'est la voie ferrée entre Lyon et Marseille. Cette ligne ne possède pas la moitié des moyens de transport, soit comme rails, soit comme matériel de traction que nécessiterait le trafic desservi dans des conditions avantageuses, c'est-à-dire à des prix proportionnels aux besoins des échanges.

Les chemins de fer n'ont pas attiré en France tout le trafic sur lequel ils avaient le droit de compter et qu'ils auraient le devoir d'y appeler. C'est à ce point de vue qu'il faut se placer et l'on comprend alors qu'un remaniement de leurs tarifs serait utile même à leurs intérêts.

Ainsi que l'a écrit M. Dupuy de Lôme, le fret de sortie ne manque pas en France, mais ce sont les voies écono-

miques qui font défaut. Ces voies de transport sont ou à
créer, ou à améliorer ; si le chemin de fer ne se prête
pas à cette exigence impérieuse des circonstances, à cette
loi fatale qui pèsera davantage d'année en année sur les
échanges, c'est aux canaux et aux rivières qu'il faut demander une aide efficace.

L'attention de l'opinion publique est maintenant appelée
sérieusement sur ce point, et les Chambres de Commerce
ont pris en main le projet d'amélioration des voies navigables de la Méditerranée à la Manche. Les délégués réunis
récemment à Lyon ont décidé la formation d'un syndicat
devant remettre l'affaire à une Compagnie financière avec
un cahier des charges à discuter contradictoirement. Une
commission permanente siégeant à Paris a été nommée
pour examiner les points de détail et ouvrir les négociations soit avec l'Etat, soit avec la Compagnie. Il est entendu que cette dernière ne pourra être mêlée ni directement, ni indirectement aux entreprises de navigation
qui existent ou pourront se créer sur le parcours de
cette artère.

Il y a donc lieu de croire que l'on va s'occuper efficace-
ment d'améliorer la navigabilité du Rhône, du Canal de
Bourgogne, de la Haute-Seine et de la Seine-Inférieure,
en associant ensemble ces diverses voies navigables de
manière à n'en faire qu'une seule, et à doter la France
d'une ligne perfectionnée non interrompue, touchant d'un
côté à Rouen et de l'autre à la Méditerranée.

Les dépenses des travaux à effectuer dans ce but ont
été évaluées à la somme totale de 65,000,000 fr. dont
40,000,000 sur le Rhône, 10,000,000 sur la Seine de
Rouen à Paris, 5,000,000 de la Roche à Paris et 10,000,000
sur le Canal de Bourgogne. Avec ces crédits, on obtien-
drait un mouillage de 2 mètres sur la Seine et sur le
Canal de Bourgogne, et sur le Rhône de Lyon à la mer
un tirant d'eau minimum de 1m 60, ce qui serait suffisant

pour toutes les exigences de la batellerie. Les travaux seraient terminés dans six ans.

Il n'y a pas de retard, croyons-nous, à apporter à l'exécution de cette œuvre qui intéresse, non-seulement Marseille, Lyon, Paris et Rouen, mais toute la France.

Paris port de mer est un projet très-réalisable. D'après l'un des plans proposés, il suffirait d'une dépense de 7 millions pour donner à la Seine, après trois ans de travaux, un tirant d'eau de 3 mètres. Il a été question aussi de Lyon port de mer. Chacune de ces vues aura sa réalisation dans un avenir plus ou moins rapproché. Marseille y applaudira, parce que tout ce qui agrandira les centres d'activité de la France, et ses relations vers l'Ouest et le Nord, concourra par cela même à agrandir le cercle d'affaires de notre ville. C'est la loi d'un progrès matériel à laquelle il faut se prêter bon gré, mal gré. Les villes qui y résisteraient, laisseraient leurs rivales maîtresses du terrain dans la lutte de prépondérance qui est engagée aujourd'hui.

Les Chambres de Commerce émettent des vœux et les ingénieurs font leur devis. Plusieurs projets sont à l'étude ; ce n'est pas ici le lieu de les discuter, ni même de les exposer. Les préoccupations des places commerçantes, vivement sollicitées sur ce grand travail de canalisation de notre pays, discerneront dans l'ensemble des propositions les données les plus pratiques.

Notre ville demande, en outre, que le projet à réaliser soit complété par la création d'un canal de Marseille au Rhône. La question serait alors de savoir si le Canal de Saint-Louis suffirait à faire communiquer le Rhône avec la mer, ou si un canal prenant son point d'attache à la Joliette et traversant la Nerthe, soit par voie souterraine, soit à ciel ouvert, pour déboucher dans l'étang de Berre, ne serait pas nécessaire dans le but d'assurer à la ligne nationale de canalisation toute l'activité qu'elle est en

droit d'attendre de sa tête de ligne dans la Méditerranée.

Lors de l'inauguration du chemin de fer de Paris-Lyon-
Méditerranée, on se rappelle que l'une des préoccupations
des administrateurs de cette ligne, était de supplanter
complètement la batellerie du Rhône. Cette Compagnie
alors n'avait pas encore conscience de sa puissance qui
est très-réelle et qui n'a jamais eu besoin de ces couteuses
luttes pour s'affirmer et être reconnue. Depuis lors, les
tarifs différentiels, les tarifs de détournement et à vol d'oi-
seau n'ont pas cessé de faire à l'industrie des transports
fluviaux, une guerre fàcheuse. C'est non-seulement une
sorte d'abus, mais aussi une erreur considérable de la
part de nos grandes Compagnies, de s'obstiner à traiter
en ennemie cette batellerie. Il n'y a, paraît-il, qu'en
France où l'on ait commis cette faute. L'Angleterre, les
Etats-Unis, l'Allemagne, la Belgique ont développé côte-
à-côte, au grand profit de l'industrie les deux éléments
de transport qui ne peuvent, ni l'un ni l'autre, résoudre
isolément la question des expéditions de marchandises à
bon marché. La voie navigable doit être le complément de
la voie de fer ; elle est son auxiliaire indispensable. Il est du
devoir du gouvernement, qui ne doit pas sacrifier l'intérêt
public à l'intérêt d'une Compagnie, de prendre des mesures efficaces pour qu'il en soit toujours ainsi, et pour
déjouer les efforts que feraient les chemins de fer en vue
de s'assurer exclusivement le transport des marchandises
à l'intérieur de la France.

Il est à craindre que cette ligne de canalisation une fois
livrée à l'exploitation, les chemins de fer ne sachent adopter
des combinaisons de tarifs ou autres, offrant aux expéditeurs des avantages qui détourneront les marchandises
de la nouvelle voie et ruineront cette entreprise. Mais une
semblable manœuvre sera déjouée si le prix de revient de
la circulation par eau est assez réduit pour que jamais

les tarifs du chemin de fer ne puissent y descendre, et nous avons lieu de croire qu'il en sera ainsi.

En second lieu, l'autorité gouvernementale doit ne pas tarder à intervenir pour obliger les chemins de fer à abaisser leurs tarifs dans une mesure juste, fixe et assez exactement proportionnée pour laisser une satisfaction légitime à tous les intérêts en jeu. L'Etat intervient chaque fois que le bien général est compromis par quelque cause que ce soit ; ici, c'est lui-même qui a assuré et qui garantit aux Compagnies le monopole des transports. Dès que l'abus de ce monopole lui est signalé, son devoir est de s'enquérir et d'y apporter remède.

M. Clapier disait à l'Assemblée Nationale, le 30 juin 1875 : — « Quand Marseille voit sa prospérité arrêtée dans l'unique but de maintenir à 10 ou 12 0/0, les dividendes des actionnaires de la Compagnie qui pourraient se contenter de moins, c'est ce qui la blesse et c'est ce qui est injuste. » — La question ainsi posée était entre la Ville de Marseille et les actionnaires de la Compagnie ; il nous est permis de croire qu'elle est plus haute.

D'abord on ne saurait trop insister sur ce point que les Compagnies elles-mêmes auraient avantage à attirer le trafic en abaissant leurs tarifs ; il en est de ces questions de transports comme de certaines taxes, par exemple, de celles sur les Postes qui rapportent moins au Trésor lorsqu'on élève le coût du port de lettres. Il n'est pas d'administration qui n'ait fait quelque expérience dans ce sens.

C'est la loi économique de notre siècle : le profit rendu plus grand par l'extension du bon marché et la multiplicité de l'échange. Il serait déplorable que, en France, pour ne l'avoir pas comprise, l'une des puissances du monde moderne, la vapeur appliquée à la circulation sur terre, obligeât les productions étrangères à se détourner de la France, et les productions nationales à se servir d'elle le moins possible.

11

Les administrateurs comme les actionnaires doivent regretter de voir les négociants calculer à quelques kilomètres près, le point le plus court pour gagner la frontière au-delà de laquelle leurs marchandises trouveront les facilités dont elles ont besoin pour s'écouler avantageusement.

De plus, au point de vue du développement de la richesse et de l'industrie nationales, il est nécessaire de bien mettre en lumière le principe qui ressort du mouvement économique actuel.

L'erreur des administrations des voies ferrées et de nos hommes d'Etat vient de ce que l'on considère le raillvay comme un instrument destiné exclusivement à desservir les besoins de l'intérieur. On n'est pas encore tout-à-fait sorti économiquement de l'étroite ornière dans laquelle on s'était maintenu jusqu'en 1860. Il y aura et il faudra toujours une protection, avouée ou non, pour certaines industries; mais le chemin de fer qui en a le moins besoin, est l'industrie qui a conservé le plus la protection officielle et qui en fait le plus grand abus. Puisqu'on émancipait les échanges, il ne fallait pas laisser entre eux comme entre les traficants, cette barrière de l'élévation des prix de transport par voie de fer. On supprimait le principe des taxes, il fallait amoindrir aussi les difficultés provenant des expéditions par vagons. L'Etat renonçait à son privilège restrictif, il devenait logique de forcer aussi la main au monopole de la locomotive. Le Trésor était généreux, comme corollaire il était nécessaire d'obliger le transporteur à l'être également.

Si le chemin de fer avait eu des concurrents sérieux, il serait arrivé sur terre ce qui est arrivé sur mer. D'un port à un autre, un chargeur a le choix entre les moyens d'expédition. D'Alger à Marseille, un expéditeur a à sa disposition chaque jour plusieurs navires ; de Marseille à Paris, il n'y a qu'une seule entreprise de transport. Aussi, qu'arrive-t-il? les frets sont réduits à des prix qui laissent toute latitude à la circulation. Le trafic entre les peuples reçoit du système économique actuel toutes les facilités ; le commerce international atteint toute la prospérité dont il est susceptible ; il n'est entravé que par la cherté de la circulation intérieure. Les conditions de transport sur terre sont telles qu'elles font un tort réel aux échanges de peuple à peuple. Le chemin de fer, tel qu'il se pose au milieu du courant de la civilisation et des idées économiques, est à ce point de vue un obstacle plutôt qu'un avantage. Sa routine est une véritable réaction contre les tendances modernes.

Ces inconvénients seraient moindres si les nations voisines et rivales n'étaient au point de vue qui nous occupe, entrées résolument dans la voie du progrès. Mais elles ont compris qu'il est inutile et dangereux de résister à la loi inéluctable qui régit les échanges et les transports.

Presque partout, les administrations de chemins de fer ont des tarifs moins élevés que les nôtres. Nous citerons notamment ceux de la Haute-Italie et ceux de l'Angleterre. En France, au contraire, par une anomalie incompréhensible, tandis qu'on multiplie les routes, qu'on crée les chemins vicinaux à grands frais, qu'on proclame bien haut la nécessité de faire écouler facilement les produits du sol et de multiplier les communications, on s'immobilise dans des tarifs établis de longue date, et qui sont désormais la seule entrave à la liberté commerciale. Ce sont les peuples voisins et les ports rivaux qui bénéficient de cette résistance au courant des idées fécondes de notre siècle en fait d'échange et de trafic.

Nos grandes lignes de voies ferrées doivent être considérées comme succursales de nos grands services maritimes. Elles doivent faire pénétrer promptement, aisément jusqu'aux marchés centraux de l'intérieur, les denrées que les navires amènent sans cesse de l'étranger

dans nos ports. Le train de chemin de fer est la continuation du paquebot ; il doit, comme ce dernier, être l'instrument actif, docile du libre-échange, et en tant que le libre
échange est une fois admis, les prix sur terre doivent être
proportionnés aux prix sur mer. C'est une vérité dont on
reconnaîtra de plus en plus l'évidence.

Ce que le chemin vicinal et le chemin de grande communication sont aux chemins de fer, le chemin de fer
l'est aux grandes lignes de navigation. Cette comparaison
est de toute justesse, étant donné que l'on favorise par
l'abolition des surtaxes, par la facilité des communications,
par les expositions universelles, le commerce international. Or, que l'on se prenne pour l'écoulement des produits par la voie ferrée, de ce beau zèle que l'on a déployé
pour multiplier les communications entre les moindres
communes et pour faciliter aux populations l'accès des
gares. C'est l'accès des ports aujourd'hui qu'il faut ouvrir
et dégager largement.

Le commerce devient de plus en plus cosmopolite ; il
faut être aveugle pour ne pas le reconnaître. Les conséquences qui résultent de cet état de choses sont de nature
à subordonner entièrement les railways à la navigation.

11

LES TARIFS ET LA CONCURRENCE

Le réseau des chemins de fer français, qui était, en 1850, de 3,013 kilomètres en exploitation, comprenait, en 1873, 18,539 kilomètres ; il a été plus que quintuplé en 24 ans. Bien qu'il soit difficile d'établir un calcul analogue pour les lignes de navigation maritime parcourues par nos navires, il est permis, en tenant compte des routes abrégées, d'établir que leur exploitation n'a pas reçu un moindre développement. Les transports sur terre sont réglés par la production et les besoins de l'intérieur ; les transports maritimes sont réglés par la production et la consommation à l'étranger. Dans l'un et l'autre cas, la production et la consommation dépendent de l'activité des populations, de leur travail, de leurs mœurs et de leurs habitudes de bien-être.

Le développement des chemins de fer ne peut s'accroître indéfiniment, il trouvera un obstacle dans la région inféconde où la recette ne couvrira plus la dépense. Le développement de la navigation est moins susceptible d'être circonscrit, sinon comme voies à parcourir, du moins comme parcours effectif.

La différence de prix qui existe entre le point d'expédition et le point d'arrivée fait tout l'intérêt du commerce. Entre les deux intervient le coût de transport, fixe sur terre, à débattre sur mer. Sur terre, il est fixe parce que derrière l'administration du chemin de fer, il y a l'Etat ; sur mer, il est variable parce que entre les ports il y a la concurrence de tous les pavillons. On voit de là l'infériorité. On se plaint des souffrances de la marine marchande : c'est qu'en décrétant l'assimilation des pavillons, il eût été logique de décréter aussi la liberté de concurrence entre les chemins de fer.

Pour le railway, l'abondance de l'offre et de la demande n'est d'aucun poids dans la question du tarif. Pour le bateau, l'abondance du tonnage l'oblige à baisser son prix de fret et peut causer sa ruine. La gare donne son prix et il n'y a qu'à l'accepter ou à le refuser. Le courtier indique son prix au chargeur qui reste maître de l'accepter ou d'en chercher un plus avantageux.

Cependant les risques des transports sont bien plus considérables pour la navigation que pour le railway. Le bateau a à redouter les caprices de la mer et du vent, les abordages, les explosions, les erreurs de route ; pour s'en garantir l'expéditeur peut recourir à l'assurance qui est une aggravation de frais. La locomotive n'a pas ces risques, du moins quant à la marchandise.

De tout cela, il résulte que le prix de transport par chemin de fer devrait être inférieur au prix de transport par mer. Ce serait logique, équitable, sensé. C'est dans ce but que devraient être conçus les tarifs, et l'économie commerciale bien comprise devrait tendre par tous les moyens à obtenir cette égalité proportionnelle pour l'un et l'autre mode d'expéditions.

Il est assez difficile d'apprécier, comparativement, les frais de mise de premier établissement pour le navire et pour le chemin de fer, et nous devons passer outre à cette considération pour examiner quels sont, en réalité, de part et d'autre, les prix de transport par kilomètre. La rouennerie, par exemple, paie du Havre à Marseille 7 centimes 98 par tonne et par kilomètre ; de Marseille à Alger, le tarif serait de 7 centimes 78 par tonne et par kilomètre, mais la concurrence oblige souvent, pendant l'été surtout, les Compagnies maritimes à réduire ce prix jusqu'à 5 cent. 20.

La laine, de Marseille à Rouen, revient à 7 cent. 83 par tonne et par kilomètre ; de Tunis à Marseille, 4 cent. ; de Constantinople à Marseille, à moins de 2 centimes.

Le blé de Marseille au Havre paie 4 cent. 97 ; de Stora à Marseille, 2 cent. 75 ; de Constantinople à Marseille, 0 cent. 67 ; d'Odessa à Marseille, 0 cent. 60. Le même article, d'Alger et d'Oran à Marseille, n'a jamais payé plus de 2 cent et est souvent descendu à 1 cent. 1/2.

Le coton brut, de Marseille au Havre, revient à 6 centimes 32 ; d'Oran à Marseille, en ce moment, il est de 5 centimes.

Un des tarifs les plus réduits qui existent, c'est le tarif spécial P 6 de la Compagnie du Midi, lequel fait bénéficier d'un taux de 3 centimes 15, par tonne et par kilomètre ; les marchandises seulement qui viennent de l'étranger pour l'étranger.

Sur la même ligne le tarif du crin végétal brut est de 7 cent. 90 ; d'Oran à Marseille, il a été de 1 cent. 50 à 2 cent.

De Cette à Bordeaux, le vin en fût paie 5 cent. 74 ; de Marseille à Naples, 2 cent. 44 ; de Marseille à Tunis, 2 cent. 40 ; et de Marseille à Alger, 1 cent. 95.

De Bordeaux à Rio-Janeiro, le fret, sur les navires de la Compagnie des Messageries maritimes, est à 1 cent. 30 par tonne et par kilomètre. De Marseille à Saïgon, il revient à 1 cent. 50, et à Yokohama à 1 cent. 40.

De Marseille à Paris, le prix des places revient à 6 centimes 77, en 3e classe ; 9 cent. 24, en 2e classe ; 12 cent. 30, en 1re.

De Marseille à Alger, il est de 10 cent. 40 en 1re classe ; de 7 cent. 7, en 2e, nourriture comprise, et de 3 cent. 7 à la dernière classe.

De Marseille à Aden, 18 cent. en 1ʳᵉ classe ; 13 cent. en 2ᵉ, nourriture comprise ; et de 3 cent. 4, 7 en 3ᵉ classe.

De Marseille à Saïgon, de 15 cent. en 1ʳᵉ classe ; de 11 cent. en 2ᵉ, nourriture comprise ; et de 3 cent. 7, à la dernière classe.

D'après les déclarations faites à l'Assemblée nationale en 1875, le tarif moyen pour le transport des marchandises est de :

Compagnie du Nord	5.37 par kil.
Compagnie de l'Est	5.46 »
Compagnie de l'Ouest	6.66 »
Compagnie d'Orléans	6.25 »
Compagnie Paris-Lyon-Méditerranée	5.68 »
Compagnie du Midi	6.94 »

Pour les petites Compagnies, les chiffres sont plus élevés, ils varient entre 7 cent. 89, le minimum, et 15 cent. 31, le maximum.

Le point qui nous occupe ne concerne que les grandes Compagnies et même, parmi celles-là, les lignes principales seulement, celles qui servent au transit le plus général et qui sont les véritables artères de la circulation.

L'Etat ne peut rien pour relever les prix sur mer. Les surtaxes de pavillon auraient pour effet d'éloigner encore davantage la marchandise, mais son action peut s'exercer à l'intérieur ; il lui appartient de faire cesser cette anomalie de prix de transport plus élevés là où ils devraient logiquement, nécessairement, l'être moins.

Nous ne croyons pas que les prix de fret de la navigation puissent être encore abaissés ; ils semblent avoir atteint la limite du minimum. De nouvelles réductions seraient ruineuses pour les Compagnies maritimes, même pour celles qui sont subventionnées. Mais il n'en est pas ainsi des Compagnies de chemins de fer ; elles seules prospèrent dans le malaise général, et l'on voit que c'est au préjudice de l'activité commerciale et de l'avenir de notre marine marchande.

On recherche quelles sont les causes qui ruinent notre marine marchande. L'une des principales n'est-elle pas cette immobilité des taxes de la voie ferrée en face des fluctuations, de la baisse constante et indéfinie du taux du fret ?

Il serait oiseux d'espérer que les tarifs du chemin de fer deviendraient, comme cela devrait être en théorie, à un tarif inférieur à celui du fret. Mais il ne faut pas néanmoins cesser de solliciter des réductions et d'en démontrer par tous les moyens l'opportunité et la nécessité pour l'avenir du pays.

Déjà, les Compagnies ont eu l'initiative de baisser leurs prix pour certains articles de première nécessité, par exemple le blé et les autres céréales. On a demandé que le maïs et les fèves soient compris dans cette catégorie. Les marchandises en transit international jouissent aussi de certaines réductions.

Mais il est désirable que ces avantages partiels soient accordés dans une plus large mesure. C'est tout un principe nouveau de diminution de taxe dans l'ensemble des tarifs, que réclament les besoins de la circulation, plus encore que les commerçants qui s'arrangent toujours pour réaliser un bénéfice en dépit des frais. C'est toujours, en somme, sur la marchandise et le consommateur que retombe l'aggravation des débours.

Voici quelques faits qui établiront, de la manière la plus positive, comment certaines denrées qui devraient passer par notre ville, d'après l'axiome que la ligne droite est le chemin le plus court d'un point à un autre, font cependant un circuit pour arriver à leur destination définitive.

H.

Les relations directes du Nord de la France avec l'Algérie s'accroissent continuellement. La Compagnie Péninsulaire et orientale qui fait un service bi-mensuel entre le Hâvre, Oran et Alger, apporte à chaque voyage 300 à 350 tonnes d'articles qui autrefois passaient par Marseille. Oran reçoit du Hâvre, par ces paquebots, des sucres, des cafés, des fers, de la fonte, des verreries, des papiers, etc. L'article de Paris tend à passer exclusivement par le Hâvre. Les négociants d'Oran déclarent qu'à un moment donné il ne faudra plus compter à Marseille que sur les produits du Midi et du Centre, c'est-à-dire ceux que fournissent les départements en-deçà de Lyon. Les mêmes conditions sont faites au trafic pour les ports d'Alger, de Stora et de Bône.

Les exportations de l'Algérie subissent les mêmes lois. La Compagnie Péninsulaire prend à chacun de ses départs d'Alger son plein chargement pour les ports du Nord. Il en est de même de la Compagnie Deglaire et de tous les navires charbonniers. Les trois quarts de la récolte des laines et presque toutes les graines de lin de la place d'Alger, ont pris cette voie en 1875.

Les laines d'Oran vont aussi à Dunkerque par la voie de mer. Dans les deux seuls mois de juin et de juillet 1875, 25 vapeurs presque tous anglais, après s'être lestés de minerai de fer, soit à Bône, soit à Béni-Saff, soit sur la côte d'Espagne, ont complété leur chargement avec des laines et d'autres marchandises. On a compté pendant ce laps de temps 35.000 balles expédiées par ces navires à destination de Dunkerque.

Après les laines sont venus les embarquements de céréales, surtout les orges. Cet article qui devrait, ce semble, revenir plus particulièrement au grand marché de Marseille, s'en détourne comme toutes les autres marchandises. Le courant d'affaires qui s'est établi entre l'Algérie et le Nord est déjà plus considérable que celui qui existe entre notre colonie et Marseille ou Cette. Notre ville ne compte plus que pour une part bien réduite dans le mouvement général des affaires commerciales de l'Algérie. Le port d'Oran expédie à lui seul pour l'Angleterre plus de 100.000 tonnes par an. Ces chiffres sont à méditer, et l'on se demande si nos armateurs marseillais ont fait ce qui dépendait d eux pour maintenir à notre ville la prépondérance à laquelle elle a droit.

Ces résultats sont dus, en premier lieu, tout le monde en convient, aux tarifs de la Compagnie P.-L.-M.

Le fret moyen des laines, d'Oran à Dunkerque était, l'année dernière, de fr. 60 la tonne. Le transport par Marseille revient à fr. 104 : soit fr. 35 d'Oran à Marseille ; fr. 69 de Marseille à Dunkerque, non compris les frais de manutention sur notre quai et à la gare.

Le fret moyen des orges d'Oran au Havre est de fr. 26 la tonne. Par notre ville, il faut compter pour cet article, 16 francs jusqu'à Marseille et plus de 40 francs de Marseille au Havre.

Le fret du blé d'Oran est de fr. 28 pour Anvers et de fr. 30 pour Londres. Le fret le plus réduit qui puisse être fait pour le blé d'Oran à Marseille est de fr. 10 (et à ce taux il est à moins de 1 cent. par kilom.) De Marseille à Paris, le prix de transport est de 30 fr. 50. Remarquons à ce propos que le taux kilométrique est de 1 cent. plus élevé de Marseille au Havre que de Marseille à Paris.

Le crin végétal qui constitue avec l'alfa, une des branches principales de l'exportation de notre colonie africaine est coté, comme fret d'Oran au Havre ou à Dunkerque, à fr. 40 et pour Londres à fr. 50. Les navires qui l'apportent à Marseille prennent fr. 20 la tonne, le chemin de fer demande ensuite fr. 65,75 jusqu'au Havre.

L'alfa est une marchandise qui parait être inconnue à nos chemins de fer français, puisqu'elle ne figure pas encore dans leurs tarifs. L'Angleterre cependant en tire

de l'Algérie des milliers de tonnes chaque année. Nos
voisins d'Outre-Manche ont compris plus vite que nous
l'utilité de cette denrée et l'avenir qui lui est réservé. Il
est à remarquer que nous sommes les derniers à reconnaître nos richesses, même dans nos propres possessions
et que c'est seulement sous l'aiguillon de la concurrence
et à la suite des exemples de l'étranger, que nous arrivons
à en réaliser utilement l'exploitation.

Les prix de fret d'Alger pour les mêmes ports du Nord
ne sont pas sensiblement plus élevés.

Les blés sont à 26 francs pour le Hâvre, 27 fr. pour
Dunkerque. Les prix de fret les plus bas qui aient été
établis pour cet article par les Compagnies de Marseille
est de 10 fr. Dernièrement, divers navires l'ont pris par
occasion à 7 fr. Mais les vapeurs marseillais embarque-
raient même gratuitement cette marchandise que le prix
de revient par chemin de fer serait encore énorme comparativement à celui qu'établit la Compagnie anglaise. La
différence est si grande que les blés d'Algérie peuvent arriver à meilleur compte par le Hâvre que par Marseille,
dans tout le Nord de la France jusqu'à une limite qui ne
serait guère éloignée d'Orléans, de Troyes et de Reims.

Les laines s'expédient d'Alger pour le Hâvre à 65 fr.,
pour Dunkerque à 70 et pour Anvers à 95 fr. La gare de
Marseille demande 85 fr. pour Rouen et 89 fr. pour le
Hâvre (¹).

L'alfa et le crin végétal se cotent à 45 fr. pour Dunker-

(¹) Le tarif n° 164, applicable à partir du 10 avril 1877,
fixe les prix de 76 fr. et de 68 fr., des ports de l'Algérie à
Amiens et Tourcoing, pour les laines que les grandes Compagnies livrent aux Docks et qui sont réexpédiées immédiatement après le débarquement. Cette réduction a amené
au chemin de fer des envois assez importants des provinces
d'Alger et de Constantine, mais sans profit pour le commerce
marseillais.

que et à 65 fr. pour Anvers. Quant au minerai, il est à 20 et 25 fr. D'un autre côté, les voiliers embarquent des céréales pour Dunkerque à 20 fr., pour Anvers à 23 fr., pour Londres à 26 fr. Le chargement de ces navires se fait en combinant la marchandise lourde avec celle qui est plus légère, de façon à profiter selon les circonstances de ce qu'elles offrent l'une et l'autre de plus avantageux comme condition de fret.

De toutes ces données, il résulte que les Compagnies de bateaux français ayant baissé leur prix de transport à sa dernière limite, c'est au chemin de fer à réduire les siens. Des remaniements importants et radicaux sont indispensables si l'on veut empêcher les navires anglais d'accaparer la plus grande partie du trafic entre le littoral algérien et la France.

Ce qui précède soulève aussi la question de savoir si les vapeurs ou les voiliers français ne seraient pas à même de faire aussi avantageusement que les navires anglais des services directs entre l'Algérie et les ports du Nord. On comprend qu'il répugne aux entreprises marseillaises d'aller prendre du fret à la côte de notre colonie pour le détourner de notre place.

Si cependant les difficultés que présente la voie de terre sont telles qu'elles ne puissent être applanies, il faudra bien en venir là et il sera préférable encore que la marine marchande française profite de ces transports pour ainsi dire nationaux.

Une surtaxe de pavillon aurait pour premier résultat de diminuer les débouchés de notre colonie dont le commerce, on le sait, a eu déjà de rudes épreuves à supporter. Il convient au contraire de faciliter par tous les moyens possibles les exportations, et il est déplorable que, au point de vue de l'intérêt algérien, l'on se trouve encore en face de cette barrière des tarifs de nos chemins de fer.

Tout s'enchaîne, tout est solidaire dans les grands mouvements commerciaux. Si un courant d'échanges s'établissait sérieusement en dehors de Marseille, il prendrait
sans doute avec le temps de plus grandes proportions.

Quel motif empêcherait les blés de se rendre dans les
départements de l'Ouest par Cette à meilleur compte que
par Marseille. De Cette à Nantes, le blé paie 35 fr. la tonne,
de Marseille à Nantes, il paie 40 fr. Or, le prix de fret est
le même de Stora ou d'Alger à Marseille qu'à Cette. Ce
sont les Compagnies marseillaises elles-mêmes qui transportent dans cette dernière ville au même fret que sur
notre place. Il peut en résulter des conséquences des plus
défavorables pour notre marché. Les Compagnies, on le
sait, ont en vue de parer à un danger qui pourrait les
menacer d'un autre côté ; mais c'est le cas de remarquer
que souvent la crainte d'un mal en amène un autre.

Un autre fait qui vient à l'appui de ces observations,
c'est que le fret de l'huile de Dellys à Nantes est de 40 fr.
tandis que par la voie de Marseille, le transport revient
à plus de 70 francs.

Ce que les compagnies anglaises tentent avec succès à
l'Ouest de l'Algérie, les compagnies italiennes l'entre-
prennent à l'Est. Il y a de ce côté, pour l'avenir de notre
place, une menace qui n'est pas moins grave quoique les
tendances du trafic s'y soient jusqu'à ce jour moins des-
sinées à notre désavantage.

On connaît les relations anciennes et vivaces qui existent entre notre province de Constantine et la Péninsule.
Il y a là un courant d'immigration analogue à celui qui se
produit d'Espagne dans la province d'Oran.

Le corail qui se pêche dans les environs de la Calle se
travaille à Livourne ; les expéditions de cet article se font
encore par Marseille, mais les quantités diminuent d'an-

née en année. Des voiliers italiens établissent des communications directes entre Bône ou Stora et Naples, Palerme ou Gênes. Les négociants du pays font des efforts sérieux pour attirer à Gênes les céréales et autres produits de la province de Constantine.

Mais c'est surtout à Tunis que notre prépondérance commerciale est vivement contestée. L'Italie a un service de paquebots réguliers subventionnés, qui fait une rude concurrence au service français de la Compagnie Valéry. Si l'on compare les exportations de Tunis à Marseille pendant les dernières années, on remarque qu'elles ont considérablement diminué. Les huiles et les laines de ce port ne viennent plus sur notre place ; elles se dirigent sur Naples et Gênes. L'article qui depuis trois ans donne le meilleur élément de fret de Tunis à Marseille, consiste en papiers de valeurs et titres dont l'échange avec Paris est assez considérable et en groups.

L'influence politique suit facilement la prépondérance commerciale et il ne serait que temps de remédier à la décadence de notre trafic avec cette place.

Si une compagnie française est chargée de la construction du chemin de fer projeté en Tunisie, et si ce sont des capitaux français qui contribuent à fonder la banque qu'il est question de créer, nul doute que notre commerce avec ce port ne s'en ressente avantageusement et ne reprenne son ancienne importance.

Pendant que la guerre carliste rendait difficiles les communications par les Pyrénées, notre commerce avec les ports de l'Est et du Midi de l'Espagne est resté très-actif. Depuis lors, il est allé en diminuant.

On a vu des exportations d'oranges se faire de Carthagène à Paris, par le Hâvre. C'est un fait analogue à celui signalé pour l'Algérie, mais encore plus surprenant. Le

fret des oranges de Carthagène à Marseille est de fr. 35 ;
de Marseille à Paris, il est de fr. 60.

Il a suffi aux vapeurs faisant leur service sur le Hâvre
de baisser légèrement leur prix pour attirer ces fruits
sur cette voie. Les Compagnies de chemins de fer ont
d'ailleurs un tarif combiné, en vertu duquel les oranges
et les citrons sont expédiés au prix de fr. 100 la tonne,
d'Almanza au Hâvre et à Rouen. D'Almanza à Carthagène
la distance est de 330 kilomètres ; du même point à Valence et à Alicante elle est de 130 kilomètres. Il est donc
clair que, pour ramener au transit de Marseille les exportations de fruits d'Espagne, il faudrait une réduction
sensible et sur le taux du fret et sur le prix du chemin de
fer. Le Paris-Lyon-Méditerranée aurait tout intérêt à se
prêter à ce remaniement de tarifs qui ferait affluer à la
gare de Marseille des envois considérables au détriment
des Compagnies de l'Ouest de la France.

Le plomb et le minerai que les paquebots apportaient
jusqu'à ces derniers temps à Marseille, s'embarquent aussi
à Carthagène pour Londres directement, bien que le taux
du fret ait acquis, surtout par les bateaux espagnols, la
dernière limite du bon marché : il est descendu jusqu'à
6 francs la tonne, ce qui fait 0 centime 7 par kilomètre.
Le fret ordinaire est d'environ 1 cent. Nul doute que si le
chemin de fer le prenait à un taux kilométrique même
double, notre gare conserverait ces transports.

La Chambre de Commerce de Marseille faisait remarquer, en 1873, que les chemins de fer de la Haute-Italie
et de l'Autriche méridionale rendus attentifs par le grand
commerce du transit marseillais, se donnaient toutes les
peines imaginables pour en attirer une partie sur leurs
lignes. Il en résulte que peu à peu la Suisse Orientale
et les provinces du Rhin, au lieu de nous demander leur

blé, s'approvisionnent par les ports de Venise et de Trieste. Les mêmes plaintes ont été formulées en 1874 et en 1875, mais inutilement jusqu'à ce jour. Les produits de la mer Noire arrivant, soit par le Danube, soit par Trieste, soit par Venise et le Mont-Cenis jusqu'en Suisse et même jusqu'à nos départements du Centre, détournent chaque jour du marché et du port de Marseille, une grande partie de son commerce de transit.

En présence de l'obstination du chemin de fer, on se demande si les Compagnies Maritimes peuvent baisser leur prix de fret pour ramener ces céréales sur notre place. Est-ce aux Compagnies Maritimes à faire ce sacrifice dont les Compagnies de chemin de fer auraient leur profit, puisqu'il aurait pour effet d'amener à la gare une grande quantité de blé. Si les Compagnies maritimes faisaient une concession sans que la voie ferrée y contribuât, les entreprises concurrentes travaillant sur le Danube et l'Adriatique ne feraient-elles pas aussi des réductions au point de détruire l'efficacité de celles consenties en faveur de Marseille ? Dans cet antagonisme de l'administration du chemin de fer et des intérêts marseillais et français, n'est-il pas plus urgent de provoquer l'intervention de l'Etat ?

Le railway peut répandre la vie à l'intérieur, mais il nous sépare insensiblement de tout le commerce étranger. C'est un réseau admirablement bien organisé, il faut en convenir, mais qui enserre d'autant plus les populations, éloigne de nous peu à peu toute l'activité extérieure, nous isole dans l'Europe et détruit l'efficacité qu'on attendait de la liberté commerciale, au détriment des intérêts de nos ports maritimes.

C'est ici le lieu de signaler diverses autres tendances qui, dans un avenir plus ou moins rapproché, pourraient

affaiblir dans une certaine mesure les éléments de la prépondérance de Marseille.

Les relations maritimes entre l'Italie et l'Espagne ont
eu, jusqu'à présent, notre ville pour intermédiaire. Nous
expédions à Barcelone, par exemple, beaucoup de marchandises venant de Gênes et de Livourne. Quelques
indices font supposer que ce courant de trafic pourrait
s'organiser dorénavant, indépendamment de notre concours. Le mouvement maritime entre Naples et l'Espagne
se chiffrait par 45 navires et 11.000 tonnes en 1873. Avec
Gênes, on comptait 284 navires et 84.000 tonnes en 1874,
263 navires et 98.000 tonnes en 1875.

Toutefois, ce ne serait que dans le cas où notre place
verrait diminuer son influence comme marché central et
comme entrepôt européen, qu'elle risquerait de cesser
d'être le point de convergence et pour ainsi dire le trait-
d'union obligé entre la navigation et le commerce italiens,
et la navigation et le commerce espagnols.

Un certain nombre d'expéditions de la Haute-Italie
pour l'Amérique se font par Marseille et Bordeaux. A ce
point de vue, il est à constater que, en 1874, le nombre
des navires ayant navigué entre Gênes et l'Amérique, a
été de 413, jaugeant 205 mille tonnes. En 1875, on compte
393 navires et 193.000 tonnes. Pour Naples, nous trouvons 52 navires avec un tonnage de 35.000. Gênes a un
service de vapeurs bi-mensuels sur Buenos-Ayres.

Un autre fait qui trouve ici sa place, en ce qu'il intéresse,
non-seulement Marseille comme marché houillier, mais
encore les propriétaires des mines de charbon du Midi,
c'est que les Compagnies anglaises approvisionnent de
combustibles les chemins de fer italiens et même les
paquebots français, jusque dans le port de Marseille.
Comment les producteurs anglais malgré les frais de transport, peuvent ils offrir des prix inférieurs à ceux des producteurs français ? Les chemins de fer ont cependant

réduit leur tarif pour cet article. Il n'y a pas d'autre explication que la différence du coût de l'extraction. Nous nous trouvons ici en face de cette éternelle question des prix de la main-d'œuvre toujours à meilleur compte à l'étranger qu'en France.

Il existe une autre cause qui concourrait aussi dans une certaine mesure à éloigner de notre ville les marchandises qui ne doivent qu'y transiter : ce sont les frais qu'entraîne sa manipulation à Marseille et la commission que prennent les transitaires.

Les commissionnaires ont des frais de douane, d'octroi, de camionnage, d'embarquement, de timbre, de droits statistiques qui sont fixes ; ce sont des débours qu'ils ne sauraient omettre dans leur compte au débit de la marchandise sans être en perte. Seulement, ces menues dépenses sont tellement multiples et forment à la fin un total si élevé, souvent hors de proportion avec la valeur des colis, surtout lorsqu'il s'agit d'expéditions peu considérables, que le négociant étranger en est frappé et crie à l'abus.

Le point unique cependant sur lequel une contestation devrait être possible, étant donné que le transitaire dresse des notes exactes, ce serait sur le chiffre de la commission.

En soulevant cette question, on ne peut s'empêcher de remarquer tout d'abord combien sont nombreux les commissionnaires expéditeurs sur notre place.

Sans doute, dans cette grande loi du progrès tendant à centraliser les affaires, à créer de vastes agglomérations du va-et-vient commercial, au détriment des groupements intermédiaires qui doivent s'effacer peu à peu, la ville de Marseille, par sa position, ses traditions et son intelligente initiative a tout à gagner à cette transformation. Elle est une des cités européennes ayant le plus de cette puissance absorbante dont le rayonnement attire, élabore et féconde.

Mais le danger est à côté du succès. Les habitudes héréditaires de loyauté, d'honnêteté qui ont fait la réputation de l'antique Marseille et ont été les plus solides assises de sa grandeur, ne sont plus sous la garde exclusive des descendants des vieilles familles. Le commerce n'est plus seulement cette profession transmise de père en fils, dans laquelle la tradition concourait avec une activité patiente et raisonnée, l'initiative s'associait avec une honorabilité éprouvée et jalouse, pour maintenir une position moins brillante que solide et considérée.

Tout un monde nouveau de trafiquants a pris sa place au banquet du négoce. Le besoin de s'enrichir vite n'est-il pas trop souvent dans le monde moderne la seule vocation commerciale ? La spéculation effrénée ne tend-elle pas parfois à remplacer les transactions sérieuses et longuement élaborées. L'art du commerçant aujourd'hui n'a-t-il pas quelque tendance à emprunter ses ressources à l'adresse du charlatan, à la souplesse, à la ruse ? La réussite n'est-elle pas acceptée trop souvent comme justifiant les moyens ?

Le mal est loin d'être aussi profond dans notre ville qu'il l'est dans d'autres centres populeux et encore plus cosmopolites. L'ambition de primer dans le gain n'est encore que le lot du petit nombre. Les grandes maisons, celles qui font beaucoup plus d'affaires que d'étalage et de réclames, celles qui forment le fond de la classe commerçante, sont encore les plus nombreuses, et jouissent de l'estime héréditaire que leur ont transmise leurs fondateurs. Marseille n'est pas encore un bazar où le premier venu campe un jour pour porter ailleurs le lendemain son lucre éphémère.

Parmi les diverses industries, celle du transitaire, du commissionnaire ou du représentant expéditionnaire nous

semble ne devoir venir qu'après les autres. Elle rapporte
peu à la masse de la production, à moins qu'elle n'appelle
dans la circulation locale des articles d'échanges qui s'en
éloignaient auparavant. C'est un intermédiaire nécessaire,
évidemment, mais ayant quelque chose de parasite. .

Le nombre des commissionnaires doit être en raison
directe de l'accroissement du transit. Si la proportion est
dépassée, cette industrie devient un danger. Le bénéfice
que peuvent se partager utilement cinquante entreprises
étant réparti entre deux cents, il est évident que chacune
d'elles n'en aura qu'une part trop limitée. On comprend
que, dans ce cas, les frais de commission doivent être
grossis pour obtenir un bénéfice suffisant.

Ces principes posés, laissons parler les chiffres. Il y
avait en 1850, 30 commissionnaires, cammionneurs et
chargeurs à Marseille ; en 1860, leur nombre était de 38 ;
en 1870, on en comptait 190 ; en 1875, le total s'élève à
à 293.

La somme de transit a-t-elle augmenté dans la même
proportion ? On sait que depuis 1866, les quantités de
marchandises ayant transité par notre port ont été en diminuant. Quelques-uns des commissionnaires actuels
dirigent d'anciens et importants établissements ; tous,
sans doute, s'inspirent des principes et des vues les plus
honorables, mais les données ci-dessus révèlent un état
de choses qui n'est pas sans inconvénient.

Il est de fait que pour le public de l'Algérie, par exemple, qui est obligé de subir leur intermédiaire et qui ne
se rend pas compte des opérations et des débours qui
leur sont imposés par les administrations et la manipulation des colis, les transitaires de Marseille passent pour
rançonner leurs clients. Que cette appréciation soit fondée
ou non, elle s'est produite et peut être nuisible à notre
trafic.

Les transitaires des autres villes sont-ils moins exigeants? Cela est possible. Cependant, toutes les fois que nous avons eu sous les yeux des notes de frais d'expéditeurs de Maples et de Gênes, les chiffres donnaient lieu à des critiques au moins aussi fondées que celles qu'on adresse aux négociants marseillais.

Il serait désirable, dans l'intérêt des commissionnaires eux-mêmes, que l'effet fâcheux produit en France et à l'étranger par des appréciations établies sans doute inconsidérément, fût détruit peu à peu, de façon à ne pas laisser peser sur cette classe d'industriels un soupçon de rapacité dont le négoce tout entier pourrait ressentir les fâcheux effets.

III

LE CRÉDIT MARITIME

La loi de 1866 mettait les armateurs français dans la nécessité de transformer leur instrument de transport, de substituer la vapeur à la voile ou tout au moins de remplacer le navire de faible portée par un autre de plus fort tonnage.

L'une des raisons qui ont pu être un obstacle à ces modifications, c'est le manque de capitaux.

L'argent ne va pas volontiers aux entreprises maritimes. Une société par actions, quel qu'en soit le but, arrive toujours à se constituer, mais s'il s'agit d'une avance à un particulier, propriétaire ou acquéreur d'un navire, il y a plus que de l'hésitation ; c'est de la part du public français une antipathie bien prononcée. Une opération de navigation qui n'est pas cotée à la Bourse lui produit l'effet d'un gouffre où ses capitaux seraient jetés en pure perte.

La loi sur l'hypothèque maritime, longtemps sollicitée, est venue, en 1873, donner un commencement de satisfaction aux capitalistes et industriels, intéressés à ce que le navire pour lequel un emprunt serait contracté, fût susceptible d'hypothèques.

Toutefois, cette loi est loin d'avoir réalisé toutes les espérances qu'on en attendait. Il est évident, aujourd'hui, que ce n'est pas d'elle encore que nous viendra le remède aux souffrances de la marine commerciale.

La faculté d'avoir une hypothèque sur le corps du navire ne détermine pas le bailleur de fonds. L'opinion trop peu familiarisée avec les choses de la mer, considère l'instrument de la navigation comme demeurant exposé à trop de chances contraires.

On a réclamé la création d'une société de crédit maritime ayant pour fonction spéciale de prêter les sommes nécessaires aux armateurs, capitaines et propriétaires de navires, de façon à les mettre à même d'entreprendre un voyage que le manque d'argent les aurait obligés d'ajourner.

L'idée n'est pas nouvelle et, à Marseille même, elle a déjà été mise à exécution par nos devanciers. Il y a environ vingt ans que fut créée, dans notre ville, la Société générale du Crédit maritime, mais cette entreprise ne fut pas heureuse et cessa d'exister vers 1864.

Depuis lors, divers établissements de crédit ont été créés dans le but de venir en aide à la navigation en même temps qu'au commerce. On en compte actuellement huit dont le siége social est à Paris, à Lyon, ou à Marseille. C'est le cosmopolitisme du crédit; c'est le drainage des capitaux pour l'association et la fructification des valeurs par une manipulation plus détaillée, leur échange mis à la portée du plus grand nombre et leur circulation plus étendue.

Nul doute que si l'influence de quelques-unes de ces sociétés était mise exclusivement au service des opérations maritimes, il n'en résultât pour ces derniers un développement réel. Mais chacune d'elles a d'abord son but déterminé et toutes d'ailleurs cherchent une part importante de leur bénéfice dans l'exécution des ordres de Bourse et le paiement des coupons.

Le négoce, même moyen, ne retire pas de ces groupements de capitaux et de la manière dont ils sont exploités, les ressources nécessaires.

En se mettant au service de la spéculation commerciale ou financière, ces établissements ne font rien qui ne soit parfaitement dans leur rôle et dans leurs intérêts, nous n'en disconvenons pas. Mais cela même prouve qu'il faut autre chose pour la navigation, si toutefois c'est le crédit qui lui manque.

Et d'abord, est-il vrai que le crédit lui manque, et au cas de l'affirmative, dans quelle mesure le concours de cette puissance, morale autant que matérielle, lui fait-il défaut?

Nos grandes compagnies de bateaux à vapeur, celles dont les services réguliers sont l'honneur de la France et le plus réel instrument du trafic, manquent-elles de capitaux? On est obligé de convenir que non. Pour se former, elles ont fait appel directement au crédit, elles ont émis des actions et les souscriptions ont été couvertes. Si elles ont eu recours à un établissement public ou à une banque privée, c'est dans le même sens que l'on s'adresse a un caissier. Elles n'ont pas eu besoin de la confiance propre à l'un de ces intermédiaires pour l'écoulement de leurs titres, elles ont mis carrément le public en face de leur entreprise sans invoquer, pour attirer son adhésion, le patronage d'un tiers garant ou la solidarité officielle d'une institution publique.

C'est ainsi qu'elle se sont fondées. Elles ont prospéré, ou elles n'ont pas prospéré; là n'est pas la question, mais elles marchent, elles vivent depuis des dix et des vingt ans.

Ce sont les subventions, dira-t-on, qui ont déterminé le public à acheter leurs actions et leurs obligations. D'abord, toutes ces compagnies ne sont pas subventionnées; ensuite celles qui le sont ne le sont pas pour tous leurs services. De plus, le public même des capitalistes se rend généralement peu compte des probabilités de succès et de bénéfices qu'une subvention apporte à une Compagnie.

12

On pourrait objecter aussi que pour la plupart de ces grandes Compagnies, leurs actions et obligations sont cotées à là Bourse, au-dessous du taux d'émission. Il n'y a, croyons-nous, aucune conséquence, à tirer de ce fait, si ce n'est l'indifférence ou l'éloignement de l'argent pour les choses de la mer.

Il faut donc poser en fait que nos grandes Compagnies de navigation à vapeur qui réalisent désormais à elles seules plus de la moitié des opérations de transport de Marseille effectuées par navires français, se sont fondées, développées et prolongent leur existence sans autres ressources de crédit que celles qu'elles puisent dans le rayonnement de leur action propre et de leur vitalité particulière. Mais il n'en est pas de même pour l'ensemble des armateurs. Une Compagnie se fonde avec plusieurs millions de capital plus aisément qu'un constructeur ne trouve à emprunter cent mille francs pour achever un navire, que l'acheteur pour en solder le prix, ou que le propriétaire pour entreprendre un voyage.

C'est l'application de cette loi bien connue : on ne prête qu'aux riches ou à ceux qui paraissent l'être. Mais il y a plus : une exploitation agricole ou industrielle trouvera avec une garantie ordinaire l'avance dont elle a besoin, tandis qu'un entrepreneur par mer, opérant isolément, n'arrivera qu'après de longues difficultés à se procurer la somme qui lui est indispensable pour ses dépenses d'hommes, d'apparaux, de gréement, et cela malgré l'hypothèque sur l'instrument de son travail, hypothèque garantie en outre par l'assurance. La mer semble un écueil permanent pour la spéculation. Cette appréciation déplorable est due sans doute aux sinistres maritimes, malheureusement trop fréquents et dont les journaux racontent les détails émouvants. Il serait juste de reconnaître, néanmoins, que le nombre des accidents sur mer avec les milliers de navires qui sillonnent continuellement et en tous sens les Océans, est moindre, proportionnellement, que celui des accidents qui se produisent sur nos routes et nos chemins de fer.

Quoiqu'il en soit, il y a une necessité urgente de solliciter puissamment les capitaux réfractaires et de les entourer de garanties suffisantes et efficaces. Tel est le but de la création d'un grand établissement de Crédit maritime.

Cette banque aura pour objet d'assurer l'application pratique de la loi du 10 décembre 1874, en prêtant aux propriétaires et constructeurs de navires des sommes remboursables soit par annuités, soit à court terme ; en fournissant, à des conditions déterminées, des sommes destinées à l'exécution ou à l'achèvement de tous travaux utiles au développement de l'industrie maritime, et en escomptant, sous certaines réserves, des billets souscrits par des constructeurs ou propriétaires de navires.

Tel sera le fonds des opérations de cet établissement. Il devra, puur donner toute confiance aux capitaux, recevoir certains encouragements du gouvernement, de la nature de ceux qu'on accorde au Crédit foncier ou au Crédit agricole. Quelques-uns pensent même qu'il sera nécessaire de l'autoriser à attacher des lots annuels au remboursement de ses primes. Ce serait le moyen de populariser le crédit maritime et de vulgariser jusque parmi les petits rentiers et capitalistes le grand intérêt national qui ressort de la prospérité de notre marine marchande.

Mais le fonctionnement de cette institution devra être nettement déterminé ; il devra lui être interdit de se livrer à des opérations dont l'industrie maritime ne profiterait pas directement. Il serait bon, toutefois, de lui laisser une certaine latitude pour favoriser la création, dans quelques ports importants de l'étranger, de succursales qui, en étendant son action bienfaisante aux contrées éloignées, assurerait son aide toujours efficace aux capitaines qui en auraient besoin dans le cours de leurs voyages. Il ne faut pas oublier que les Sociétés de crédit qui ont fondé des comptoirs dans des ports de l'Asie et de l'Amérique ont contribué de la manière la plus réelle au développement non-seulement du trafic, mais aussi de la navigation.

On pense qu'il sera nécessaire que le taux de l'intérêt ne soit pas limité à la cote légale de 6 0/0. Il est évident que les risques, quelles que soient les combinaisons adoptées, resteront ici plus grands qu'ils ne sont pour une entreprise ordinaire; et, d'ailleurs, seraient-ils les mêmes qu'il faudrait tenir compte de la force de l'opinion dont les appréciations sont difficiles à vaincre.

Il a été dit que le Crédit maritime, en raison de la multiplicité de ses opérations, pourra devenir son propre assureur. Il ne semble pas utile qu'il en soit ainsi, et il y aurait même dans cette faculté, si elle lui était laissée, un danger que les discussions de la presse feront sans doute mieux ressortir, et qui sera écarté. On peut espérer les plus grands avantages pour notre marine de la création de ce grand établissement. Il nous semble indispensable pour soutenir la lutte contre les entreprises de navigation des puissances rivales.

Une semblable institution existe à Gênes depuis 1872. Une caisse maritime fut aussi fondée à Naples, le 23 février 1873, au capital de 4 millions de lires, comprenant 16,000 actions. Dès la première année de son exercice, le chiffre de ses avances sur marchandises, sur valeurs et sur navires se totalisait par 267 millions. Il n'est pas douteux que c'est au fonctionnement de ces caisses qu'est dû le développement de la marine marchande italienne constaté par la comparaison des données statistiques de ces dernières années.

Si, à cet égard, nous sommes en retard sur nos rivaux,

il est à désirer que la société projetée, créée sur les plus larges bases, réunissant tout ce que le pays compte de sommités, comme intelligence pratique des choses de la mer, et de ressources, comme initiative et activité organisatrice, donne enfin aux entreprises maritimes l'appui moral et la force d'association indispensable pour l'accomplissement des grandes œuvres. Il doit se produire dans nos populations un mouvement énergique en faveur des questions maritimes qui sont le nœud des questions internationales. C'est le devoir de tous, et notamment de la presse, de contribuer à la vulgarisation des grands intérêts, non-seulement commerciaux, mais humanitaires autant que patriotiques qui s'y rattachent et qui sont restés jusqu'à ce jour complètement ignorés.

IV.

DE QUELQUES AMÉLIORATIONS

OU DESIDERATA

—

Le Crédit maritime, par les capitaux qu'il réunira et par les applications pratiques dont il aura la direction, sera un foyer de ressources. L'Etat et les villes maritimes y puiseront largement pour la reconstitution du matériel naval et l'amélioration indispensable de l'outillage de nos ports.

A ce point de vue, Marseille n'est pas encore dotée comme elle mériterait de l'être par l'importance de ses opérations maritimes. Les moyens de débarquement, les quais, leurs dépendances, les magasins d'entrepôt, la jonction des uns et des autres aux gares de dégagement, tout reste insuffisant.

Au moment où Gênes, notre seule rivale dans la Méditerrannée, est en mesure d'améliorer considérablement son port, et travaille activement, il faudrait que Marseille n'eût plus rien à demander pour le sien. On sait qu'il est loin d'en être ainsi.

Lorsqu'on se reporte aux projets discutés il y a trente ans, à l'époque où il s'est agi de de créer de nouveaux ports, et qu'on relit ce qui a été écrit sur cette question avant et après les décisions ayant amené l'état de choses actuel, on ne peut s'empêcher de reconnaître que les vues adoptées ont été étroites. Des conceptions partielles ont

prévalu dans tout ce qui a été tenté à Marseille ; c'est ce
qui a retardé et peut-être compromis l'avenir d'une ville
que sa position et son passé rendaient digne d'être magni-
fiquement dotée. Si nos pères, au moyen-âge, se fussent
trouvés en présence d'une rénovation matérielle, d'un
mouvement commercial et d'un déploiement d'idées tels
que ceux qui ont caractérisé les années de 1830 à 1850,
avec leur enthousiasme pour les entreprises grandioses,
ils auraient réussi mieux que nous ; Marseille aurait accru
dans une immense proportion la prépondérance qu'elle
exerce encore à plusieurs titres sur les villes du Midi.
Mais l'administration centrale a d'abord préféré les demi-
mesures. Il semble en outre que Paris se soit montré
quelquefois jaloux de la vieille cité Phocéenne et ait
voulu, pour contrebalancer son influence, donner certaines
préférences au Hâvre.

Ce que notre ville est actuellement, elle le doit à ses
propres ressources ; elle n'a cessé de demander et de réclamer ; ce qu'elle a obtenu a été toujours partiel, tronqué
et retardé. Si Marseille s'est maintenue au rang de premier
port de France, c'est à son esprit d'initiative, à ses
préoccupations constamment tournées vers les opérations
de ses navires, qu'il faut en attribuer le mérite ; si elle
n'est pas l'égale de Londres et de Liverpool, il faut en
rendre responsables les hésitations de nos hommes d'Etat,
l'indifférence du public français pour l'avenir maritime
du pays et, enfin, l'ignorance des intérêts nationaux qui
y sont étroitement liés.

Lorsque les questions d'agrandissement ou d'embellis-
sement étaient à l'ordre du jour, il y a quinze ou vingt
ans, s'il s'était agi encore de créer un port à Marseille
et, en même temps, d'établir ou de compléter cette
magnifique promenade du Prado, il est permis de supposer, avec la grandeur de conception et d'exécution qui
caractérisait cette époque, que cette allée aurait été

creusée assez profonde et assez large pour amener les
bateaux jusqu'à la place Castellane, développant ainsi une
longueur de quais de deux fois sept kilomètres sans
compter les étendues de travaux qui auraient bordé la
plage. Le centre de la ville eut été déplacé sans doute,
mais ne l'a-t-il pas été également ?

Il y avait là un ensemble permettant de créer un
système complet de ports avec rade, avant-port, bassins
multiples et dans des conditions avantageuses. C'eut été
gigantesque, mais on rapprochait par le fait le port des
gares, il y avait possibilité de souder intimement l'un à
l'autre. On évitait au moins le tunnel actuellement en
construction sous le quartier Saint-Victor.

Le projet adopté à la suite de la loi de 1844 était
susceptible d'une exécution à faire à plusieurs reprises et
de développements ultérieurs, c'était un moyen terme
comme tout ce qui date de cette époque. Dès 1858, on
reconnaissait que l'avenir du mouvement maritime de
Marseille ne pouvait rester circonscrit dans les limites
indiquées. On prévoyait que dans vingt ans, il serait
nécessaire d'établir sur une toute autre échelle les fondements des ports futurs. On faisait remarquer que notre
port est sans rade, sans chantiers de constructions, sans
emplacement abrité pour la marine militaire, que le grand
môle et son mur d'abri ne suffisent pas pour assurer avec
permanence le calme nécessaire aux opérations du commerce.

La Chambre de Commerce n'a cessé de réclamer de
l'Etat l'achèvement complet des plans résultant de la loi
de 1844. En 1862, elle sollicitait avec instance deux
choses : la première, l'établissement du bassin national
avec ses jetées, ses quais et son mur d'abri ; la deuxième,
la construction du brise-lames du large pour protéger
l'ouverture de ce bassin contre les grosses mers. La première de ces demandes a été réitérée chaque année.

Enfin en 1874, la Chambre a été autorisée à faire à l'Etat les avances nécessaires pour que les travaux à exécuter fussent terminés dans une période de cinq années et à contracter à cet effet un emprunt de 15 millions. La souscription a lieu par séries et les travaux sont en pleine activité.

Le développement du périmètre des quais doit être, si l'on veut l'établir proportionnellement à leur mouvement commercial en adoptant pour base ce qui existe au Hâvre et à Liverpool, de 14,000 mètres.

L'ensemble des ports actuels présente une surface de 152 hectares, sur lesquels 136 seulement sont utilisables pour le stationnement des navires ou les opérations d'embarquement et de débarquement. Le développement total des quais offre une étendue de 12,615 mètres. L'achèvement des travaux actuellement en construction l'augmentera de 4,545 mètres. Seulement cet accroissement se fera sur des points éloignés des emplacements où destinataires et expéditeurs ont l'habitude de se mouvoir. Les périmètres réellement utilisables pour leurs opérations ont une longueur de 8,563 mètres. Les espaces les plus utilisés sont ceux qui entourent le vieux port et le bassin de la Joliette, d'une longueur totale d'environ 3,600 mètres : c'est sur ces quais, ainsi que sur ceux des Docks, que se font les trois quarts au moins du travail. Sur une étendue de 800 mètres, au Nord et à l'Est du bassin de la Joliette, se manipule plus de la moitié des marchandises importées et exportées par notre port.

Cet espace est reconnu insuffisant. Dans le vieux port, les bâtiments à voiles sont souvent obligés de s'amarrer sur deux et sur trois rangs. Au port de la Joliette, la place à quai dont peuvent disposer nos compagnies de bateaux à vapeur est trop restreinte. Les opérations d'embarquement, de débarquement, de reconnaissance à quai se font dans des conditions de gène qui leur sont préjudiciables.

12.

Les quais qui sont au Nord de l'établissement des Docks
ne sont pas d'une grande utilité pour le commerce marseillais proprement dit. Outre que ces bassins ont des
affectations spéciales, les négociants se prêtent peu à
faire leurs opérations aussi loin du centre de la ville. La
compagnie maritime qui jouira de la place à quai la plus
proche de la Joliette sera toujours considérée comme la
plus favorisée et sera jalousée par ses rivales. On sait les
inconvénients qu'entraîne déjà parfois pour quelques-
unes d'entre elles l'obligation d'embarquer, de débarquer
à la grande jetée et les plaintes qu'élèvent les commerçants.

Nous ne pouvions passer sous silence ces observations
qui sont le résultat de la pratique journalière. Toutefois
l'état de choses qu'elles constatent est tel qu'il est difficile
d'y indiquer une amélioration.

Mais ce qui manque principalement, ce sont des abris ou
magasins pour les marchandises. Il s'embarque et se
débarque tous les jours, toute la journée et souvent
pendant la nuit, des centaines de tonnes, nous devrions
dire des milliers de tonnes en plein vent. Les charre-
tiers amènent leurs colis sur le quai, quelquefois sans se
rendre compte quelle est la compagnie ayant l'affectation
de la place où ils s'arrêtent, les jettent à terre par des
procédés expéditifs qui sont loin d'en améliorer le condi-
tionnement, les livrent contre un reçu signé hâtivement
par l'employé du quai, puis se retirent et sont remplacés
par d'autres. A certaines heures, journaliers, voyageurs,
expéditionnaires, flâneurs même se pressent au milieu
de cet encombrement de colis et de voitures. La circulation est active et en même temps difficile. Les préposés des douanes, les surveillants ne peuvent avoir l'œil
partout dans ce va et vient et ce brouhaha. Il est éton-
nant que cette confusion n'engendre ni plus d'erreurs, ni
plus d'avaries. Dans tous les cas, il ne faut pas être sur-

pris si des colis disparaissent quelquefois par suite de vols ou pour toute autre cause. De temps en temps aussi des averses surviennent et malgré les précautions, la marchandise est atteinte.

La Compagnie des Messageries Maritimes seule à de vastes hangars. Il serait de l'intérêt général que toutes les compagnies fussent à même de s'en pourvoir également. L'établissement des Docks qui remédierait à cette lacune est insuffisant pour opérer avec promptitude et sans aggravation de frais le débarquement et l'embarquement des vapeurs opérant journellement dans les ports : la plupart de ces vapeurs, sinon tous, ont d'ailleurs leurs treuils et leurs hommes prêts à se mettre instantanément à la besogne sans avoir recours à cet ensemble de formalités écrites nécessaires auprès de l'administration des Docks.

C'est une bien belle idée sans doute que d'avoir créé un semblable établissement, on vante son administration, on le cite même comme un modèle de régularité. Mais on convient cependant qu'il ne rend pas tous les services qu'on serait en droit d'en attendre. On a fait remarquer avec raison, en 1866, qu'en grevant de fr. 4,50 par tonne pour frais de passage dans ses eaux, une marchandise qui ne paie que fr. 10 de fret pour un parcours de 1000 kilomètres, les Docks-Entrepôts occasionnaient une exagération de dépenses, capable d'éloigner le commerce de cet intermédiaire. Ces observations si légitimes ont été entendues et un nouveau règlement a été rendu. Mais le succès d'une semblable association ne dépend pas seulement d'une question de tarifs, ce qui lui manque surtout, c'est d'abord, d'après quelques-uns, un peu plus d'esprit pratique dans son fonctionnement et ensuite une plus grande étendue de quais. Au lieu d'une seule installation, il en faudrait plusieurs, organisées de façon à être réellement utiles aux transporteurs, à la marchandise et aux chargeurs. Ces Docks créés dans les conditions où on les conçoit devraient offrir, pour la manutention des colis, une économie de frais aux négociants et aux armateurs, ainsi que des avantages comme rapidité d'opérations, comme commodité de circulation, abréviation de trajet et de formalités, etc. Ce n'est pas là ce qui a lieu. Nous constatons, encore une fois, l'esprit étroit et la conception tronquée qui a présidé à l'exécution des ports et à ce qui s'y rattache.

Les Anglais ont compris autrement que nous l'utilité de ces installations. Ils ont fait de leurs Docks les instruments les plus puissants du développement maritime de leurs ports et de leur prospérité commerciale. Le premier Dock de Londres a été construit en 1802. Il faut voir ces bâtiments immenses, à plusieurs étages, ayant chacun leur affectation spéciale s'élevant au bord même de l'eau sur laquelle la toiture projette son abri, ces puissantes machines fixes ou mobiles élevant les colis à toutes les hauteurs, cette activité, cette aisance d'évolutions, en un mot, cet ordre pratique qui est la confiance du négociant parce qu'il est la sécurité de la marchandise. Aucune des nécessités du commerce n'y est laissée en oubli, aucun détail n'est omis. Les Anglais ne séparent pas l'idée de bassin de l'idée de magasin, et ils ont su admirablement réaliser le problème de faire sans perte de temps et avec les moindres aggravations de frais passer la marchandise du port dans le hangar.

L'imitation en ce point a été faite vraiment dans des proportions trop réduites pour présenter le même caractère d'utilité générale. Ce simple rapprochement émis, sans insister sur les observations qui en découlent, voici le nombre des navires entrés dans les Docks et le tonnage des marchandises qui y ont été débarquées.

	Navires	Nombre de Tonnes.
1865.........	1.927	203.000
1866.........	1.956	207.000
1867.........	2.708	286.000
1868.........	2.630	299.000
1869.........	2.637	265.000
1870.........	1.915	235.000
1871.........	2.430	320.000

En 1874, 2,973 navires ont chargé et déchargé dans es Docks 1,372,000 tonnes ; les chiffres de 1875 sont de 2,906 navires et 1,381,969 tonnes.

Les frais de manipulation qui pèsent le plus lourdement sur la marchandise transitant par notre ville, sont ceux qu'occasionne la distance qui sépare la gare des quais. Pour peu que les opérations commerciales ne soient pas dans un état de chômage, nos rues principales sont encombrées de voitures énormes montant aux gares leur plein chargement qui compte, par exemple, jusqu'à 60 et 80 sacs de blé. Les frais de camionage de la gare au quai pour les embarquements est en moyenne de fr. 2,50 par tonne. Du quai à la gare, ce prix est plus élevé.

Le jour où l'on aura supprimé ou sensiblement réduit ces frais accessoires, on aura fait beaucoup pour provoquer les arrivages de marchandises sur notre place.

Le chemin de fer qui, par le tunnel en construction, reliera le vieux port à la gare du Prado, est un projet d'avenir et qui donnera de très-grandes facilités à notre transit.

C'est dans le même but que nos négociants ont, depuis l'établissement du chemin de fer, sollicité la création d'une gare plus rapprochée des quais. La gare maritime qui a été annexée aux Docks est loin de répondre aux besoins toujours croissants de la circulation. Les 50 centimes par tonne que coûte l'emploi de cette voie pour monter les colis à la gare Saint-Charles représentent un prix bien inférieur à celui du camionnage, et il serait vivement à désirer pour le trafic que toute les marchandises pussent profiter de cet avantage. La création d'une gare principale à la Joliette promise par la Compagnie du Chemin de fer est une condition indispensable de la prospérité de notre commerce ; chaque jour de retard lui cause les plus sérieux préjudices.

L'intérêt d'une ville n'est-il pas que ses gares établies dans les plus larges proportions, soient soudées, sans intermédiaire, à des quais d'embarquement maritime spacieux et intelligemment distribués ? N'y a-t-il pas profit pour le voyageur comme pour la marchandise, à ce qu'il puisse ne pas exister de solution de continuité entre le voyage par terre et le voyage par eau ? Qu'est-ce qui a empêché cette simplification d'être adoptée dès le commencement et qu'est-ce qui l'empêcherait encore d'être introduite ? Est-ce que diverses industries locales , celles des portefaix, celles des camionneurs, des transitaires, des hôteliers, celles des Docks, des entrepôts ou d'autres encore seraient en opposition avec l'application de ce principe si évident et mieux compris par des villes rivales ? Nous nous contenterons de suggérer cette idée, mais il est évident que, par la force des choses, à moins de voir la clientèle de Marseille prendre de plus en plus la route de Gênes, de Brindisi, créer celle de Port-Vendres ou de Cette, on devra en venir prochainement à combler tout-à-fait la lacune existante.

Le grand courant d'Asie en Europe et d'Orient en Occident, se dessinant de plus en plus, impose à notre ville l'obligation de mettre le chemin de fer immédiatement à la disposition du bateau et *vice-versa*. La gare et le quai tendent à s'unir par une propension irrésistible, comme deux gares dans une même ville appartenant à deux Compagnies différentes. Si l'on résiste à cette tendance ce sera au grand désavantage de Marseille pour le présent et pour l'avenir.

Les moyens de réparation pour le matériel naviguant sont une nécessité de premier ordre pour un port de l'importance de celui de Marseille. Jusqu'à présent, les instruments de radoub; dans notre port, n'ont pas été en proportion du mouvement maritime. Il en avait été demandé sept, soit au moyen de formes, soit par des pontons disposés de façon à pouvoir en tenir lieu. Les retards ou modifications apportés à ces constructions motivèrent des plaintes, et, en 1867, la Chambre de Commerce faisait observer que nos armateurs en étaient réduits à envoyer leurs navires se radouber dans d'autres ports. Les deux bassins de radoub provisoirement établis dans le canal de jonction du vieux port et du port de la Joliette, outre qu'ils interceptaient des communications nécessaires, ne répondaient nullement aux besoins de la navigation. Les navires à voiles devaient attendre, souvent pendant un mois, leur tour d'entrée dans ces bassins. L'année suivante, l'administration promettait, avec 6,000 mètres de quais nouveaux, l'achèvement, pour l'année 1870, de quatre des bassins de radoub définitifs. Depuis, les instruments de radoub ont été concédés à la Compagnie des Docks et de nouveaux bassins au cap Pinède ont été ouverts en 1871.

Le nombre des navires ayant passé aux bassins de radoub était, en 1864, de 234 et, en 1865, de 202.

On en a compté, en 1874, 750, et en 1875, 737, jaugeant ensemble 425,000 tonneaux.

Toutes les opinions s'accordent à reconnaître que la création d'un marché aux bestiaux est maintenant de première nécessité. Il y a là une belle et lucrative branche de commerce pour le développement de laquelle notre place a les plus grands avantages. En effet, nous recevons chaque jour des quantités de bœufs et de moutons d'Italie, de Sardaigne, d'Algérie et d'Espagne. Les navires à vapeur y trouvent un bon fret et le peu de durée du trajet facilite ces importations.

C'est en 1862 qu'a été autorisée l'entrée des bestiaux étrangers. Depuis cette époque, les arrivages ont augmenté dans des proportions considérables.

Le tableau suivant indique, par nombre de têtes, l'importation, la consommation et l'exportation à l'intérieur, des six dernières années.

	Arrivages.	Consommation.	Réexpéditions.
1870......	474.290	268.990	205.300
1871......	562.352	273.746	288.606
1872......	882.610	265.641	617.031
1873......	792.682	251.257	541.425
1874......	579.807	275.357	304.450
1875......	523.876	289.757	234.119

Ces chiffres constatent que l'importation et l'exportation ont baissé pendant les deux dernières années et que la consommation tend à s'accroître.

Notons en passant que la consommation de la viande à Marseille est évaluée à environ 38 kilogrammes par tête, chiffre moindre que ceux constatés à Londres et à Paris, mais bien supérieur à la moyenne des villes d'Europe, laquelle serait de 11 kilog. par tête.

Les arrivages de bétail par mer ont été :

1873..........	570.128 têtes
1874..........	296.484 »
1875..........	316.899 »

Nous avons reçu par voie de terre :

1873............ 222.554 têtes
1874.......... 283.323 »
1875.......... 206.977 »

Ainsi que le fait remarquer le rapporteur de la Commission municipale, il faut au commerce du bétail un marché où les ventes s'opèrent publiquement, où tous les animaux soient réunis, où tous les acheteurs se donnent rendez-vous et, par suite, où se forment les mercuriales et les cours. La sécurité des transactions faites en pleine connaissance de cause, devra avoir pour premier effet d'accroître l'importance du marché par les avantages qu'y trouveront à la fois importateurs et acheteurs. Ensuite elle contribuera, croyons-nous, à maintenir le prix de la viande, soit à Marseille, soit dans les grandes villes environnantes, à un cours moyen mieux raisonné et probablement inférieur aux prix actuels. Il est, en outre, nécessaire que les animaux arrivant par paquebots ou par vagons, séjournent quelque temps dans les entrepôts avant d'être livrés ou à l'abattoir ou au chemin de fer pour de nouveaux voyages. On a calculé que le prix du kilogramme de viande à Marseille sera, à 15 ou 20 centimes près, celui des communes environnantes et qu'en outre une concurrence loyale, pouvant s'exercer sans entraves, obligera les bouchers de détail à devenir plus scrupuleux sur la qualité de la marchandise.

L'urgence de cette création est universellement admise, chaque mois de retard est préjudiciable. Depuis un an ou deux, les moutons de l'Algerie, de l'Espagne tendent à se diriger sur Cette, et c'est la cause de la diminution des entrées comptées dans notre ville. Nous avons aussi à craindre que les bœufs d'Italie ou même de Sardaigne ne soient transportés en Suisse et en Allemagne par Gênes ou Trieste. On en est donc à la discussion des voies et

moyens. Sans examiner à fond les divers projets débattus
et prendre parti pour l'un ou pour l'autre, il est à désirer
que la question soit résolue dans le sens le plus large, le
plus complet et de la façon la plus prompte.

Quelques-uns de nos services publics ont des installations défectueuses sous plusieurs rapports.

Le télégraphe est à côté de la Bourse, il est vrai, mais
dans un local peu en rapport avec l'importance qui s'attache à ce service public. La disposition extérieure et
intérieure de cet établissement en indique le caractère
provisoire ; il est question d'y remédier et nous ne saurions trop applaudir à un projet qui aurait pour résultat
de rapprocher dans deux constructions contiguës l'administration du télégraphe et celle des postes. Ce local
devrait être à proximité de la Bourse et non loin de la
gare et des quais (¹).

Il serait digne de la ville de Marseille de réunir les
deux services des correspondances postales et télégraphiques dans un même bâtiment à un point vraiment central.
Dans une ville d'affaires, tout ce qui économise du temps
gagne de l'argent et tout en admettant que quelques pas
de plus ne compromettent cependant pas la fortune et le
bien-être de nos concitoyens, on ne peut s'empêcher de
désirer l'abréviation des distances. Que l'on considère en
effet, le nombre des personnes qui sont obligées de se
rendre elles-mêmes à la Poste ainsi que le nombre d'étrangers qui, continuellement, ont à se servir du télégraphe,
et l'on verra qu'une prolongation de parcours, insignifiante
pour un individu, atteint, pour l'ensemble, des proportions
énormes.

(¹) La situation est améliorée par la récente installation
du bureau central du télégraphe.

Cette observation s'applique aussi, et encore avec
plus de raison, à l'installation de diverses administrations
avec lesquelles les entreprises maritimes et le commerce
sont en rapport journalier. Les critiques, à ce sujet, ne
peuvent être que relatives, mais il y a un desideratum que
tout le monde formule et qui serait, croyons-nous, d'un
intérêt politique incontestable. Ne serait-il pas possible
que les bureaux de l'Inscription maritime, du Commissariat de la marine, des Sous-intendants militaires chargés
des passages et des transports, des différents services de
l'administration des douanes, fussent centralisés entre
les deux ports, sinon près des ports de la Joliette, où
aboutit le mouvement journalier d'opérations maritimes
considérables ? Les administrations privées font de grands
frais pour se mettre à la portée du public, ne serait-il pas
à souhaiter que les administrations publiques fissent quelque chose en vue de se prêter davantage aux convenances des particuliers ? Quand on songe à cet ensemble
d'allées et venues que nécessitent au personnel naviguant
soit civil, soit militaire, les formalités de l'embarquement,
à cette série de signatures, de visas, de collationnement
qu'exige l'embarquement des marchandises, on reconnaît
en considérant l'état de choses actuel, que certaines
simplifications de distances auraient au moins pour effet
de faire gagner du temps. Ce qui est établi est difficile à
changer, on ne saurait se le dissimuler ; mais il faut rappeler et rappeler sans cesse que si l'on a vue de faciliter
aux voyageurs et aux colis leur passage dans notre ville,
l'idéal serait de voir réunis, entre la gare et le quai, tous
les services et toutes les administrations qui ont à s'en
occuper.

V

ÉCOLES ET HAUTES ÉTUDES

Ayant à examiner tout ce qui est susceptible de concourir à l'accroissement du mouvement commercial et industriel de Marseille, nous ne saurions passer sous silence les diverses créations ou améliorations qui sont de nature à en augmenter l'importance, serait-ce seulement comme centre de population, foyer d'activité intellectuelle, artistique, scientifique ou autre. Car tout s'enchaîne dans les sources vives des agglomérations modernes. Ce qui est rayonnement d'idées est aussi attraction d'affaires. Marseille, à la suite de son prestige commercial, a donné lieu à quelques essais de décentralisation littéraire, elle a une vitalité artistique qui lui est propre. En revanche, tout ce qui favorisera la littérature et les arts rejaillira utilement sur le commerce.

On reconnaît qu'il est avantageux pour une ville commerciale d'appartenir à une grande nation. Nous croyons que cette pensée peut être complétée en ajoutant : une agglomération exclusivement commerciale s'accroîtra moins rapidement qu'un groupement d'individualités faisant marcher de front les sciences, les arts et le négoce. Gênes et Venise étaient au temps de leur grandeur des centres politiques importants ; leur puissance maritime était tellement liée à l'influence de leur puissance nationale que l'on ne saurait dire laquelle de ces deux forces a le plus servi l'autre. Il en fut de même de Tyr et de Carthage dans l'antiquité. Est-ce le commerce maritime qui fait prospérer la politique ou la politique qui forme le coefficient des opérations de navigation et de trafic? Il semble que ces deux développements vont de pair et ont besoin l'un de l'autre pour se soutenir et s'accroître. En ce qui concerne Marseille, l'histoire démontre que, sauf pendant les années du premier Empire, époque exceptionnelle sacrifiée à un but qui ne put être atteint, ses dates de prospérité correspondent à celles où elle compta comme cité importante d'un grand peuple. Depuis le commencement de ce siècle, il nous paraît que son rôle dans l'ensemble du commerce français et les conditions de sa richesse ont été incomplètement comprises par les gouvernements qui se sont succédé. Les préférences des législateurs, en 1825 comme en 1840 et en 1867, ont paru se porter sur des ports plus rapprochés de Paris. Toutefois la force des choses a prévalu. Notre ville n'a cessé de grandir et de s'affirmer par son originalité dans les diverses branches de l'activité humaine ; il faut compter avec cette spontanéité d'expansion si on ne veut pas lui voir prendre une mauvaise voie.

Le moyen le plus sûr de rallier nos populations maritimes aux idées conciliatrices, c'est de ne pas s'opposer aux légitimes satisfactions que réclament pour elles et dans leur intérêt, les défenseurs les plus autorisés de l'ordre de choses établi. Que l'on examine tous les refus opposés par les gouvernements depuis le commencement du siècle aux demandes les mieux motivées, aux suppliques les mieux justifiées des Conseils électifs, des Chambres de Commerce, des Conseils de Prudhommes, des Syndicats, des Conseils Municipaux, de la Préfecture même, et l'on verra si l'administration centrale a lieu de compter sur beaucoup de reconnaissance de la part de Marseille, et si elle n'a pas, par ses obstinations, provoqué

des mécontentements et des rancunes peut-être indé-
lébiles ?

Aujourd'hui, soit lassitude, soit expérience, les demandes sont modestes. Peut-être vaudrait-il mieux qu'elles
fussent plus accentuées, plus ardentes, car alors elles
seraient une diversion à des tendances d'une nature différente ; elles témoigneraient d'une vie commune plus intime,
elles seraient susceptibles de grouper, dans un ensemble
de préoccupations générales, des intérêts qui s'affaiblis-
sent en se divisant.

Sans vouloir soulever une question de politique intérieure dans une étude commerciale et maritime, on arrive
cependant à reconnaître qu'un gouvernement qui aurait
un moyen de ramener en masse les pensées du peuple
aux questions de grande pêche, de voyages à l'étranger,
d'expéditions lointaines, de trafic avec les nations voisines, de rivalités généreuses et émulatrices, de coloni-
sations, aurait beaucoup fait pour sa stabilité et pour le
bien public.

Il serait désirable de voir l'École des mousses et novices
recevoir un plus grand développement.

L'Ecole de Commerce qui est l'objet de la sollicitude de
nos négociants donnera sans doute avec le temps les
résultats qu'on est en droit d'en attendre. Est-il toutefois
inopportun de faire observer que les notions théoriques
et une pratique factice ne remplacent jamais la pratique réelle? L'élève de l'école en entrant dans un bureau,
devra toujours prendre modèle sur son chef immédiat
pour remplir une lettre de change, une lettre de voiture,
une facture, un connaissement, etc. Chaque maison de
négoce a ses habitudes et d'ailleurs les prescriptions
administratives sont si variables actuellement que d'un
mois à l'autre, il peut y avoir à modifier dans les disposi-

tions accessoires d'un document qui fait foi entre les parties, ou les perceptions fiscales qui le grèvent. Ce que l'école peut inculquer de plus sérieux à ses élèves, ce n'est donc pas telle ou telle forme changeante au gré d'un chef de maison, telle ou telle méthode de comptabilité, c'est d'abord l'assiduité au travail qui a toujours été la première condition de tout succès, et ensuite des connaissances commerciales ou industrielles sur les produits et les ressources des pays étrangers ainsi que sur les usages des diverses places. Ces notions générales seront utiles non-seulement à l'employé qui est destiné à diriger plus tard un négoce, mais aussi à celui qui se propose de travailler dans un comptoir établi hors de France.

C'est vers ce dernier but surtout que devrait être dirigée l'éducation commerciale, et c'est ce qui nous manque. Les établissements anglais et allemands sont considérablement plus nombreux que les nôtres sur divers points, sur le littoral asiatique, par exemple. Les Italiens nous font dans le même sens une concurrence redoutable dans les ports du Levant. Le caractère de ces divers peuples ou d'autres circonstances particulières les poussent plus que nous à s'installer à l'étranger et à y former des noyaux d'affaires dont leurs nationaux profitent. C'est dans le même but que nous devons agir. Il y a là une lutte vigoureuse à tenter, et elle doit être entreprise en commençant par ôter de nos idées certaines préventions contre tout ce qui n'est pas français. Notre prépondérance dans le monde pour l'avenir est à ce prix.

Les journaux annoncent de temps à autres des entreprises d'exploration, des voyages autour du monde avec escales dans les ports importants et études faites sur place. Le haut commerce et le gouvernement lui-même ne sauraient trop encourager de semblables essais. Des intérêts de premier ordre, tant au point de vue du négoce

que de l'influence française sont engagés à leur réussite·
Il est à souhaiter que ces voyages soient provoqués par
tous les moyens possibles et qu'on les propose comme
récompenses aux meilleurs élèves de nos écoles de
commerce.

Marseille est mieux placée que toute autre ville pour
favoriser le développement des études commerciales,
industrielles et les voyages d'études qui en seraient le
complément. Notre ville a déjà été le centre d'organisation
de divers voyages d'exploration, notamment en Afrique.
Ces tentatives ont été couronnées de succès. Il faut convenir d'ailleurs que depuis quelques années, il s'est produit un courant d'opinions les plus favorables à ces essais.
Une excursion vers l'Afrique Centrale, par exemple, qui
était considérée, il y a dix ou vingt ans, comme une
entreprise audacieuse et excentrique, ne cause plus d'éton-
nement aujourd'hui. Pour nous, qui croyons fermement
que la vieille race gauloise n'a pas dégénérée de son
esprit aventureux, que la France a autant que tout autre
peuple, le génie de la colonisation, mais qui savons aussi
que le développement en est retardé par diverses causes
notamment par une sorte de fatuité nationale résultant
d'idées fausses semées à travers les générations depuis
le commencement de ce siècle, nous voulons espérer
pour notre patrie une prépondérance d'activité et par
suite une influence dans le monde plus sensibles et plus
durables que celles qui ont existé jusqu'à ce jour. Les
moyens pour y arriver sont l'étude des langues et l'étude
des faits, établies sur une plus grande échelle et par
des voies plus pratiques. L'un et l'autre se facilitent par
les voyages, et Marseille est à même de tenir la première
place dans cette application généreuse et féconde du
cosmopolitisme;

Comme corollaire de ce qui précède, il serait bon que notre ville fût le centre de ce qu'on appelle les hautes études. D'après la loi d'agglomération dont nous avons déjà parlé, la force des choses y amènera la création d'une Université. On objecte qu'une ville d'affaires n'est pas propice à la tranquillité nécessaire aux travaux de l'esprit ; l'observation n'est pas fondée. N'avons-nous pas des établissements où les intelligences les plus sérieuses se livrent avec tout le calme dont elles ont besoin, à des travaux de vulgarisation ou à de profondes recherches, à la comparaison scientifique, comme à la déduction psychologique ? Mais il y a plus : le contact des hommes d'affaires est aujourd'hui nécessaire aux hommes d'études. L'isolement des uns et des autres accentuerait davantage la scission qui se remarque entre la théorie et la pratique, entre la conception et la réalité, entre la doctrine autoritaire et les velléités socialistes ou matérialistes. La pondération entre des tendances divergentes devient de plus en plus indispensable et ne peut s'opérer que par leur rapprochement, leur fusion dans un de ces centres d'où rayonne sur le monde une grande expansion de vie. Un foyer de science doit à notre époque être uni à un foyer d'activité matérielle. Le culte des intérêts journaliers et vulgaires doit avoir pour contrepoids une concentration profonde des recherches abstraites. L'antagonisme entre la réflexion et l'action a trop duré : c'est en les mettant en contact, en les groupant qu'on peut les influencer l'une par l'autre et les pénétrer mutuellement de la vitalité, de l'énergie qui est propre à chacune.

Est-il sûr, par exemple, que le droit maritime soit suffisamment élucidé et que les questions soumises aux tribunaux soient toujours résolues à un point de vue vraiment pratique, qu'il n'y ait pas des réformes à apporter dans les principes qui règlent la solution des

13

litiges entre les maisons de commerce et de navigation ?
Notre intention n'est pas de critiquer et nous sommes les
premiers à reconnaître l'autorité et la compétence de la
magistrature. Mais notre conviction est que si dès le commencement du siècle une Cour d'Appel avait siégé à
Marseille même, la révision du Livre II du Code de
Commerce eut marche plus activement et eut fait un pas
plus décisif. On n'eut pas laissé subsister en 1860 et en
1870 des règlements administratifs ou des dispositions
légales édictées à une époque où la vapeur n'existait pas.
La lacune, si visible aujourd'hui, eut frappé dès longtemps
les autorités le plus en mesure de faire des propositions
utiles pour la combler. La haute magistrature du ressort
eut pris une initiative qu'elle n'a pu avoir, n'étant pas
journellement mêlée aux récriminations des négociants,
aux plaintes des marins, aux observations du public.

Serait-il téméraire d'établir aussi un rapprochement
entre l'éloignement de la Cour d'Apppel et l'obstination
avec laquelle l'Etat a refusé toujours et refuse encore de
prendre à sa charge une plus grande part dans les frais
de police de la ville ? Il est pourtant bien évident qu'il
y a un intérêt public et politique même à surveiller tout
spécialement cette masse de voyageurs nationaux, et surtout étrangers, qui nous arrivent journellement et par
toutes les voies. Il est possible que rien ne motive un
semblable rapprochement; il ne paraît pas inopportun
cependant de l'indiquer, en faisant remarquer qu'à certaines époques, les attentats contre la propriété et contre
les personnes se multiplient à Marseille au point de
donner en France et à l'étranger une fausse idée de la
sécurité dont on jouit dans notre ville.

VI

LES FORMALITÉS ADMINISTRATIVES

ET LES TAXES.

On ne peut s'empêcher de convenir que les pratiques administratives ne répondent plus aux besoins de notre trafic. La routine suivie ne correspond plus au mouvement actuel des transactions. Les Compagnies faisant des services réguliers ont surtout à se plaindre à cet égard. Comme la fixité de leurs heures de départ et d'arrivée est un des principaux titres qui les recommandent au public, elles font de grands sacrifices pour activer leurs opérations dans le port. Mais ces services réguliers sont d'un intérêt général ; il convient que les formalités administratives ne leur créent aucune entrave, ni même la moindre gêne.

Les anciens règlements ont besoin d'être modifiés dans ce sens, et s'il n'y a rien à faire à cet égard pour les navires à voiles, ou pour les vapeurs naviguant *ad libitum*, il est indispensable que les navires qui se sont imposé des itinéraires fixes, calculés de façon à économiser non-seulement les jours, mais les heures afin d'éviter des frais, soient l'objet d'une réglementation pratique appropriée à ces vues.

Quelques faits justifieront ces appréciations.

Un vapeur est désigné pour un voyage ; l'épreuve de ses chaudières a eu lieu, il doit partir au premier jour et l'armateur demande un Permis de navigation. Il ne le

recevra pas de la Préfecture avant trois semaines, en
moyenne. Il obtiendra, il est vrai, sans doute à temps,
s'il fait beaucoup de diligence, un certificat provisoire de
la commission de surveillance et le bateau pourra être
expédié par la Marine. Mais, est-ce là la règle, ou
est-ce là l'exception ? Le permis préfectoral est nécessaire ou il ne l'est pas, et, dans ce dernier cas, nous se-
rions en présence d'une formalité bureaucratique inutile.

La patente de santé se délivre tous les jours avant cinq
heures du soir, soit que le navire parte le soir même ou
qu'il parte le lendemain. Ce document indique le nombre
de voyageurs à bord ; or, il n'est donné à aucun capitaine,
ni à aucun bureau de passagers, de savoir quel sera le
nombre d'hommes qui prendra place sur un paquebot une
heure avant le départ. En effet, sans compter ceux qui se
présentent le soir ou le matin aux bureaux d'inscription,
un certain nombre se rendent directement à bord où on
les reçoit jusqu'au dernier moment. On met un chiffre
quelconque, mais si l'indication exacte n'est pas utile, à
quoi bon l'exiger ?

Il y aurait à faire toute une étude de ces choses qui devraient être, selon les règlements, et qui ne sont pas, en
réalité, parce que la pratique les a reconnues impossibles.
Les mesures d'administration qui n'ont pas un caractère
d'utilité nettement définie sont nuisibles par ce seul fait et
parce que, à un moment donné, elles peuvent motiver l'application d'une répression. A notre époque, ce qui n'est
pas précis est arriéré. Le vrai sens du mot progrès est
suppression d'intermédiaires oiseux et marche plus directe
au vrai but. Notre commerce et notre industrie luttent, il
faut les dégager de toute complication. Tout navire qui se
propose de quitter Marseille, ne fut-ce que pour aller à
Cette, son départ renouvelé depuis des ans, au même jour,
à la même heure, eut-il été annoncé par tous les journaux
et afficheurs de la ville, doit être, au préalable, l'objet

d'une déclaration aux administrations du Port, de la Douane, de la Santé, de la Marine et de la Chambre de Commerce. Ce ne serait pas être prétentieux que de demander quelque simplification dans l'ensemble de ces formalités.

Mais ce sont surtout les formalités douanières qui donnent prise aux récriminations du trafic. Cette administration, avec les règlements qu'elle exécute et le personnel dont elle dispose, fait, nous le savons, tout ce qui dépend d'elle pour faciliter les opérations commerciales ; mais les règlements ne sont plus en accord avec les habitudes de rapidité du négoce. Un commerçant reçoit, par exemple, à deux heures de l'après-midi, une dépêche en vertu de laquelle il doit expédier sur un port de l'Algérie, une marchandise par le paquebot qui part à cinq heures. Il a le temps de descendre ses colis à quai, de les faire reconnaître et de faire signer ses connaissements ; mais, sera-t-il à même d'avoir les pièces de douane en règle ? Il n'en a pas la certitude, quelque diligence qu'il fasse, et, neuf fois sur dix, la marchandise partira sans expédition ou non manifestée. De là des irrégularités, des omissions et des amendes à l'arrivée. La difficulté sera bien autrement grande s'il reçoit à quatre ou cinq heures du soir un ordre pour une expédition à faire par un bateau partant le lendemain à huit ou neuf heures.

Un bateau arrive dans le port avant midi, il a des marchandises à transborder sur un paquebot partant à cinq heures du soir, ou seulement le lendemain. Un permis de transbordement demandé immédiatement à l'administration de la douane ne sera jamais obtenu que le lendemain si l'intéressé fait toutes les diligences possibles, et le surlendemain seulement s'il est obligé de suivre la filière ordinaire des préposés, des commis, des vérificateurs et

des contrôleurs. Voila donc, ou un départ de marchandises retardé de plusieurs jours, ou une expédition irré-
gulière occasionnant tous les inconvénients dont le commerce connaît trop les conséquences.

Les administrations devraient se prêter aux ·conditions
de célérité qu'exige actuellement le trafic. Un jour de retard fait quelquefois manquer une livraison importante et
les procès qui s'engagent à cette occasion, entre l'expéditeur, le transporteur et les consignataires sont suivis de
pertes et de frais que l'on ne peut faire retomber sur
l'administration qui est irresponsable, quand même la
faute proviendrait de son fait (1).

Il n'y aurait pas seulement des dispositions administratives à réformer, des décrets ou circulaires à remanier, il
y aurait aussi un personnel à augmenter. Les auteurs
d'une étude sur la navigation à Marseille écrivaient, en
1858 : « L'insuffisance du personnel des douanes a soulevé de nombreuses plaintes dont la Chambre de Commerce s'est fait l'organe. Quelques augmentations ont eu
lieu, mais elles sont loin d'être en rapport avec les besoins
chaque jour croissants du commerce. Le service des vérificateurs notamment laisse beaucoup à désirer, et en
dernier lieu, les représentations des mandataires du commerce marseillais ont porté sur ce point. Espérons que
l'on voudra bien y faire droit. »

Depuis lors, il a sans doute été fait quelque chose pour
donner satisfaction aux nécessités créées par le mouve-

(1) Le commerce obtient actuellement toutes les facilités
compatibles avec les règlements. Mais on ne peut s'empêcher
de remarquer que chaque transbordement, chaque arrivée,
chaque départ de navire, chaque rectification d'écritures,
etc., etc., pour les opérations faites sur les points où elles
sont de beaucoup le plus actives et le plus multipliées,
nécessite un voyage de la Joliette à l'autre extrémité du
Vieux-port.

ment du trafic. Mais il n'en reste pas moins certain qu'il
y a beaucoup à améliorer. Peut-être une augmentation de
personnel ne serait-elle plus aujourd'hui suffisante. L'ouverture des bureaux à toutes les heures où se font des
opérations d'embarquement ou de débarquement serait
probablement plus efficace. Les administrations paraissent trop généralement ne pas se douter en France
qu'elles ont pour but de servir le public, et que ce n'est
pas le public qui doit, d'une manière absolue, se prêter
à leurs convenances. Le commerce et l'industrie sont
obligés eux-mêmes à beaucoup de vigilance pour lutter
heureusement, soit contre des concurrents locaux, soit
contre des rivaux étrangers. Il serait désirable que dans
leurs opérations, qui contribuent à enrichir le fisc, elles
ne trouvassent que des facilités.

L'obligation de pourvoir aux nécessités du Trésor depuis la dernière guerre a imposé au commerce de nouvelles taxes qui ont frappé notre ville plus particulièrement que toute autre. L'obligation du timbre sur tous les
exemplaires des connaissements est, pour le petit cabotage
principalement, un incontestable désavantage. Les relations de notre place avec Cette, Nice, la Corse sont jour-
nalières et comprennent des expéditions très-multiples,
mais dont chacun a pour objet des articles de détail peu
importants. Le timbre du connaissement est souvent plus
élevé que la valeur du fret. Ce sont des colis d'effets, des
emballages vides de retour, ou quelque autre envoi sans
importance. Le capitaine du navire transporteur doit exiger un connaissement, cependant il comprend l'injustice
d'imposer 1 fr. 20 de timbre à un colis pour lequel il ne
perçoit pas 1 fr. de fret. Mais, plutôt que de s'exposer à
une amende de 60 fr., il se mettra en règle. C'est là du
petit commerce, nous le voulons bien, mais qui n'en est

pas moins digne d'intérêt, et en faveur duquel il y aurait quelque disposition moins rigoureuse à appliquer. Le petit commerce d'aujourd'hui est le grand commerce de l'avenir, et créer des difficultés à l'un, c'est ruiner l'autre à l'avance.

N'y a-t-il pas aussi une application abusive à exiger un nouveau timbre de connaissement à chaque transbordement de marchandises. Un fut de vins à expédier de Cette à Bougie, par Marseille et Alger, et transbordé dans ces deux derniers ports, paiera trois connaissements, soit 4 fr. 80 de timbres. Ces frais ne sont-ils pas hors de proportion avec le taux du transport?

On a aussi reclamé, mais vainement, contre la décision administrative qui fixe à 2 fr. 40 le timbre d'un connaissement pour l'Algérie. On a dit, avec raison, que pour ce qui touche à la navigation, l'Algérie devait être considérée, ou comme colonie, ou comme pays étranger, mais d'une façon uniforme dans tous les cas. Pour le droit de quai, l'Algérie n'est pas considérée comme colonie; elle l'est cependant pour le timbre du connaissement. Pour cette dernière taxe elle est traitée plus rigoureusement que les ports étrangers, nos voisins, dans la Méditerranée. Car pour une marchandise venant de l'Italie ou de l'Espagne en France, le connaissement est timbré à 1 fr. 20. Cette situation est d'autant plus défavorable que, à égales distances, les frets des ports de notre colonie sont plus bas que ceux des ports italiens ou espagnols. Malgré la justesse de ces observations, la douane continue à percevoir 2 fr. 40 sur les connaissements créés entre Marseille et l'Algérie. De tous les ports de France, celui de Marseille a le plus à souffrir de cette disposition de la loi du 30 mars 1872.

La perception des timbres de connaissements donne au fisc une recette annuelle de plus de 600,000 francs, dans le seul département des Bouches-du-Rhône

Il y a eu beaucoup à dire sur le mode d'application du
droit de statistique de 10 centimes par colis ou par tonne.
Les diverses réclamations de la Chambre de Commerce,
dans le cours de 1872 ont obtenu gain de cause auprès de
l'administration, mais il n'en est pas moins à constater
que le manque de précision dans les dispositions législatives et les circulaires administratives, ont laissé pendant
quelque temps le trafic à la merci d'interprétations incer-
taines.

L'application aux vapeurs français de la jauge d'après la
méthode Moorson constitue une évaluation qui sert de base
aux taxes perçues, même à l'étranger ; or, comme d'une
part, la nouvelle jauge est plus elevée que l'ancienne de
30 à 50 0/0 et que d'autres puissances, bien que l'ayant
adoptée, ne l'appliqueront qu'après plusieurs années, la
marine à vapeur française se trouvera, pour un certain
temps, dans une condition d'infériorité vis-à-vis de la
plupart des marines concurrentes. C'est par de semblables
procédés que l'on en arrive à créer à nos entrepreneurs
de transport une situation désavantageuse, tandis que les
armateurs étrangers reçoivent de leurs gouvernements
les facilités dont ils ont besoin.

Que n'aurions-nous pas à relever aussi sur le droit de
quai qui affecte le tonnage du navire indépendamment de
son chargement effectif. Une Compagnie dont les paquebots partent et arrivent à jours et à heures fixes, est
obligée de s'établir sur le même pied et de faire les
mêmes dépenses que l'armateur dont les vapeurs ont
toute latitude pour attendre qu'ils soient complètement
chargés, c'est déjà une situation qui n'est plus égale.
Faire payer à cette Compagnie une première fois le
droit de quai à l'arrivée de son bateau en Algerie, parce-
qu'il touche, à l'aller, à un port étranger, et percevoir une

13.

seconde fois la même taxe parce qu'il y a touché au retour, bien que cette escale soit une des obligations de son cahier des charges, cela semble une application par trop littérale de la loi. Percevoir ce droit d'après la quantité de marchandises débarquées à l'arrivée au premier port français, pour exiger le supplément d'après la totalité du tonnage au port d'arrivée, cela semble au moins une complication inutile. Ce ne sont cependant que quelques-unes des indications qui révèlent de la part de l'administration des tendances rigoureuses dans l'appréciation des dispositions législatives. Il y a eu aussi des incertitudes et des diversités d'interprétations.

Nous nous heurtons sans cesse à ce manque de précision déjà plusieurs fois constaté. C'est le manque de précision dans les instructions, qui, dans un ordre de faits d'une nature différente, a été si fatal à la France ; les administrations fiscales n'auraient-elles pas à craindre de mériter à leur tour le même reproche ? Il ne s'agit pas ici d'intérêts de peu d'importance : une Compagnie de bateaux, qui a un matériel de vingt paquebots, faisant des voyages de six à dix jours dans, la Méditerranée, paye à l'Etat de 8 à 10,000 fr. par mois à titre de droits de quai. De tels chiffres mériteraient qu'un chef de service, ou au moins un chef de bureau se préoccupât d'ajouter, dans une circulaire une phrase déterminant nettement les conditions d'application, la taxe et le mode de perception des divers impôts (1).

La Chambre de Commerce de Marseille a demandé que le droit de quai ne fût pas appliqué aux navires venant de l'Algérie et qu'il fût payé seulement une fois par mois pour les navires fréquentant nos ports. Il est certain que pour les navires venant de l'Algérie ou de l'Italie, où plu-

(1) L'État perçoit annuellement 4,000,000 de francs, à titre de droits de quai. Une seule des Compagnies maritimes de Marseille paie de ce chef plus de 110,000 francs par année.

sieurs concurrents sont en présence, il n'est pas possible
do faire supporter la taxe à la marchandise, et c'est l'armateur en définitive qui garde le débours pour son
compte. Quant à l'exiger une fois seulement par mois
pour les vapeurs fréquentant notre port à dates fixes, ce
serait un premier pas dans la voie des faveurs que méritent les bateaux faisant des services réguliers. Mieux on
connaîtra l'intérêt supérieur qui s'attache à ces services,
plus on sera porté a les encourager (1).

La loi du 23 août 1871 avait porté à un franc par mille le
droit de timbre sur les effets de commerce. La loi du 19
février 1874 a élevé ce droit à 1 fr. 50. Cette aggravation
est, après celles que nous venons d'énumérer, une des
plus lourdes charges qui pèsent aujourd'hui sur le commerce.

(1) C'est ici le lieu de faire observer que les négociants
de l'Algérie se plaignent actuellement de la taxe de 80 centimes par hectolitre, dont la Chambre de Commerce frappe
les huiles. Cette taxe est appliquée même à celles qui passent en transit et sont dirigées dans l'intérieur de la France.
Les réclamations faites par les intéressés ont obtenu, il est
vrai, gain de cause sur ce dernier point en plusieurs circonstances. Mais pour éviter ces réclamations, les négociants
font leurs expéditions sur Cette où elles passent en franchise
de droits, et où les tarifs du Chemin de fer pour l'intérieur,
pour Lyon par exemple, sont les mêmes qu'à Marseille.

VII

LES TRAITÉS DE COMMERCE

La question du renouvellement des traités de commerce et de navigation qui expirent dans le cours de cette année et de l'année 1877, est des plus intéressantes pour notre trafic, nos industries et notre marine. L'enquête faite par le gouvernement le mettra à même de régler en pleine connaissance de cause un nouveau régime économique. Les réponses des Chambres de Commerce et des Chambres consultatives ont tracé au Ministère une ligne d'appréciation d'après laquelle le Conseil Supérieur aura à se prononcer sur des points de détail. On peut, dès à présent, prévoir de quels principes généraux le gouvernement s'inspirera dans ses négociations avec les Etats intéressés.

L'opinion des corps délibérants s'est exprimée à une grande majorité en faveur du renouvellement des traités, pour le maintien, sauf certaines modifications de détail, des tarifs conventionnels actuellement en vigueur, et pour la substitution, dans la mesure praticable, des droits spécifiques aux droits « ad valorem. »

Les Chambres de Commerce font ressortir la nécessité de la stabilité comme condition de développement et de progrès, et elles établissent que les traités sont la meilleure garantie de la fixité de la législation. Ce qui les compromet toutefois et ce dont elles demandent la radiation dans les futurs arrangements, c'est la clause par laquelle chaque puissance contractante stipule à son

profit le traitement de la nation la plus favorisée. Cet
engagement, par suite d'un accord survenant à un moment
donné, peut apporter, dans une convention prise depuis
plusieurs années, des modifications imprévues, non débat-
tues entre les parties intéressées, et bouleverser les résultats de transactions conclues d'après des bases différentes.

Toutefois il ne faut pas se dissimuler que cette clause
qui laisse la porte toujours ouverte à de nouveaux abais-
sements de droits sera difficilement admise par les gouvernements. En effet, cette stipulation une fois abolie, une
nation risquerait de se voir devancer sur notre marché par
un autre pays favorisé.

La perception des droits spécifiques est plus facile pour
l'administration et pour le commerce ; les droits « ad valorem » offrent au contraire une base plus équitable de
répartition et sauvegardent mieux l'intérêt du consommateur. C'est donc une question qui soulèvera encore de
longs débats dans l'examen qu'aura à en faire le Conseil
supérieur du commerce.

Un point sur lequel les corps délibérants sont à peu
près tous d'accord, c'est qu'il est impossible de revenir
en arrière et de ne pas poursuivre l'application plus ou
moins complète du système de liberté inaugurée en 1860.
C'est là un fait acquis dans l'histoire du régime économique. La transformation de l'outillage, les nécessités du
marché, les habitudes prises suffiraient, à défaut de toute
autre raison, pour déterminer le gouvernement à se
maintenir, sinon à s'avancer plus résolument dans la voie
du libre-échange.

On propose aussi de donner à tous les traités une
échéance commune ne dépassant pas dix ans, et de procéder néanmoins à la formation d'un tarif général qui serait
appliqué à toutes les nations avec lesquelles nous n'avons
pas d'accords, et qui deviendrait applicable immédiatement
en cas de résiliation des conventions existantes. Ces dis-

positions seront certainement adoptées et la discussion
portera seulement sur les bases d'après lesquelles doit
être établi le tarif général. Certaines Chambres considèrent
le tarif conventionnel actuel comme un maximum qui ne
saurait être dépassé, d'autres demandent une augmentation de 20 p. 0/0 comme base d'un tarif général universel.

Pour ce qui la concerne spécialement dans la révision
des traités de commerce, Marseille demande en premier
lieu l'abrogation du décret du 18 octobre 1873 relatif à
l'admission temporaire des blés étrangers destinés à la
mouture. D'après ce décret, la réexportation des farines
qui pouvait s'effectuer par tous les bureaux de douane ne
peut plus s'opérer que par les bureaux de la direction
douanière par laquelle l'importation des froments a eu lieu.
Cette mesure qui ne rapporte rien au Trésor paralyse bien
des opérations en détournant le courant des achats de
farine que la Suisse et d'autres pays étrangers effectue-
raient en France. Elle vient s'ajouter à cet ensemble de
circonstances qui amènent la Suisse et le centre de
l'Europe à s'approvisionner de blés par l'Autriche et
l'Italie au détriment de notre place.

Dans la discussion des nouveaux traités, il sera nécessaire de ne pas perdre de vue la question de la marine
marchande pour stipuler une surtaxe à l'encontre du pavillon étranger, ou réserver à notre gouvernement toute
sa liberté d'action intérieure afin qu'il puisse ultérieure-
ment accorder telle prime ou subvention, ou allocation qui
serait jugée opportune. Car, comme l'ont très-bien fait
ressortir les armateurs, la navigation est une industrie
qui mérite une protection spéciale ; il y a lieu d'examiner,
si l'on ne veut sa ruine, les conditions de production et
d'exploitation dans lesquelles elle s'exerce comparativement à celles dont jouissent les armateurs des autres
pays.

Le commerce et l'industrie de notre ville nous semblent plus particulièrement intéressés au traité avec l'Italie. Il nous paraît utile de rappeler que beaucoup d'industries, de celles qui sont établies depuis longtemps à Marseille. se sont créées récemment dans ce pays. Pour en donner une idée, voici quelques indications concernant l'arrondissement de Gênes et de la Spezzia :

Fabriques de savon	29
Tanneries, corroieries et mégisseries	26
Fabriques de pâtes	50
Fonderies de fonte et de bronze, et établissements métallurgiques	34
Fabriques d'amidon.	5
» de tomettes ou carreaux	9
» de chandelles et bougies	4
Etablissements où l'on travaille le coton	33
» » la soie	14
» » la laine	5
Fabriques de papiers	6
» d'huiles	4
Raffineries de sucre	2
Minoteries	45

Le développement industriel est, sans doute, dans les autres provinces, proportionnel à celui qui s'est produit à Gênes et aux environs. Le gouvernement Italien a déjà manifesté l'intention de protéger quelques-unes de ces industries. Il ne faut pas oublier que la main-d'œuvre est dans cette contrée, à meilleur marché qu'en France. Le produit manufacturé peut donc y être à plus bas prix. Si l'Italie parvient à faire accepter un droit d'entrée, quelque minime qu'il soit, pour ceux de même nature que nous lui enverrons, il est évident que l'exportation sera nulle. La moyenne des prix du pain de qualité ordinaire de

1871 à 1874 à Gênes a eté dé 40 centimes le kilogramme.
Le prix de la viande de bœuf y a été à fr. 1,25 jusqu'à la
fin de 1872. Le prix de toutes les viandes a augmenté
tout-à-coup dans une proportion de près du double en
1873, mais il tend à redescendre à un prix normal, bien
inférieur à celui qui est la moyenne de notre ville.

Il nous paraît que ce mouvement de l'industrie qui
s'accentue si rapidement dans une province étrangère
limitrophe et qui a tant d'éléments de prospérité, est un
sérieux danger pour les industries de même nature de
notre propre région et menace les chances de profit pour
les ouvriers et les directeurs de nos établissements
similaires.

Comme termes de comparaison, voici pour diverses
marchandises, les quantités importées à Gênes et exportées
de Gênes en France pendant les années 1871 à 1874 :

Quantités exprimées en tonnes.

	1871		1872		1873		1874	
	importⁿ	exportⁿ	importⁿ	exportⁿ	importⁿ	exportⁿ	importⁿ	exportⁿ
Huiles végétales.....	1.898	491	501	236	1.260	63	3.047	96
Sucres bruts........	492	»	349	»	921	»	1.052	»
Sucres raffinés.......	1.839	»	2.621	»	1.700	»	2.004	»
Amidon............	20	9	21	1	24	»	13	»
Savons ordinaires....	119	0.5	87	15	54	2	37	»
Bougies	18	0.1	65	0.1	246	»	164	»
Viandes salées fumées	»	573	165	127	5	83	0.7	28
Fromages	129	155	93	149	59	178	123	254
Graisse	145	430	7	58	146	56	35	23
Œufs	»	2.879	»	1.937	»	2.531	»	2.858
Poissons secs et fumées	362	»	1.808	»	653	»	277	»
Peaux et Cuirs......	329	57	236	100	752	47	409	281
Peaux tannées.......	68	3	68	64	82	17	63	19
Chanvres et lins bruts	39	12.532	0.7	167	15	599	0.9	505
Cotons en masse.....	1.878	997	1.976	66	1.303	157	483	»
Grains	12	»	4.140	1.098	10.518	3.896	7.975	753
Riz	6.300	15.851	2.019	14.699	123	19.039	13	14.275
Farines	23	871	190	668	411	223	756	303
Papiers	12	79	21	43	26	151	20	4

Il nous paraît résulter de ce tableau et des considérations précédentes que c'est sur les huiles, les sucres, les amidons, les savons, les bougies, le papier, les peaux que l'Italie voudra probablement demander des augmentations de droits à l'importation. On peut y ajouter les vins, les cotons en fil ou en tissus, la soie travaillée, les fers et la fonte de première ou de deuxième fabrication. La France a, de son côté, des industries qu'elle doit protéger par quelques surélévations de tarifs, notamment celles des beurres et fromages et celles de la minoterie.

Il n'est peut-être pas inutile de citer ici pour mémoire, les industries de la province de Naples. Elles consistent en trois grands établissements métallurgiques, une manufacture de produits chimiques, diverses fabriques de savon de Naples, cinq fabriques de bougies stéariques, deux verreries, des fabriques de poterie et de faïence, de pâtes, de fleurs, de gants et le travail du corail. Aucune de ces branches d'opérations, d'après la Chambre de commerce de Naples, n'est actuellement en voie de prospérité, soit à cause des droits divers dont les communes frappent les matières premières, soit parce que les industries similaires sont plus développées dans d'autres pays.

VIII

ADMINISTRATION SANITAIRE.

Les auteurs qui ont écrit à diverses époques sur le commerce de Marseille ont tous rappelé les anciennes prescriptions relatives au service sanitaire. La réglementation était minutieuse, excessivement restrictive et susceptible de créer des obstacles au commerce. Mais en considérant les calamités qu'elle avait pour but de prévenir, on doit convenir qu'elle était nécessaire.

L'établissement sanitaire de Marseille a plus de quatre siècles de date. Notre port était alors la porte de la France pour tout ce qui venait du Midi ou du Levant; l'administration veillait avec un soin méticuleux à ce que rien n'y pénétrât de suspect.

La pensée qui dictait ces mesures était celle-ci : le Levant et en général les côtes méridionales de la Méditerranée sont des foyers d'infection contre lesquels nous ne saurions jamais assez nous mettre en garde. A cette époque, cette appréciation était vraie jusqu'à un certain point et dans tous les cas, comme elle était générale, les précautions prises étaient indispensables.

Au moment du réveil de l'esprit commercial, on commença à comprendre le prix du temps et la nécessité d'enlever quelques-unes des barrières entravant la circulation.

En 1835, les provenances de l'Amérique du Nord et des Antilles furent déclarées exemptes de quarantaines;

en 1841 les provenances de l'Algérie étaient déclarées en libre pratique. L'Angleterre, vers la même époque, admit que le temps de la traversée compterait pour la quarantaine et l'Autriche de son côté faisant remarquer que la Turquie avait un cordon sanitaire, se déclarait à l'abri et supprimait les quarantaines du Danube.

Les observations de S. Bertaut dans son livre sur *Marseille et les intérêts qui se rattachent à son port* en 1843, dénotent que l'opinion publique était encore à cette époque tout imprégnée des idées anciennes. La non existence de la peste à Constantinople, à Smyrne et à Salonique avait encore besoin d'être affirmée, et le secrétaire de la Chambre de Commerce demandait que l'on diminuât la la durée des quarantaines d'un nombre de jours proportionné à celui qui faisait l'avantage de nos voisins. En effet, nous avions à lutter contre l'Angleterre, contre Trieste et contre l'Italie dont les mesures moins sévères attiraient voyageurs et marchandises.

La législation sanitaire a fait l'objet d'une ordonnance du 7 août 1822, des décrets du 24 décembre 1850, du 3 mars 1852, du 4 juin 1853, du 7 septembre 1863 et du 23 juin 1866.

Le décret du 22 février 1876 a révisé et unifié toutes les dispositions antérieures. Cet acte a été élaboré avec le concours des Chambres de Commerce de nos principaux ports, des représentants des grandes compagnies de transports maritimes, et d'après le rapport d'une Commission composée des administrateurs et des médecins les plus autorisés. Il tient compte des observations réitérées si souvent contre les mesures anciennes et des conditions dans lesquelles s'accomplit actuellement la navigation. Nous y voyons, par exemple, un article dispensant du visa de la patente à chacune de leurs escales, les navires qui font eux-mêmes un service régulier dans les mers d'Europe. C'est la première fois, croyons-nous, que dans un document officiel une stipulation spéciale ait été faite en faveur des bateaux faisant des services réguliers. Il y a tout lieu d'espérer qu'on en viendra à établir une distinction de plus en plus tranchée entre les paquebots ayant des itinéraires fixés d'avance et strictement observés, et les navires dont les départs et arrivées ne reviennent pas périodiquement à des jours et à des heures déterminés. Ce n'est pas le seul point sur lequel les bateaux affectés à des services publics méritent des faveurs et ont besoin de certaines latitudes.

Ce décret distingue entre la reconnaissance et l'arraisonnement, la patente brute et la patente nette, entre le cabotage français, le grand cabotage et les provenances de l'Orient ou des pays hors d'Europe. Les navires du cabotage français sont dispensés de la patente, les navires faisant le cabotage étranger dans des limites déterminées en sont dispensés en temps ordinaires.

Des titres spéciaux précisent les mesures sanitaires au départ, pendant la traversée et à l'arrivée, les mesures de quarantaine, les mesures de désinfection, la police des lazarets et la quotité des droits sanitaires. Le décret fait allusion à des règlements locaux à créer ou à réviser en vue de les adapter aux situations nouvelles. Pour ce qui concerne Marseille, il paraît que l'arrêté préfectoral du 15 janvier 1858 continue à être en vigueur.

La loi de 1852 qui est visée par le décret continue à recevoir son application nonobstant la clause abrogeant tous les règlements généraux et spéciaux de police sanitaire maritime rendus antérieurement. Cette loi établit la peine de mort pour les cas graves de violation du régime de la patente brute et la peine des travaux forcés à temps pour la violation du régime de la patente suspecte.

Le décret du 22 Février ne traite de la contagion épidémique que par voie maritime. Il n'y est pas même fait allusion à l'importation de la maladie par voie de terre.

Est-ce qu'on a reconnu l'impossibilité de prendre des mesures efficaces pour s'opposer à la prophylaxie terrestre, ou bien est-ce qu'on est absolument convaincu qu'il n'y a aucun danger de ce côté? Il faut cependant remarquer, étant donné l'état de choses sanctionné par ce décret, quel tort grave un soupçon de choléra, un bruit plus ou moins fondé, une simple dépêche pourrait faire dans certaines éventualités à une entreprise de transports, et quel avantage il en résulte, en toute circonstance, en faveur du chemin de fer. ·

Il serait à désirer qu'une entente s'établît avec les gouvernements voisins afin que les mêmes dispositions fussent appliquées partout. Il y aurait à cet égard, des questions internationales à résoudre, pour certains cas qui peuvent se présenter, par exemple, que chaque gouvernement fût tenu de payer les frais de quarantaines de ses nationaux au cas où ces derniers ne seraient pas à même de les acquitter.

Espérons aussi que les règlements locaux devant viser certaines particularités de la police de chaque lazaret, mettront chacun d'eux en état de parer immédiatement à toutes les éventualités.

Les ports des îles du Frioul spécialement affectés au service de quarantaine ont reçu en 1874, 207 navires jaugeant ensemble 126,175 tonneaux.

IX

COURTAGE.

—

La question du courtage est de celles qui n'ont cessé de préoccuper le législateur.

Depuis trois siècles elle a donné lieu à une succession de mesures contradictoires. Le premier but du gouvernement a été de sauvegarder les intérêts généraux des commerçants en prévenant des erreurs ou des exactions dont les capitaines de navires et négociants étrangers pourraient êtres victimes.

L'Etat eut ensuite en vue un bénéfice pour le Trésor; les fonctions de courtiers devinrent des offices transmissibles comme une véritable propriété. La loi de 1866 a établi la liberté du courtage des marchandises. Les courtiers de cette catégorie alors en exercice furent indemnisés de la perte du droit de présenter leurs successeurs.

Aujourd'hui le public ne fait plus guère de distinction entre le courtier inscrit et le courtier non inscrit, et la liberté du courtage avec les moyens de renseignements et de contrôle mis à la portée de chacun, est le plus puissant stimulant du commerce. La liberté de l'offre et de la demande porte en elle-même son propre correctif contre les abus qui pourraient se produire. On compte actuellement à Marseille 254 courtiers sur lesquels 35 inscrits.

Le commerce général ne semble que médiocrement intéressé aux différends que la loi de 1866 a occasionnés entre les courtiers maritimes et les courtiers d'assurances. Il s'agit ici de débats d'intérêts, pour ainsi dire personnels. Ces débats entre deux corps luttant chacun pour son propre avantage se traduisent, en définitive, par l'évaluation d'indemnités. Cependant il y a pour les courtiers d'assurances une situation à définir.

Ces intermédiaires sont nécessaires entre les comités des assureurs et les négociants ou les armateurs. Leur concours contribue à assurer dans le taux des primes, cette fixité, cette modération, on pourrait dire cette science de réglementation qui inspire toute confiance aux chargeurs et aux transporteurs. Les combinaisons des assurances maritimes forment un ensemble compliqué que, habituellement, le commerce n'étudie pas en détail. Il est dans la pratique obligé de s'en rapporter, pour la rédaction de ses polices et les réglements de compte auxquels elle donne lieu, à un agent qui par le fait joue le même rôle que le notaire pour les transactions civiles. Comme ces derniers, les courtiers d'assurances pourraient donc être soumis à certaines règles disciplinaires qui affirmeraient leur caractère d'officiers ministériels. Mais d'autre part, il ne paraît pas opportun de limiter leur nombre. Cette limitation serait contraire au principe de liberté qu'on est convenu d'adopter dans toutes les branches d'activité ; ce serait ensuite pour les opérations intermédiaires, imposer au commerce des restrictions qui lui seraient tôt ou tard préjudiciables en raison surtout de son développement.

Les courtiers interprètes conducteurs de navires sont également des officiers publics. Leur intervention est nécessaire pour les capitaines des navires étrangers. Ils ont seuls le droit de traduire en cas de contestation, devant les tribunaux, tous actes de commerce en langue étrangère, en même temps qu'ils servent, à l'exclusion de tous autres, de truchements aux étrangers dans les affai-

res contentieuses des douanes. Ils ont seuls le droit de
procéder à la vente publique des navires. Ils constatent
.e cours du fret.

Les armateurs de Marseille ne se servent généralement
pas de l'intermédiaire d'un courtier, ils se font remplacer
en douane par un commis spécial attaché à leur maison.

Les frais de conduite et d'expédition de navires perçus
par les courtiers sont d'environ 50 francs. Les frais de courtage pour affrétement sont de 2 p. 0/0 sur charte-partie
ou pour le long cours ; il est de 4 p. 0/0 pour le fret en
cueillette au cabotage. Ces frais sont moins élevés que
ceux qui sont perçus pour le même objet dans les ports
du Nord de la France ainsi qu'en Angleterre. Peut-être y
aurait-il à introduire une uniformité dans la fixation des
tarifs pour ce qui concerne les ports français. Dans tous
les cas, le commerce est intéressé à ce que ces droit
soient réduits le plus possible.

X

L'INSCRIPTION MARITIME

L'inscription maritime dans ses dispositions actuelles laisse encore, parait-il, trop supposer que le matelot appartient d'abord à l'Etat et que le commerce a le droit de s'en servir seulement lorsque l'Etat n'en ayant plus besoin, le lui prête. Ce principe semble difficilement admissible et paraît jurer surtout avec les idées modernes. Une semblable application du droit de l'Etat sur terre ne conduirait-elle pas à dire que le cultivateur et l'ouvrier sont soldats avant tout, et que c'est seulement par une tolérance gouvernementale qu'ils peuvent se livrer à l'exercice de leur profession ? Il est bien vrai qu'un décret ou une loi peut appeler tout individu par rang d'âge pour la défense du sol, mais ceci est la grande exception. Il est juste que les services dus à l'Etat sur mer soient analogues à ceux dus par tout enfant du pays. Il n'y a donc pas de raison de droit pour que l'Etat exerce plus d'autorité sur l'homme qui fait son métier de la mer que sur tout autre. Une loi qui viendrait actuellement imposer par exemple, une durée de service plus longue pour le marin que pour le soldat soulèverait des réclamations. L'opinion se prononcerait plus tôt pour certaines compensations à accorder au matelot, son genre de vie étant considéré comme beaucoup plus rude que celui du militaire.

Les modifications apportées successivement et sous l'influence du mouvement des idées d'égalité, aux lois

14

sur le recrutement de l'armée n'ont pas eu leur équivalent
dans la législation intéressant le personnel maritime. Les
tendances réformatrices de notre siècle n'ont pas atteint
également les deux forces de la défense nationale. L'élément de notre puissance sur mer a été laissé un peu en
arrière. Il est aujourd'hui de toute nécessisé de s'en
occuper. La marine marchande le demande la première et
l'avenir de la flotte militaire lui-même est engagé dans la
solution à intervenir.

Actuellement le marin inscrit figure sur les registres de
dix-huit ans jusqu'à cinquante ans. Durant ces trente-deux
ans, qu'il accomplisse ses six ans de service à l'Etat, qu'il
soit en congé renouvelable, ou qu'il soit enrôlé dans
l'équipage d'un navire de commerce, il est constamment
sous les ordres d'un supérieur militaire qui est le commissaire de l'inscription maritime.

En regard de cette charge qui étreint toute l'existence
du marin, si l'on examine quelle est la compensation qu'il
en retire, on en trouve une seule, car on ne peut compter
comme des avantages sérieux le privilége d'exploiter les
choses de la mer, le partage des prises faites par les
navires de l'Etat, la faculté de naviguer sur les bâtiments
de commerce étrangers et le privilége de former pour
les trois quarts l'équipage des navires de commerce nationaux. Ce sont là des avantages illusoires dans la pratique. Il en est de même de la dispense de tout service
public autre que celui de l'armée navale. La dernière
guerre a prouvé que les marins pouvaient parfaitement
être appelés à renforcer l'armée de terre. Leur dévoue-
ment d'ailleurs est connu comme étant à toute épreuve.

La seule utilité réelle que les matelots retirent de leur
inscription, c'est la participation à l'établissement des
Invalides de la marine. Le commissariat encaisse le montant des retenues faites sur leur solde et, sur le fonds
ainsi obtenu, des pensions sont servies à ceux qui se

trouvent dans des conditions déterminées d'âge et de santé. Mais cette sorte de caisse de retraite constitue un capital qui appartient à ces modestes serviteurs, puisqu'elle est une réserve composée des menues sommes retranchées sur leurs appointements mensuels. C'est sans doute une excellente tutelle que l'Etat exerce sur eux, comme il le fait d'ailleurs pour plusieurs autre catégories de fonctionnaires, les instituteurs, les employés de Préfectures, etc. Mais la caisse des Invalides peut exister tout-à-fait en dehors de l'inscription, et l'on ne saurait arguer de la nécessité de la première de ces institutions pour établir la nécessité de l'autre.

Voyons maintenant comment l'inscription pèse sur la marine marchande. Les navires de commerce français doivent avoir un équipage composé pour les trois quarts de matelots nationaux. En temps ordinaire, on sait que le marin français demande un salaire plus élevé que le marin étranger. Il en résulte qu'à la longue, cette clause devient désavantageuse pour l'armateur. La loi a voulu assurer ou du moins encourager la vocation des gens de mer recrutés parmi nos nationaux ; mais en réalité, cette précaution devient onéreuse aux entreprises de navigation. Elle le devient surtout dans certaines circonstances, par exemple en temps de guerre, car alors la plupart des inscrits étant levés par l'Etat il y a impossibilité de trouver les nationaux nécessaires pour former l'effectif règlementaire des équipages.

De plus, la marine marchande a à se plaindre de l'immixtion continuelle de l'administration dans tous ses actes ; celle-ci est en quelque sorte la tutrice du marin, et elle se considère comme obligée de surveiller et de défendre ses intérêts contre l'armateur. Il en résulte des formalités souvent inutiles, quelquefois longues et toujours gênantes qui sont une véritable entrave à la liberté d'action du propriétaire de navires.

L'administration en revanche, garantit-elle à l'armateur les services des inscrits? Nullement, et l'on sait qu'il se produit de temps en temps dans le port de Marseille, des commencements de grèves de matelots. Il s'est présenté dans ces dernières années telles circonstances ou des entrepreneurs de navigation ont dû faire appel à des ports étrangers et se sont vus dans le cas de ne pouvoir effectuer des départs annoncés.

Les armateurs et les capitaines anglais et allemands composent leurs équipages comme ils l'entendent; ils ne demandent rien à l'autorité maritime pour leur personnel et n'ont aucun compte à lui rendre. Ils connaissent mieux qu'un commissaire ce dont ils ont besoin et en définitive, ils naviguent aussi bien, sinon mieux que nous.

Il reste à examiner si cependant l'inscription maritime telle qu'elle existe est nécessaire pour le recrutement de la flotte militaire.

Lorsqu'ont été édictées les lois qui régissent le personnel maritime, en 1784, en l'an IV, ou même en 1835, on avait besoin seulement de matelots pour armer les vaisseaux. Avec la mâture des navires à voiles, la manœuvre exigeait des connaissances pratiques que l'on ne pouvait acquérir qu'à la longue par des exercices réitérés à bord même des bâtiments. Les navires du commerce étaient l'école nécessaire où devait passer le marin de l'Etat. Aujourd'hui les conditions de l'armement militaire sont toutes différentes. L'introduction de la vapeur, la substitution des navires cuirassés aux bâtiments en bois, demandent d'autres auxiliaires de service et d'autres défenseurs. C'est un soldat qu'il faut à bord et un soldat qui ait reçu au point de vue purement militaire, une instruction très-avancée. Aussi la grande majorité des officiers de marine demandent à la place de l'inscription maritime, une organisation dont le principe soit celui de l'armée de terre. On pourrait exiger qu'un quart seulement de l'équipage fût composé de matelots habitués à manœuvrer les voiles et les vergues. Les trois autres quarts seraient formés d'hommes de recrutement exercés au maniement des armes nombreuses dont la marine est appelée à se servir.

Les hommes de la marine à voiles ne sont donc plus aussi indispensables qu'il le parait pour le recrutement de la flotte militaire. Nos navires à vapeur cuirassés n'exigent que dans une proportion restreinte le concours des hommes de l'ancienne navigation. On y introduira avant tout un solide élément militaire ; il y faudra en outre des chauffeurs, des ajusteurs, des mécaniciens, etc. ; les bateaux à vapeur, concurremment avec nos nombreux établissements industriels, seront appelés à fournir ce personnel. Mais il résulte évidemment de ces nouvelles conditions des opérations maritimes, que les intérêts mêmes de la marine de l'Etat réclament une réforme de la législation actuelle.

Le mouvement de la navigation avec l'étranger et les colonies a donné en France, comme total des entrées et les sorties, en 1847, 17,264 navires sous pavillon français comprenant 175,637 hommes d'équipage ; en 1861, les chiffres analogues étaient de 25,679 navires et de 283,377 hommes d'équipage ; en 1873, on a compté 23,226 navires et 317,163 hommes d'équipage.

En réunissant tous les pavillons, on trouve, en 1847, en France, entrées et sorties, 46,870 navires et 455,786 hommes d'équipage ; en 1861, 66,218 navires et 675,254 hommes d'équipage ; en 1873, 71,700 navires et 893,863 hommes d'équipage.

Comme on le voit, dans les douze dernières années, il y a eu diminution sur le nombre des navires français et accroissement seulement de 11 0/0 sur le chiffre des équipages. Dans le même laps de temps, tandis que l'augmentation était de 8 0/0 sur le nombre total des navires, elle était de 33 0/0 sur le total des équipages pour tous pavillons.

De 1847 à 1873, on constate une augmentation de 34 0/0 sur le chiffre de nos navires et de 71 0/0 sur le chiffre de nos équipages ; mais, en même temps, la proportion est élevée à 65 0/0 pour les navires étrangers et à 107 0/0 sur les équipages étrangers (¹).

Ce sont donc non-seulement les navires des nations rivales, mais aussi leurs marins qui fréquentent de plus en plus nos ports. Cette indication confirme la gravité de la situation révélée par nos armateurs, et nous montre les conditions de notre infériorité s'accentuant d'année en année.

La première cause de cet état de choses est que la carrière maritime n'est plus recherchée. Le nombre des employés de commerce ou d'administrations, des ouvriers des villes s'accroît dans des proportions inouïes, le nombre des marins tend à diminuer. Les populations du littoral reculent devant l'engagement que l'inscription crée vis-à-vis de l'Etat. On évalue à 400,000 le nombre de marins que nous devrions avoir sur nos côtes ; il s'en faut de beaucoup que ce chiffre soit atteint.

Cette répulsion pour le métier de la mer provient-elle de la législation ? Il n'y a aucun doute a cet égard. Mais elle a pour origine aussi une indifférence générale en France pour ce qui concerne la navigation. On ne fait rien pour la combattre, et c'est une lacune importante dans les diverses branches de l'activité nationale.

On ne s'intéresse aux choses maritimes que sur les côtes. Dans toute l'étendue des terres la mer est un épouvantail. La vie de marin est une menace pour l'enfance. Il y a là une erreur radicale qu'il est urgent de redresser.

(¹) En 1877, les navires ayant fait la même navigation ont été au nombre de 17,488, pour le pavillon français, et de 34,668, pour le pavillon étranger.

La mer est la ressource de tous les peuples qui sont devenus célèbres. Le programme de l'instruction élémen-
taire devrait comprendre des notions simples, vraies,
mais attrayantes dans leur seule réalité, sur les communications maritimes. Les instituteurs devraient être chargés de les propager, de les enraciner parmi leurs élèves.
Une somme considérable d'énergie naissante s'étiole
parmi les adolescents de nos campagnes et de nos villes
de l'intérieur, faute de débouchés que leur donneraient
des idées suffisamment nettes et précises sur les bateaux,
les voyages, la vie à bord, etc. Il y a là des forces vives
qui ne demanderaient qu'à être dirigées. On se préoccupe beaucoup de l'instruction du peuple et on a raison,
pourvu qu'elle soit sagement dirigée et qu'elle serve à
le faire vivre d'une vie plus large, à agrandir ses horizons, à étendre ses vues au-delà de la terre natale.

XI.

CONSIDÉRATIONS GÉNÉRALES

Ce serait être incomplet que de ne pas mentionner une opinion que l'on accepte trop généralement sans préciser ce qu'elle a de d'exagéré et de vrai. D'après certains économistes, la France, qui a son génie propre parmi les peuples, n'aurait pas pour le trafic les aptitudes que possèdent des nations rivales. On convient qu'elle a les conceptions grandioses, les vues élevées, les idées vives ; on sait que les entreprises chevaleresques ont fait sa gloire. Pour l'art spécial d'utiliser un capital, de lui faire produire tout ce dont il est capable à force de patience, de ténacité et d'à-propos, il lui manquerait un certain prosaïsme d'élaboration que d'autres peuples ont à un dégré supérieur.

L'histoire paraît, jusqu'à un certain point, justifier ces appréciations. La France a imaginé et développé le principe des nationalités ; l'Italie et l'Allemagne en ont fait largement l'application. La France a jeté dans les deux continents les fondements de magnifiques colonies, l'Angleterre en a retiré la principal bénéfice ; la France a créé le canal de Suez, l'Angleterre l'exploite.

Est-ce à notre caractère national qu'il faut attribuer l'infériorite de notre flotte commerciale vis-à-vis de celle de l'Angleterre, et est-il vrai de dire que seuls les Anglais, les Hollandais, et les Allemands soient aptes à créer à l'étranger de grands comptoirs ?

Si ce n'est pas précisément l'instinct de la spéculation
et du trafic qui forme le fond du caractère français et qui
assigne à notre pays son rôle dans le monde, c'est que sa
mission est plus haute. La France n'a pas à envier sous ce
rapport les autres nations.

Il est évident, pour quiconque veut réfléchir, que les
peuples ne sont pas disséminés sur notre globe soit pour
se faire la guerre, soit pour échanger entre eux des matières premières contre des produits fabriqués à cette
seule fin que les familles, les unes par les autres ou les
unes aux dépens des autres, accroissent leur patrimoine,
ou augmentent la somme de leur crédit chez leurs ban-
quiers. Le but providentiel qui se révèle plus clairement
à mesure que le siècle avance, c'est que l'humanité tend
à la fusion des races, à l'amélioration de la vie à tous
les points de vue par l'échange des idées et à la plus
vaste solidarité des intérêts. Depuis cinquante ans, nous
marchons à pas de géants vers cette fin qui rencontre encore bien des obstacles. Chaque nation a son lot d'activité
dans cette opération immense de fraternité. Les unes ne
sont que des intermédiaires, d'autres, plus puissantes,
sont à la tête du mouvement.

La France donne, de temps en temps, un élan, jette une
idée, ouvre un horizon, elle a l'initiative désintéressée.
Cette activité généreuse, cet entrain doublé d'abnégation,
dont le missionnaire est le type accompli, se retrouve, à
divers degrés dans le soldat, le voyageur, le commerçant
même, que leurs affaires, leurs inclinations ou les circonstances appellent à séjourner à l'étranger.

L'Angleterre vulgarise les voies et moyens, elle saisit
d'abord le point pratique, ses voyageurs cherchent l'utile ;
leurs explorations, leurs études ont d'abord pour objet
le côté matériel et profitable ; ses missionnaires nombreux aussi sont des commerçants, les nôtres sont des
apôtres.

14.

Nul ne conteste aux Français un certain tempéramment
de prosélytisme. Pour ce qui concerne Marseille en particulier, il suffit de s'en rapporter aux témoignages écla-
tants du passé de notre ville qui a joui longtemps, parmi
les populations du Levant d'une véritable influence que
peu de peuples possèdent actuellement d'une manière aussi
réelle en dehors de leurs frontières. Les négociants marseillais étaient en grande considération dans les Echelles
de la Méditerranée ; ils devaient cette supériorité à leur
loyauté, à leur entente des affaires, à leur désintéresse-
ment. Leurs comptoirs ont été très-longtemps florissants
dans les places de la Turquie d'Europe et d'Asie. C'est à
nos compatriotes que la France a dû, depuis le moyen
âge jusqu'aux derniers siècles, le prestige qu'elle a exercé
dans tout l'Orient.

Les horizons se sont agrandis et l influence ne s'est pas
augmentée dans la même proportion, il faut en convenir.
Quelles en seraient les causes principales ?

Le caractère marseillais n'est-il plus le même ? Rien
ne le fait supposer. Les enfants de l'antique Phocée ne
manquent ni de l'initiative, ni de la probité commerciale,
ni de l'habileté qui distinguaient leurs aïeux.

Mais, de même que le rayon d'activité s'est immensé-
ment étendu, il faut aussi que les moyens d'action s'en-
gendrent de plus loin. Il faut que tout le Midi, tout l'Est,
et tout le centre de la France, jusqu'à Paris, alimentent
Marseille de leurs produits, de leurs capitaux, de leurs intérêts et de leurs tendances. C'est de ce côté, en effet, que
ces régions ont le plus à exploiter et à échanger, et le
plus économiquement.

M. Clapier a fait ressortir que Marseille a prospéré tant
qu'elle a tenu en ses mains son gouvernement et réglé
ses intérêts. Les temps étaient autres alors et notre ville
avait en elle-même et dans un voisinage immédiat les ressources suffisantes pour le champ relativement restreint

où s'exerçait son trafic. M. Juliany, au contraire, écrivait, en 1831, qu'il avait été utile pour notre ville d'appartenir à une grande nation. Aujourd'hui, plus que jamais, il est nécessaire que la grande nation s'affirme au dehors par son grand port méditerranéen.

Ce serait à la capitale de donner l'exemple.

Nos grandes compagnies de navigation ont toutes leurs siéges ou de puissantes attaches à Paris. A Paris est le siége de toutes nos grandes administrations : docks, sociétes de crédit, gaz, tramways, etc. Cependant, malgré le télégraphe et les chemins de fer, Marseille reste loin de Paris, c'est-à-dire que les intérêts particuliers de chacun de ces centres ne s'unissent pas autant qu'ils le devraient. Notre ville trouve, néanmoins, dans les capitaux que Paris centralise, un levier puissant pour combiner et féconder ses entreprises ; elle corrige, sous l'influence de la capitale, ce que son esprit local pourrait avoir de trop exclusif. Elle a, en outre, à lui emprunter l'élévation et le mouvement des esprits, un entrain général qui nait spontanément d'une grande abondance de ressources. Mais, n'a-t-elle pas de son côté son action propre à exercer sur ce foyer d'expansions où les esprits emportés dans le tourbillon de l'ensemble perdent souvent de vue des détails pratiques, laissent dans l'oubli des considérations importantes et ces sources d'inspiration que les circonstances locales font continuellement jaillir ?

Paris a été jusqu'à présent trop enclin à favoriser les intérêts du Nord qu'il considère comme les siens propres. La capitale de la France a à se pénetrer des besoins et des conditions de développement de la capitale du Midi. Elles sont chacune, l'une pour l'autre, le meilleur auxiliaire. Si chacune des améliorations ou des mesures commandées par l'intérêt de la navigation, du trafic ou de l'industrie avait été mise à exécution au moment même ou le besoin s'en faisait sentir et dans les conditions exigées par les circonstances, Marseille serait aujourd'hui pour la Méditerranée ce que Londres est sur les mers du Nord. Les deux ports auraient actuellement, en Europe, la même importance.

Le gouvernement ne pourrait-il pas aussi donner une impulsion plus active à la colonisation? Il a fait beaucoup depuis quatre ans pour l'Algérie, et il faut croire que de ce côté, il est allé jusqu'aux limites du possible. Toutefois, c'est sur le sol à peupler que son action attractive s'est exercée. N'y aurait-il rien à tenter pour faire déborder au dehors du territoire français, l'exubérance de force, le trop plein de vie qui s'y accumule et qui pourrait s'y produire dans une bien plus grande proportion s'il trouvait en perspective, dans des contrées plus riches, des débouchés naturels et une existence facile?

Le rayonnement extérieur de vitalité, une fois ses voies trouvées, s'accroîtrait de lui-même, activerait la production intérieure et non-seulement la production industrielle, la transformation de la matière, mais la production des existences. L'arbre vital s'implanterait en France d'autant plus qu'il étendrait davantage ses rameaux au dehors.

Le mécanisme économique qui assure la prospérité d'un peuple consiste en ce que la matière première arrive plus abondante et d'un plus grand nombre de points pour rc partir transformée, ayant acquis la plus grande valeur possible. Les hommes qui y contribuent sont ou à l'étranger ou à l'intérieur du pays.

Dans les colonies, les comptoirs expédient la matière première, attirent la matière ouvrée, et sont à même de procurer la main d'œuvre à meilleur marché par les hommes de peine émigrant des contrées où les bras sont inoccupés. A l'intérieur du pays, les hommes de progrès, pour féconder le sol, ou pour transformer la matière première, substituent la machine au travail plus coûteux.

Les occupations et les emplois au dedans sont limités ; ils sont illimités au dehors, mais le nombre de places à occuper à l'intérieur s'accroît par le développement reçu de l'extérieur. Cette corrélation est clairement établie par les faits.

C'est ainsi que de simples villes possédant peu de territoire, ont acquis à la fois une puissance commerciale, une influence politique considérable en même temps que la densité de la population y acquérait des proportions énormes. C'est le fond de l'histoire des principaux peuples.

On voit que les questions de navigation et de colonisation sont intimement liées.

Or, qu'est-ce qui pourra développer l'esprit de colonisation ? Les Allemands, les Anglais émigrent en Amérique, les Espagnols en Algérie, les Italiens un peu partout, mais plus généralement avec esprit de retour. Ces populations préfèrent l'inconnu de l'émigration à la vie pauvre que leur garde le foyer paternel. Tel n'est pas le cas pour la France, surtout depuis vingt ans. Le peuple a pris des habitudes de bien-être qu'il satisfait facilement et qui l'attachent au sol natal. Ensuite, il faut bien l'avouer, puisque le peu d'accroissement de la population l'accuse, il améliore son existence et ne tient pas à la partager à un grand nombre d'êtres, selon les idées de luxe et d'égoïsme actuellement dominantes. C'est contre ce rétrécissement moral que devraient réagir tous ceux qui ont quelque influence sur l'opinion.

Le moyen qui se présente tout d'abord serait de répandre dans les masses la connaissance de ce qui se fait et de ce qui se produit dans les autres contrées. Honneur aux sociétés de géographie et aux voyageurs qui concourent à cette œuvre ! Elle est nationale et humanitaire. On ne saurait trop multiplier, jusque dans les écoles de campagne, les livres qui parlent des contrées étrangères, de leurs productions, qui montrent leurs avantages, qui popularisent et vulgarisent, en redressant ce qu'elles ont d'aride, les études géographiques.

Pour ce qui concerne notre ville, il y aurait un intérêt tout particulier à présenter souvent par des résumés sai-sissants ce qui se fait comme trafic, comme entreprises commerciales et maritimes, comme probabilité de pro-ductions, comme réalisation d'industrie dans les villes de tout le Midi. Sans s'arroger le droit de blâmer le succès avec lequel la presse donne satisfaction à la curiosité pu-blique en détaillant les nouvelles locales, on pourrait désirer que les journaux à bon marché surtout voulus-sent bien appeler au dehors plus fréquemment l'attention de leurs lecteurs.

Il se publie de temps en temps de très-belles et très-utiles pages sur les centres commerciaux, il leur manque d'être rendues plus populaires. Si nos populations en ve-naient à compter pour leur contingent journalier d'idées, ce qui se passe au dehors du territoire et à s'y intéresser, on aurait beaucoup fait pour l'avenir de la colonisation. Quelle ville est mieux placée que Marseille pour fournir à l'esprit public un aliment dans ce sens? Mais la situation est telle que ce sont les étrangers qui savent découvrir les avantages que nous offrons plus que nous ne profi-tons de ceux que nous trouverions à les connaître. En 1851, il y avait à Marseille 16,000 Italiens; en 1861, on en comptait 20,000; en 1856, ce chiffre s'élevait à 29,000; actuellement il est de 49,000. Quelle est la ville d'Italie ou du monde où nos nationaux se soient multipliés aussi rapidement? Cet envahissement ne serait avantageux à Marseille qu'autant qu'il y aurait apporté des capitaux ou une main d'œuvre dont la nécessité se serait fait sentir. Il ne paraît pas jusqu'à présent que ce soit là le cas qui s'est produit.

D'ailleurs, quand la France sera prospère, tout entière, à tous les points de vue, l'expansion naturelle se produira du Nord au Midi. Les capitaux et les bras pour les opérations matérielles, les intelligences pour l'organisation du travail suivront le même courant.

Cette exubérance accumulée à Marseille se déverserait dans les contrées méridionales. On voit toute l'intensité de vie et la solidité d'influence qui en résulteraient, quelle multiplicité de relations et d'échanges ! Dans l'ensemble de cet avenir qu'on peut considérer comme un idéal de l'économie des communications, quelle que soit l'importance que puissent prendre Barcelone, Naples, Trieste et même Gênes, Marseille serait le centre d'une immense voie de circulation ayant pour points de départ Paris, Londres, Anvers, et de l'autre les grands marchés d'Afrique et d'Asie. Dans un autre sens, elle serait le relai d'une autre grande voie unissant l'antique immobilité du Levant à l'activité de la jeune Amérique.

Il reste à préciser la situation à un point de vue synthétique et universel.

Les peuples ne sont plus séparés par les mers, voilà le fait actuel, et un des grands progrès dont notre siècle puisse être fier.

Si les ingénieurs ont, par les chemins de fer, rapproché des nations qu'isolaient des montagnes, ils ont en perfectionnant l'application de la vapeur, sous l'initiative des marins, contribué à des rapprochements bien plus étonnants entre les contrées baignées par les Océans. Le percement d'un tunnel est un fait considérable; la régularité des voyages, assurée sur mer comme elle l'est sur terre, à un prix relativement bien inférieur, est une réalisation qui a une portée plus grande.

Ce progrès, à qui principalement est-il dû ?

Les industriels, les commerçants, les commissionnaires même y ont mis chacun leur part d'action, mais ce sont les armateurs qui y ont surtout contribué. Il leur a fallu l'esprit d'initiative, des vues élevées et de vastes concentrations de ressources. Ils ont risqué le plus pour gagner le moins.

Cette régularité et ce bas prix ont été achetés par des concessions, elles ont coûté des sacrifices ; la marine à voiles a été la première à en subir les conséquences. La transition est une crise ; elle sera pénible jusqu'à ce qu'un équilibre général ait rétabli la subordination nécessaire entre tous les divers moyens de communication et de transport.

En attendant, et en visant à mieux, s'il est possible, il s'agit de maintenir ce qui est acquis.

Si les données statistiques et les faits appellent certaines modérations de taxes et de tarifs, si la vulgarisation du télégraphe réclame la suppression de certaines lenteurs et formalités, si les concurrences inévitables exigent au point de vue matériel comme au point de vue moral, une soudure plus intime de la voie ferrée avec le service maritime, si les petits intérêts doivent se subordonner aux plus grands, et, disons-le aussi, s'il faut des vues plus larges dans toutes les classes, et plus de stabilité dans nos institutions, c'est que tout cela est le complément nécessaire de l'œuvre économique, sociale et humanitaire que s'efforcent de soutenir les entrepreneurs de navigation.

Il serait imprudent de dire: où l'un échoue, un autre prendra sa place. Ce serait une illusion égoïste dont le moindre inconvénient serait de tout remettre en question, et dans des circonstances qui seraient devenues pires.

Les armateurs, les directeurs des grandes Compagnies

de paquebots sont à la tête du mouvement qui doit assurer l'avenir économique. Les administrations et, il faut en
convenir, les préoccupations de l'opinion sont en retard.
C'est là ce qui compromet le succès.

Comprendra-t-on qu'il y a en ce moment un élan à donner, un effort à faire auquel tous doivent concourir, ne
serait-ce, pour les moins influents, que par une attention
soutenue sur l'action initiatrice des pionniers de la civilisation ?

Or, s'il est possible de réagir contre des tendances
étroites, c'est surtout dans un centre comme celui que
présente la ville de Marseille, où s'accumulent si aisément des ressources susceptibles de développer simulta-
nément et les unes par les autres, la grande industrie, la
culture intellectuelle et artistique, la propagande commerciale, l'expansion des capitaux, la colonisation et les relations maritimes.

PRIX BEAUJOUR

RAPPORT

Fait par M. AUGUSTIN FÉRAUD

le 24 Octobre 1877

AU NOM DU JURY D'EXAMEN

Sur le Concours de l'Année 1874

MESSIEURS,

C'est un noble exemple d'intelligente sollicitude, pour l'avenir de cette ville où nous vivons, au sort de laquelle notre sort est lié, qu'a donné Monsieur de Beaujour, en instituant la fondation, dont nous sommes aujourd'hui appelés à exécuter les prescriptions qui, parmi tant d'actes de sage prévoyance, est un de ceux qui honorent le plus la mémoire de cet homme de bien, de cet esprit judicieux.

Il a voulu que le commerce de Marseille eût son histoire, et que cette histoire fût sans lacunes ; il a voulu que tous les corps constitués, appelés à décerner le prix qu'il a fondé, fussent constamment tenus en éveil ; qu'ils eussent, à des époques déterminées par lui, à revoir, à étudier le passé pour réparer les fautes, pour utiliser l'expérience, pour préparer l'avenir.

S'il a voulu l'histoire du Commerce, il n'a pas voulu de compilations, et il n'a entendu récompenser que l'ouvrage où la statistique serait complétée par des appréciations intelligentes des faits accomplis, et par de sages indications des modifications les plus utiles, à apporter à l'état de choses que le récit des faits aurait fait connaître.

Nous nous sommes efforcés de nous pénétrer de cette volonté si nettement exprimée, de cette sollicitude si patriotique, et c'est avec une patiente application, que nous nous sommes livrés à l'étude des ouvrages soumis à notre examen. Nos études ont été laborieuses, car les œuvres étaient considérables ; mais elles n'ont pas cessé de nous présenter le plus vif attrait. Malgré des imperfections, des erreurs, des lacunes inévitables dans l'histoire de faits aussi multiples, de transformations aussi rapides, les ouvrages dont nous avons à apprécier le mérite dénotent, en effet, des efforts persévérants dans les recherches, de l'habileté dans la coordination des faits, et plusieurs sont même remarquables par le style, par la justesse des appréciations, et par des conclusions vraiment dignes d'attirer l'attention de tous ceux qu'intéresse l'avenir de notre commerce.

Il faut le dire aussi, jamais période commerciale n'a présenté l'intérêt de celle dont ces ouvrages ont retracé l'histoire. On croit assister à une éblouissante féerie, quand on voit se dérouler les chiffres inouïs qui marquent chaque étape en avant. Aux transformations opérées par les chemins de fer qui, progressivement, relient à nos ports tous les points de l'intérieur, viennent s'ajouter les résultats des traités de commerce, qui ouvrent le monde entier à nos entreprises, à notre industrie. Tout semble assurer une prospérité toujours croissante, sans limite, et l'évènement seul peut démontrer qu'il n'en sera ainsi, que si nos efforts sont à la hauteur de l'extension de nos affaires et que si tous, négociants, industriels, administrateurs. nous savons, ainsi que nous y convie Monsieur de Beaujour, assurer l'avenir en apportant, à notre organisation commerciale, les modifications que l'étude constante du passé et du présent aura démontrées nécessaires.

Notre appréciation sur le mérite des œuvres soumises à notre examen, a été retardée bien des mois au-delà du terme d'abord prévu, par des causes diverses : parmi ces causes, il en est une déplorable, la mort de notre regretté collègue, Monsieur Roulet, qui nous a privés du concours d'un esprit éclairé, dont la perte eût pu paraître irréparable sans le choix si judicieux que notre Chambre de Commerce a su faire de son successeur. Les auteurs des ouvrages présentés au concours, n'ont pu ignorer les circonstances qui ont successivement interrompu nos travaux, et ils sauront n'attribuer qu'à leurs véritables causes, les lenteurs indépendantes de notre volonté, qui en ont été la conséquence.

La Commission Municipale, par sa délibération du 9 octobre 1877, sur le rapport de M. Eugène Rostand, a porté à quinze mille francs, la somme mise à notre disposition, fixée d'abord à dix mille francs, par délibération du Conseil Municipal du 15 juin 1874 ; l'importance des œuvres qui nous sont soumises, justifie cette libéralité. Cinq ouvrages sont au concours : il existe entre eux non-seulement une grande diversité, mais encore une grande inégalité de mérite.

Parmi les concurrents, trois ont soumis au jury des œuvres remarquables à titres différents , aucun n'a cependant produit l'œuvre absolument complète, qui eût seule pu mériter l'intégralité du prix. Quant aux deux autres concurrents, ils ont fait preuve de bon vouloir, de zèle, mais ils n'ont pas satisfait au programme de M. de Beaujour, et ne doivent pas être admis au concours.

Un d'eux, cependant, s'est livré à des recherches si

patientes, à un labeur si acharné, qu'un encouragement lui est dû.

Ces décisions sont basées sur les considérations suivantes :

N° 1. — Autrefois cinq ans n'étaient rien............

Cet ouvrage est l'historique de la dernière période quinquennale. Les parties les mieux traitées, sont celles relatives à la marine à voile ou à vapeur, et à l'organisation de nos grandes Compagnies maritimes, subventionnées ou non. Toute cette question est bien exposée, bien étudiée, appuyée de relevés statistiques fort complets et les conclusions, si elles sont quelquefois un peu sévères pour notre armement, sont, il faut le reconnaître, judicieuses, bien coordonnées et susceptibles d'avancer l'étude d'un état de choses, qui préoccupe à un si haut point, non seulement notre ville, mais le commerce français tout entier.

Les études et relevés statistiques sur le commerce et l'industrie, quoique fort soignés, n'offrent cependant rien d'essentiel à signaler, non plus que le travail sur l'organisation du Tribunal de Commerce, des Prud'hommes, de l'Ecole des Mousses, etc. Notons, cependant une intéressante étude sur le Canal de Suez et le travail sur l'organisation de nos Chemins de fer où l'auteur retrouve une partie des qualités qu'a déjà révélées son étude sur la Marine. D'autre part, le récit est alourdi par un procédé bizarre qui consiste à résumer, par avance, la démonstration ou l'exposé qui vient ensuite : l'auteur propose aussi et a même appliqué des innovations malheureuses, telles que la modification du système adopté par la douane française, pour le classement de la navigation en grand et le petit cabotage, long cours, etc. C'est provoquer inutilement la confusion dans les relevés statistiques et la réforme, utile ou non, ne pourra être suivie, sans graves inconvénients, que quand, tout d'abord, nos douanes l'auront adoptée. Mais, si certaines imperfections sont ainsi à signaler, l'auteur traite plusieurs des questions, les plus graves dont nous ayons à nous préoccuper, à un point de vue si vrai, si pratique que, s'il n'a pas mérité le premier rang, il mérite les sincères félicitations du jury.

N° 2. — Celui qui se soumet aux hommes...........

La Commission n'a pu admettre cet ouvrage au concours, bien qu'il ne soit pas sans présenter de l'intérêt notamment par les précieux renseignements qu'il fournit, sur l'origine de nos industries. Mais la singularité du style de l'auteur, le peu de soin apporté à la coordination des travaux statistiques, n'ont pas permis de le considerer comme s'inspirant d'un programme que le jury ne saurait modifier, sans sortir absolument de ses attributions.

N° 3. — Pró Galià !....... ....

L'œuvre témoigne d'une faculté de travail peu commune, de la ténacité dans les recherches à son dernier degré ; mais l'opportunité de tous ces travaux n'est pas aussi réelle qu'a dû l'être la difficulté de les accomplir. Il y a, cependant, beaucoup à louer, mais aussi, malheureusement beaucoup à critiquer, dans cette œuvre.

Nous n'insisterons pas sur ces critiques : l'auteur châtiera à l'avenir un style peu correct, il apprendra à mieux coordonner les résultats de ses patientes recherches et, grâces à la remarquable puissance de travail qu'il paraît posséder, il arrivera à produire, pour un prochain concours, une œuvre digne d'être couronnée. Celle qui est aujourd'hui soumise à notre examen, mérite un encouragement, que le jury est heureux de décerner à l'auteur pour récompenser son zèle et ses longs labeurs.

N° 4. — *Felix qui potuit*................. ....

Historique de la dernière période quinquennale, soigneu-
sement rattaché à celui des époques déjà traitées dans le
dernier ouvrage couronné en 1855.

Travail très-consciencieusement et très-intelligemment
fait. Quelques questions y sont traitées avec un vrai
talent, notamment celles relatives à l'Algérie, à l'organisation des chemins de fer et à la Marine.

L'opposition, si heureusement mise en relief, entre
l'immobilité des tarifs de chemins de fer et l'abaissement
progressif des taux du fret, est saisissante. Toutes les
appréciations de l'auteur ne sont pas à adopter, mais re-
connaissons qu'il dit très-bien et voit généralement juste.
Ses critiques des lenteurs administratives, des entraves
de tout genre, dans lesquelles marins, commerçants, industriels, nous avons tous à nous mouvoir, n'ont rien
d'exagéré et ne sauraient être trop publiées. Notons
aussi une bonne étude des questions, dont auront à se
préoccupper, ceux à qui sera confiée la défense des intérêts français, dans la rédaction des nouveaux traités de
commerce.

Malheureusement, quelques points laissent à désirer,
comme, par exemple, ceux relatifs à nos colonies, Martinique, etc., à nos comptoirs de la Côte Occidentale et
Orientale d'Afrique, qui ne devraient pourtant pas être
négligés dans l'histoire du commerce de Marseille.

La question des réformes, en dehors de celles relatives
à la marine et aux chemins de fer, est aussi traitée avec
moins de netteté qu'on n'eut dû l'espérer d'un esprit aussi
éclairé que celui que révèle l'auteur dans diverses autres
parties de son ouvrage.

En somme, œuvre dans l'ensemble excellente, ayant
mérité et obtenu les suffrages du jury tout entier, mais
que certaines imperfections ne permettent pas de classer
au premier rang.

N° 5. — *Marseille deviendra la Reine*, etc...........
C'est bien là l'historique absolument complet, sans lacunes, du Commerce de Marseille, depuis 1855.

Travail considérable et défiant toute critique, dans la partie consacrée à l'exposé de ce qui a été et de ce qui est.

L'auteur a traité avec le plus grand soin, avec une méthode parfaite, tout ce qui se rattache à cette longue période et, dernier mérite, il a su ne pas donner à son œuvre des proportions excessives.

Les releves statistiques du Commerce de Marseille, de ses opérations de transit et d'entrepôt, sont incontestablement la perfection de ce qui peut être fait en ce genre.

On en peut dire autant de la partie traitant de l'état actuel de notre commerce et des tableaux, fournis à l'appui, qui sont de vrais chefs-d'œuvre.

Tout ce que l'étude intelligente des choses peut faire connaître, l'auteur l'a condensé dans son ouvrage et il l'a exposé avec une clarté qu'aucun autre des concurrents n'a, à beaucoup près, égalée, et qui lui eût obtenu l'intégralité du prix, si les conclusions avaient été à la hauteur de la partie historique. Mais, pour ce qui a trait aux conclusions, l'ouvrage est faible et, sauf une très-intelligente appréciation du developpement que pourrait donner à notre marine le perfectionnement de nos moyens de transport à l'intérieur, par voie ferrée et fluviale, ne révèle chez l'auteur, quant aux reformes à adopter, que de vagues aspirations.

L'œuvre, insuffisante à ce point de vue, est, nous l'avons dit, parfaite à tous autres égards et constitue une histoire absolument complète du commerce de Marseille, pendant vingt années. Aussi le jury n'a-t-il pas hésité à lui donner le premier rang.

La Commission croit devoir ajouter à ces diverses considérations sur chacun des ouvrages qui lui sont soumis, une appréciation sur l'ensemble du travail fourni à l'occasion de l'attribution du prix fondé par M. de Beaujour.

Cette appréciation est des plus favorables : les critiques de détail disparaissent ici et la Commission est heureuse de proclamer que, réunis, les trois ouvrages, admis au concours, répondent pleinement à ce qu'a pu espérer de sa fondation le prévoyant patriotisme de celui qui l'a instituée.

En conséquence des faits et des considérations consignés dans le rapport qui précède, la Commission, résumant les dispositions arrêtées dans ses précedentes séances, a décidé :

1° Qu'il y a lieu de faire application de la somme mise à sa disposition par la Commission municipale, et par délibération du 9 octobre 1877 ;

2° Qu'il n'y a pas lieu d'accorder un prix unique ;

3° Que la somme de quinze mille francs est à répartir entre les concurrents ci après désignés :

Qu'il est alloué :

1° SIX MILLE FRANCS à l'auteur de l'ouvrage n° 5 : *Marseille deviendra la Reine de la Méditerranée,*.........

2° QUATRE MILLE FRANCS à l'auteur de l'ouvrage n° 4 : *Félix qui potuit*..........

3° QUATRE MILLE FRANCS à l'auteur de l'ouvrage n° 1 : *Autrefois cinq ans*............

A titre de récompense pour le mérite de leurs œuvres, avec obligation, pour chacun d'eux, de faire imprimer à ses frais et à cinq cents exemplaires, l'ouvrage déposé ;

4° MILLE FRANCS à l'auteur de l'ouvrage n° 3 : *Pro Déo ! Pro Gallia !* à titre d'encouragement.

5° Que tout exemplaire d'un des ouvrages récompensés devra reproduire *in extenso* les conclusions du présent rapport depuis le mot :

« La Commission, résumant les dispositions arrêtées
« dans ses précédentes séances........ »

6° Qu'il sera donné avis de la présente décision à chacun des auteurs, ainsi qu'à M. le Maire, le tout aux fins de son exécution.

Le Rapporteur

Aug. FÉRAUD.

Nous soussignés, Président et Membres de la Commission instituée pour juger le concours Beaujour, déclarons que le rapport ci-dessus est l'exacte expression de nos vues et le résumé fidèle de nos décisions, au sujet des cinq ouvrages soumis à notre examen.

Le Secrétaire,	Le Président,
Alexis ROSTAND.	**Ch. GOUNELLE.**
BERNARD.	**Félix GARDAIR.**

ERRATA

Page 8, ligne 10, au lieu de : service des Ports, lire : *service des Postes.*

— 191, — 3 de la note, au lieu de : nᵒ 402, lire : *nᵒ 164.*

TABLE

—

PREMIÈRE PARTIE.

NAVIGATION.

I. Navires attachés au port de Marseille.... 7
II. Mouvement de la Navigation dans le port de
    Marseille. 20
III. Cabotage.. 24
IV. Relations maritimes avec l'Algérie 34
 V.   id.   id.   avec l'Étranger.......... . 55
VI. Résumé de la grande Navigation............. 96
VII. Situation de la marine marchande.... 98
VIII. Les grandes Compagnies de bateaux à vapeur.. 122

DEUXIÈME PARTIE.

COMMERCE ET INDUSTRIE.

I. Voyageurs 135
II. Blé et autres céréales....................... 140
III. Sucre................................... 152
IV. Vins........ 164
 V. Café 168
VI. Huiles 171
VII. Savon.......... 180
VIII. Suif et peaux.... 184
IX. Laine....... 189
 X. Coton........... 192

XI. Soie. ....

196

XII. Houille. ....

198

XIII. Groups et valeurs. ....

201

XIV. Articles divers.............. ....

205

XV. Principales industries........ ....

216

XVI. Les courants commerciaux....... ....

224

TROISIÈME PARTIE.

QUESTIONS DIVERSES.

I. Les transports à l'intérieur.............. .....

231

II. Les tarifs et la concurrence.. ....

245

III. Le crédit maritime............. ....

263

IV. De quelques améliorations ou desiderata........

270

V. Ecoles et hautes Etudes...... ....

284

VI. Les formalités administratives et les taxes......

291

VII. Les traités de commerce................ ....

300

VIII. L'administration sanitaire....................

306

IX. Le courtage. ....

310

X. L'inscription maritime.... ....

313

XI. Considérations générales.. . ,.. ... .

320

Rapport de la Commission ... .,.......

331

MARSEILLE. — TYPOGRAPHIE MARIUS OLIVE, RUE SAINTE, 39.